Geschichte
der deutschen
Literatur **4**

Herausgeber:
Joachim Bark
ietrich Steinbach †

Vom Naturalismus zum Expressionismus

Literatur des Kaiserreichs

**Von Ulrich Müller
und Dietmar Wenzelburger**

Ernst Klett Schulbuchverlag Leipzig
Leipzig · Stuttgart · Düsseldorf

Geschichte der deutschen Literatur
NEUAUSGABE

Herausgeber: Joachim Bark
Dietrich Steinbach †

Naturalismus verfasst von Ulrich Müller
Gegenpositionen zum Naturalismus verfasst von Dietmar Wenzelburger
Avantgarde und Expressionismus verfasst von Ulrich Müller

9 783123 474514

1. Auflage A 1 5 4 3 2 1 | 2006 2005 2004 2003 2002

Dieses Werk folgt der reformierten Rechtschreibung und Zeichensetzung. Ausnahmen bilden Texte, bei denen künstlerische, philologische oder lizenzrechtliche Gründe einer Änderung entgegenstehen.

Nicht immer war es uns möglich den Rechtinhaber der Abbildungen ausfindig zu machen. Berechtigte Ansprüche werden selbstverständlich im Rahmen der üblichen Vereinbarungen abgegolten.

Alle Drucke dieser Auflage können im Unterricht nebeneinander benutzt werden, sie sind untereinander unverändert. Die letzte Zahl bezeichnet das Jahr des Druckes.

Internetadresse: http://www.klett-verlag.de

Redaktion: Dr. Gabriela Scherer
Umschlag: Prof. Frank Neubauer, Leipzig
Layout und Satz: Ernst Klett Schulbuchverlag Leipzig GmbH, Leipzig
Repro: Huth & Möller, Leipzig
Druck: Ludwig Auer GmbH, Donauwörth

ISBN: 3-12-347451-8

Vorwort zur ersten Ausgabe

Wie und zu welchem Ende schreibt man heute eine Literaturgeschichte? Und was vermag ihr Studium zu bewirken? So mag Schillers Frage, unter die er am 26. Mai 1789 seine berühmte Antrittsvorlesung in Jena gestellt hat, abgewandelt werden: Was heißt und zu welchem Ende studiert man Universalgeschichte?
Zwischen der Literaturgeschichte und einigen Ansichten von Schillers Geschichtsdeutung einen – zwar sehr lockeren – Zusammenhang zu stiften, bedeutet, die Voraussetzungen zu erhellen, die diese Geschichte der deutschen Literatur in ihren inhaltlichen und methodischen Grundannahmen, ihrer Zielsetzung und Darstellungsweise geprägt haben:
Demnach kommt es nicht darauf an, den Gang der Literatur vollständig und scheinbar unmittelbar im Gang der Literaturgeschichte einfach zu wiederholen, womöglich in allen einzelnen Schritten und Schöpfungen. Die universalhistorische Blickrichtung ist vielmehr bestrebt, das „zusammenhängende Ganze“ zu sehen, den Gang der Literatur als Prozess zu erkennen. Von daher wird eine „Ordnung der Dinge“ gestiftet. „Verkettungen“, Gliederungen und Zusammenhänge werden ins Werk gesetzt. Dies bewirkt Zusammenziehungen und Auslassungen, die ein „Aggregat“ von Einzelstücken zum epochengeschichtlichen „System“ erheben. Darin ist ein weiteres Moment des Geschichtsverständnisses beschlossen: Dem universalhistorischen Blick erscheint die Vergangenheit auch im Licht der Gegenwart, in der Perspektive der „heutigen Gestalt der Welt“ und des „Zustands der jetzt lebenden Generation“, so dass stets auch „rückwärts ein Schluss gezogen und einiges Licht verbreitet werden kann“. Wechselseitige Erhellung von Einst und Jetzt wird daher möglich. [...]
Es geht um historisches Verstehen von Literatur, das sich zugleich selbst als etwas Geschichtliches begreift. Die historische Besinnung verliert allerdings ihren Grund, sobald frühere Epochen und Werke im Aneignungsprozess allein vom heutigen Standpunkt aus betrachtet und kritisiert werden. Die historische Dimension wird durch bloße Aktualisierung verkürzt, das Verstehen um die Möglichkeit der wechselseitigen Erhellung von Vergangenheit und Gegenwart gebracht. Verloren geht die Spannung zwischen Traditionsbewahrung und Traditionskritik. Es kommt vielmehr darauf an, die Literatur auch aus ihrer Zeit, aus dem Erfahrungsraum und der geschichtlichen Konstellation ihrer Epoche zu verstehen. Der geschichtliche Gehalt einer bestimmten Zeit und Epoche liegt in den Werken selbst, in ihrem historischen und literarischen Eigensinn. Die (auch widerspruchsvolle) Einheit von Geschichte und Kunstcharakter deutlich zu machen, ist die vornehmste Aufgabe der Literaturgeschichte.

Diese Vorstellungen versucht die vorliegende Literaturgeschichte einzulösen. Sie gliedert den Literaturprozess in Epochen von der Aufklärung bis zur Gegenwart. Mit der Epoche der Aufklärung zu beginnen, hat gute historische Gründe: Sie setzt, mit dem Anbruch des bürgerlichen Zeitalters, nicht nur eine deutliche geschichtliche Zäsur; sie ist auch das Epochenfundament der Folgezeit über die Romantik hinaus. Auch wenn man sich nicht, wie im Falle der Aufklärung, auf das Selbstverständnis der schreibenden und lesenden Zeitgenossen berufen kann, besteht kein Grund, von den bislang gängigen Bezeichnungen für die großen Epochen der Literaturgeschichte abzugehen. Doch muss deutlich bleiben, dass es sich hierbei um eine Konstruktion handelt, die eine Verständigung über die jeweiligen Zeiträume und ihre Literaturen ermöglicht. Das Urteil dessen, der ein Werk als exemplarisch für einen geschichtlichen Zeitraum auswählt und an ihm Epochenaspekte darlegt, ist subjektiv; es ist Wertung und muss sich im Verlauf des Lesens und Verstehens bewähren.

Damit ist schon einiges gesagt über die Art und Weise, in der diese Literaturgeschichte dem Ziel nahe kommen will, die Kluft zwischen der ästhetischen Betrachtung des Einzelwerks und der historischen Erschließung einer Epoche zu überbrücken. Es soll wenigstens tendenziell eine Einheit zwischen Literatur und Geschichte gestiftet werden. Deshalb verzichtet dieses Werk auf eine je vorausgehende Gesamtdarstellung der Epochen, in die die einzelnen Werke hernach kurzerhand eingeordnet werden müssten. Solche epochalen Überblicke, losgelöst von den literarischen Individualitäten, den Werken, bleiben unsinnlich; sie führen zu Verkürzungen, weil sie einen Drang zur Einlinigkeit haben. Der Blick auf das einzelne Werk soll auch nicht dadurch verengt werden, dass ein Abriss der politischen und kulturellen Verhältnisse vorausgeschickt wird.

Mittelpunkt der Darstellung sind die einzelnen Werke. Die Darlegung ihrer ästhetischen Struktur soll die Erhellung der Epochenstruktur fördern; die Aspekte, die zum Verständnis der Poesie fruchtbar sind, taugen auch zur Skizze des literaturgeschichtlichen Zeitraums. Dabei trägt nicht nur das „Meisterwerk" die Zeichen seiner geschichtlichen Zeit in sich; zuweilen können gerade an dem unvollkommenen, aber weit verbreiteten und insofern für die Literaturrezeption typischen Werk die Züge der Epoche abgelesen werden. Der Autor tritt in den Hintergrund. Schriftstellerbiografien werden daher nur kursorisch eingeblendet, wenn sie etwas zum Verständnis der epochentypischen Werke beitragen.

Am besten wird die geistige Spannweite einer Epoche sichtbar, wenn unterschiedliche, unter dem Epochen erhellenden Aspekt antipodische Werke oder Gattungsreihen in Konstellationen einander gegenübergestellt werden, die einen aufschlussreichen geschichtlichen Augenblick der Epoche

erfassen. In derartigen „Zusammenstößen" von Autoren und Werken, die auf die Herausforderung ihrer Zeit gegensätzlich reagieren, lässt sich die Gleichzeitigkeit von Gegensätzen erkennen.
Um die Literaturgeschichte nicht nur als Epochengeschichte, sondern auch als Nachschlagewerk tauglich zu machen, sind den Kapiteln, die unter je einem epochentypischen Aspekt stehen, tabellarische Übersichten von inhaltlich zugehörigen Werken vorangestellt. Eine kleine Synopse von Daten zur Literatur und Philosophie sowie allgemeinen kulturgeschichtlichen und politischen Daten beschließt die Bände.
Die Form dieser Literaturgeschichte macht es nicht möglich, Bezüge zu wissenschaftlicher Literatur ausdrücklich auszuweisen.
Joachim Bark *Dietrich Steinbach*

Vorwort zur Neuausgabe

Die Konzeption dieser Literaturgeschichte stammt aus den späten Siebziger Jahren, der Text war das Ergebnis langer und intensiver Diskussionen von Leuten, die das Reformjahrzehnt in Universität und Schule aktiv miterlebt haben. Nach sorgfältiger Prüfung der Konzeption gut zwanzig Jahre später sind die damals Beteiligten – auch im Gedenken an Dietrich Steinbach, den Spiritus Rector der Unternehmung – zum Schluss gekommen, dass die wissenschaftliche Anlage und die didaktische Ausrichtung immer noch, vielleicht sogar: gerade heute, Sinn machen. Denn die Annäherung an historische Zeiträume der Literatur und Künste gleichsam von unten, vom Werk und seiner Eigenart, sodann von der Gattungsentwicklung her erlaubt die Nachzeichnung der Physiognomie eines solchen Zeitraums in der Weise einer subjektiven, in ihren Argumentationsschritten nachvollziehbaren Lektüre.
Gleichwohl wurde viel geändert, in der mittlerweile angehäuften Forschungsliteratur recherchiert und, vor allem im 6. Band, neu geschrieben; Neuausgabe meint über die Einarbeitung neuer Forschung und über eine eventuelle Neubewertung des einzelnen Literaturwerks oder eines ganzen Œuvres hinaus auch die Einbeziehung neuer literaturtheoretischer und -didaktischer Positionen. Dass all dies möglich geworden ist, verdankt sich dem spontanen Interesse und der Arbeitsfreude der damals Beteiligten, dem erfreulich leichtgemachten Zugewinn neuer Mitarbeiter und dem Angebot des Verlages, den Umfang zu erweitern, das Bildmaterial zu ergänzen und – vor allem – eine ständige Redakteurin zur Verfügung zu stellen.

Stuttgart, im Oktober 2001 *Joachim Bark*

Zu diesem Band

Der vorliegende Band handelt von „Naturalismus“ und „Symbolismus“, von „Impressionismus“, „Expressionismus“ und „Dadaismus“, er spricht von „Sprachkrise und Bewusstseinskrise“, „Fin de Siècle und Dekadenz“. Er untersucht und entfaltet Begriffe, die im Diskurs über Kunst und Literatur bis heute verwendet werden, oft ungenau und als Klischees. Diese sollen durch Einsichten in die jeweils zeitbedingte Eigenart der literarischen Tendenzen, Gruppen, Autoren und Werke ersetzt werden.

Als geschichtlicher Rahmen ist ein realhistorischer Abschnitt gewählt: die „Kaiserzeit“ zwischen der Reichsgründung 1871 und dem Weltkrieg 1914 bis 1918. In diesen Jahrzehnten bestanden sehr verschiedene Tendenzen der literarischen Entwicklung. Gemeinsam war den Autoren und ihren Lesern die wachsende Erfahrung, einer Zeit des Umbruchs anzugehören, sei es dass sie diesen selbst programmatisch vertraten oder als problematisch empfanden und beschrieben. Natur- und Gesellschaftswissenschaften, Sprachphilosophie und Psychologie traten als neue Paradigmen des Menschen- und Weltverständnisses auf. Die Literatur musste sich selbst und ihre Stellung in der Gesellschaft, ihre Funktion für Autor und Leser neu durchdenken und bestimmen. Die rasche Folge und Vielfalt der epochalen Begriffe zeigt, wie drängend für Kunst und Literatur die Frage nach ihrem Selbstverständnis geworden war. Dieser Veränderungsprozess wurde nicht zuletzt von den neu hervortretenden Autorinnen vorangetrieben, die die herkömmlichen Beziehungs- und Rollenstrukturen der Geschlechter und die Machtverhältnisse der Gesellschaft in Frage stellten.

Für den heutigen Leser sind vor allem die Autoren und Werke der so genannten „Moderne“ epochal wichtig, denn sie wirken noch auf die Literatur der Gegenwart ein, wie die Auseinandersetzungen über den Begriff der Moderne und die Propagierung einer „Postmoderne“ zeigen.

Daraus erklärt sich die vorgenommene Periodisierung: Am Anfang steht die Forderung des „Naturalismus“ nach einer literarischen Moderne, die in erster Linie die Denkweise des wissenschaftlichen Positivismus des 19. Jahrhunderts aufarbeitet. Es folgen die „Gegenpositionen zum Naturalismus“, die aus philosophischen und religiösen Traditionen ein Krisenbewusstsein artikulieren, das bis weit in das 20. Jahrhundert lebendig bleibt. „Expressionismus“ und „Dadaismus“, in denen sich nach der Jahrhundertwende die Avantgarde weiter radikalisiert, schließen sich an. Den Abschluss bildet die „Krise des Erzählens“, die als ein Beispiel einer bis in die Gegenwart wirkenden weltanschaulichen und kulturellen Krise verstanden werden kann.

Inhaltsverzeichnis

Zweiter Teil: Literatur der Jahrhundertwende – Gegenpositionen zum Naturalismus

Dritter Teil: Avantgarde und Expressionismus

Einleitung: Die Epoche – zwischen Reichsgründung und Weltkrieg

Zwei Kaiserreiche

Vor und nach der Jahrhundertwende vollzogen sich auf allen Lebensgebieten in Europa tief greifende Veränderungen, die, zumindest unter den Gebildeten, das Bewusstsein hervorriefen, man lebe am Ende einer alten Zeit, im „Fin de Siècle", und am Beginn einer neuen Zeit, der „Moderne". Den historischen Rahmen für diese Periode der Übergänge zur Moderne setzte in Mitteleuropa die politische Geschichte, mit der Gründung des Deutschen Reiches 1871 am Anfang und mit dem Ersten Weltkrieg, mit dem 1918 das deutsche Kaiserreich der Hohenzollern und die österreichisch-ungarische Donaumonarchie endeten.

Nach dem Sieg über Frankreich 1871 und der Einigung des Reiches erlebte Mitteleuropa in wenigen Jahrzehnten die industrielle und geldwirtschaftliche Revolution, die in England und Frankreich schon in der ersten Jahrhunderthälfte begonnen hatte. Die „Gründerjahre" des mitteleuropäischen Hochkapitalismus seit 1871 wurden 1873 durch eine weltweite Wirtschaftskrise unterbrochen, setzten sich aber spätestens seit den neunziger Jahren fort und prägten den feudalen und großbürgerlichen Lebensstil der Epoche. Ihre Kehrseite waren folgenschwere soziale Krisen, vor allem die Proletarisierung der Industrie- und Landarbeiter, die Verarmung des kleinbürgerlichen Gewerbes und die Vermassung in den Großstädten. Mit ihrer imperialistischen Politik förderten die Regierungen die wirtschaftliche Expansion der Unternehmer und den technischen Fortschritt. Zu ihrer Legitimation aber beriefen sie sich auf die nationale oder dynastische Tradition; konservative Gruppen wie Adel, Großgrundbesitzer und Militär – also eher fortschrittshemmende Kräfte – hatten großen Einfluss. In beiden Kaiserreichen war der politische Liberalismus seit der Jahrhundertmitte geschwächt und mit ihm der politische Einfluss der Parlamente und der örtlichen Selbstverwaltung. Vor allem in Österreich-Ungarn stützte sich die Regierung auf eine ausgedehnte Verwaltungsbürokratie, auf Militär, Polizei und Justiz, um die Selbstständigkeitsbestrebungen sozialer und nationaler Gruppen niederzuhalten. Hier waren die konservativen Staats- und Gesellschaftsstrukturen längst verfestigt, zumal durch die über mehr als ein halbes Jahrhundert sich erstreckende Regierungszeit des Kaisers Franz Joseph I. (1848–1916).

Während die Habsburger seit 700 Jahren große Reiche regiert hatten und seit 1804 erbliche Kaiser von Österreich waren, bestand das Kaiserreich der Hohenzollern nicht einmal 50 Jahre. Beide Reiche gerieten um 1900 in schwierige internationale Spannungsfelder. Das Deutsche Reich konkurrierte im Westen und in Übersee vor allem mit Frankreich und Großbritannien, seit dem Ende der vorsichtigen Außenpolitik Bismarcks verschlechterten sich die Beziehungen zu Russland im Osten. Österreichs Interessen kollidierten vor allem mit denen Russlands und Italiens, Nachbarn, die sich die Nationalitätenprobleme der Donaumonarchie zunutze machten. Die Spannungen zwischen den Großmächten Europas, die unsichere Bündnispolitik Berlins und Wiens sowie der überall wachsende und geschürte Nationalismus ergaben den Zündstoff, den der Funke verhältnismäßig unbedeutender Anlässe wie des Attentats in Sarajevo zum Ersten Weltkrieg entzündete. Nach dem Krieg bestand das Mitteleuropa der beiden Kaiserreiche nicht mehr.

Wilhelminismus und Gründerstil

Dem kritischen Zeitgenossen mussten die inneren Widersprüche der nach außen so gefestigt erscheinenden Reiche auffallen. In der Donaumonarchie strebten die Nationalitäten auseinander, zumal der Austria-Traditionalismus die ethnischen und kulturellen Eigenarten der Nicht-Österreicher, z. B. der Tschechen, einschnürte. In Deutschland prägten ideologische Widersprüche das öffentliche Klima des so genannten „Wilhelminismus“ nach dem Regierungsantritt Wilhelms II. (1888). Dem Repräsentationsstil des Kaisers und des Adels eiferte das Geltungsbedürfnis neureicher Bürger nach; Krone und Kapital sahen sich ja gleichermaßen im Besitze einer neuen und starken, aber nicht durch Tradition gestützten Macht. Einerseits rechtfertigte man die ökonomischen und politischen Ansprüche gern mit dem Eintreten für nationale, moralische, menschheitliche oder christliche Werte in einer Welt des Fortschritts; andererseits hielt man die fortschrittlichen Bemühungen der Sozialdemokraten um eine Emanzipation der Arbeiter oder diejenigen der Naturalisten und anderer moderner Kunstrichtungen für suspekt und gefährlich. Die öffentlich geförderte Kultur des „Wilhelminismus“ gab sich idealistisch; tatsächlich trieb sie einen beträchtlichen materiellen Aufwand, der dem Bedürfnis des neuen Staates und der neuen Führungsschichten nach Selbstdarstellung und Legitimation zu dienen hatte. Der Kaiser selbst forderte von den Künsten nationale Begeisterung, so genannte „idealistische“ Ethik, Fortsetzung der Traditionen und repräsentative Wirkung in einem.

In diesem Sinne ließ z. B. Wilhelm II. im Rahmen städtebaulicher Ausgestaltung der neuen Reichshauptstadt die „Siegesallee“ mit marmornen Monumentalskulpturen der Hohenzollern säumen. Auch das Bürgertum liebte die ins Große gesteigerte Nachahmung historischer Stile, sei es in den Fassaden und Inneneinrichtungen großer Villen, sei es in den Straßenfronten der Mietskasernen oder öffentlichen Bauten wie der neuromanischen Kaiser-Wilhelm-Gedächtniskirche (1891–1895) oder des Reichs-

tagsgebäudes (1894–1899) im Renaissancestil. In den – auch als Folge der Bauspekulation – rasch wachsenden Wohnvierteln der Kleinbürger, Arbeiter und Arbeitslosen dagegen drängten sich die Massen in Mietskasernen, Hinterhöfen, Kleinwohnungen, fensterlosen „Berliner Zimmern“ und Schlafstellen zusammen.
In Wien wetteiferten der kaiserliche Hof und das Großbürgertum beim Ausbau der „Ringstraßen“ mit neuen Hofbauten, Theatern, Museen, Rathaus, Universität und Parlamentsgebäude – in allen Baustilen von der Gotik bis zum Klassizismus. Der ganze „Ring“-Bereich um die Altstadt, auch mit seinen Wohn- und Geschäftsvierteln, demonstrierte den Willen der Epoche zur urbanen Repräsentation in Politik, Kultur, Wirtschaft und Privatleben der Reichen. Die dahinter liegenden ehemaligen Vorstadtbezirke reihten wiederum Mietskaserne an Mietskaserne.

Tradition und Trivialität in der bürgerlichen Lesekultur

Die Literatur der Kaiser- und Gründerzeit bietet durchaus kein einheitliches Bild. Anfangs produzierten noch die angesehenen Prosaisten und Lyriker des späten bürgerlichen Realismus, z. B. *Theodor Storm* (gest. 1888), *Gottfried Keller* (gest. 1890), *Conrad Ferdinand Meyer* und *Theodor Fontane* (gest. 1898) sowie *Wilhelm Raabe* (gest. 1910). Ihr Vorbild wirkte noch bis weit in das 20. Jahrhundert auf die deutsche Erzählprosa, z. B. auf *Marie von Ebner-Eschenbach* (1830–1916; „Schloss- und Dorfgeschichten“, 1886; „Das Gemeindekind“, Roman, 1887).
Der größte Teil des Lesepublikums hing zweifellos der Tradition an und interessierte sich wenig für die Neuerer der Moderne. Obwohl etwa 90 % der Bevölkerung in Deutschland inzwischen lesen konnten und Leihbibliotheken, Familienzeitschriften und Heftchenreihen in beträchtlichem Maße unterhaltende, poetische und popularwissenschaftliche Literatur verbreiteten, war das Lesepublikum nach wie vor weitgehend bürgerlich. Klassenbewusste oder nach sozialem Aufstieg strebende Arbeiter lasen zwar auch in zunehmender Zahl, aber – abgesehen von der sozialdemokratischen Arbeiterliteratur – vorwiegend Lesestoffe des bürgerlichen Geschmacks, denn sie wollten an der Bildung der höheren Stände teilhaben. Dieser Geschmack und diese Lesebedürfnisse fanden reichlich Nahrung in massenhaft und preiswert vertriebenen Publikationen.

So startete der 1828 in Leipzig gegründete Reclam Verlag 1867 die bis heute verbreitete Reihe „Reclam's Universal-Bibliothek“ mit Goethes „Faust“, einem Klassiker, dem weiterhin anerkannte belletristische Literatur, später auch wissenschaftliche Bücher und Bücher zum praktischen Gebrauch folgten. Große Volksbildungszeitschriften boten Berichte aus aller Welt und aus allen Lebensbereichen, verbunden mit Belehrung, Kultur und Unterhaltung – darunter auch Erzählungen und Gedichte; so z. B. „Die Gartenlaube“ (1853–1944), die 1875 eine Auflage von 382 000 Exemplaren erreichte, „Westermanns illustrierte deutsche Monats-Hefte“ (1856–1987) oder, in Österreich, der „Heimgarten“ (1876–1934).

Das im ganzen 19. Jahrhundert rege Bemühen um eine volkstümliche Literatur folgte noch lange der Tradition, die für ein ländliches Publikum der Vergangenheit entstanden war, nicht für das Zeitalter der Industrie und der Großstädte. Volkstümliche Literatur als ländliche Heimatliteratur bewahrte die konservativen Ideale einer moralisch intakten Welt und verteidigte sich gegen die Entwicklungen der Technik, Industrie und kapitalistischen Wirtschaft.

Das Vorbild der Klassiker dieses Genres – Jeremias Gotthelf und Johann Peter Hebel – tradierte von der ersten in die zweite Hälfte des Jahrhunderts vor allem *Berthold Auerbach* (1812–1882) mit seinen Volkserzählungen, z. B. „Schwarzwälder Dorfgeschichten" (1843–1854), „Barfüßele", Roman (1856), „Neue Dorfgeschichten" (1876). Den sozialen Problemen der Gegenwart näher stand *Ludwig Anzengruber* (1839–1889), sei es im Bauernroman „Der Sternsteinhof" (1885), sei es im dramatischen Volksstück „Der Meineidbauer" (1872). Schilderungen des Landlebens waren die autobiografischen Erzählungen von *Peter Rosegger* (1843–1918) wie „Volksleben in der Steiermark" (1875) und „Als ich noch der Waldbauernbub war" (1912). Heimatliebe und scharfe Naturbeobachtung verband der norddeutsche Journalist und Jäger *Hermann Löns* (1866–1914) in seinen Landschafts- und Tierschilderungen oder Heide-Erzählungen: „Mein grünes Buch" (1901), „Mümmelmann" (1909), „Der Wehrwolf" (1910). Andere Autoren wie die Erzähler *Wilhelm von Polenz* und *Clara Viebig* oder die Dramatiker *Max Halbe* und *Hermann Sudermann* standen dem Naturalismus nahe (vgl. S. 25 u. 27). Andere, kulturpolitisch engagierte Schriftsteller entwickelten aus der Heimatliteratur das Programm der „Heimatkunst"-Bewegung mit ihrer eigenen Zeitschrift „Heimat", die 1904 von *Friedrich Lienhard* und *Adolf Bartels* gegründet wurde. Sie bekämpfte die Großstadtkultur, den „Modernismus" und „Intellektualismus" (F. Lienhard: „Die Vorherrschaft Berlins", 1900; A. Bartels: „Heimatkunst", 1904), literarisch den Naturalismus und gleichzeitig den ästhetischen Impressionismus. Mit Bartels und seinen Anhängern wurde die Heimatkunstbewegung zunehmend nationalistisch und bereitete so die „Blut-und-Boden"-Ideologie der Nationalsozialisten vor.

In der anspruchsvolleren Unterhaltungsliteratur waren Reise- und Abenteuerromane sowie humoristische oder sentimentale Gesellschaftsromane beliebt. Die Tradition des deutschen Auswanderer- und Wildwestromans, für die vor allem *Friedrich Gerstäcker* (1816–1872) Beispiele gab (z. B. „Die Flusspiraten des Mississippi", 1848), setzte etwa *Karl May* (1842–1912) fort; sein dreibändiger Roman „Winnetou" (1893–1910), aber auch seine übrigen Wildwest-, Afrika- und Asienromane wurden bis in die Gegenwart zu Bestsellern der Jugendliteratur. Bestseller der Erwachsenen wurden die Romane zweier Frauen: Die Gesellschaftsromane von *Eugenie Marlitt* (1825–1887) erschienen zum Teil in der „Gartenlaube" („Das Haideprinzesschen", 1872); die trivialen und kitschigen Züge sind noch ausgeprägter in den „Backfisch"-Romanen der *Nathalie von Eschstruth* (1860–1939), die oft im aristokratischen Milieu spielen („Hofluft", 1889).

Unterhaltung und Zeitkritik verbanden sich in den satirischen Kleinformen, welche von einigen illustrierten Wochenschriften gepflegt wurden, so im „Kladderadatsch“ (1848–1944) und im „Simplicissimus“ (1896–1944). Im Unterschied zu diesen Zeitschriften waren die „Fliegenden Blätter“ (1844–1928) fast unpolitisch. In ihnen erschienen die bis heute so beliebten Bild- und Versgeschichten von *Wilhelm Busch* (1832–1908). Ihr Humor mit pessimistischer Grundstimmung entsprach einer weit verbreiteten Vorliebe des bürgerlichen Publikums und verschleierte Buschs politische Untertöne. Eigentlich wollte er die falsche Selbstzufriedenheit des bürgerlichen Lebens entlarven; seine national-liberale Grundhaltung äußerte sich in antiklerikalen, antisemitischen und nationalen Motiven („Max und Moritz“, 1865; „Die fromme Helene“, 1872; „Plisch und Plum“, 1882; Gedichte: „Schein und Sein“, 1909).
Das gebildete Publikum schätzte Bücher, die Unterhaltung mit Bildungswissen verbanden und die vorherrschende konservative Gesinnung bestärkten, vor allem historische Romane. Die Werke von *Gustav Freytag* (1816–1895) fehlten in kaum einem großbürgerlichen Bücherschrank, z. B. der Roman über die Tüchtigkeit des Kaufmannsstandes: „Soll und Haben“ (1855) oder die mehrbändige Romanfolge aus den Epochen der deutschen Geschichte: „Die Ahnen“ (1873–1881). Ähnlich erfolgreich war *Felix Dahn* (1834–1912) mit seinem historischen Monumentalroman „Ein Kampf um Rom“ (1876) und der Gesamtausgabe historischer und nationaler „Balladen und Lieder“ (1878).
Im Bereich anspruchsvoller Stilkunst waren erfolgreicher als die bürgerlichen Realisten Autoren, die klassisch-romantische Traditionen fortsetzten, so z. B. *Emanuel Geibel* (1815–1884) mit seinen Übertragungen spanischer, portugiesischer, französischer und antiker Lyrik. Der vielseitige, vor allem als Novellist und Novellentheoretiker einflussreiche *Paul Heyse* (1830–1914; „Der letzte Zentaur“, 1870) erhielt sogar 1910 als erster deutscher Autor den Nobelpreis für Literatur. Der Dramatiker, Epiker, Erzähler und Lyriker *Ernst von Wildenbruch* (1845–1909) war als prominenter Dichter des „Wilhelminismus“ auch bei Hofe geschätzt; dem unebenbürtigen Enkel eines Hohenzollernprinzen verzieh man sogar, dass er in seinen historischen Dramen die preußisch-deutsche Tradition nicht nur unkritisch verherrlichte („Die Quitzows“, 1888). Als Erzähler verschloss er sich nicht sozialen Themen und näherte sich in einem späten Drama sogar den Naturalisten („Die Haubenlerche“, 1891). Zeitkritik in traditionellen Formen war in der bevorzugten Literatur nicht ausgeschlossen. Der angesehenste Romancier und Romantheoretiker der Zeit war *Friedrich Spielhagen* (1829–1911), der auch „Westermanns Monatshefte“ zeitweise herausgab und mit seiner sozialliberalen Haltung den Sozialdemokraten nicht so fern stand. Er befasste sich kritisch, wenn auch nicht revolutionär, mit der Industrialisierung, den Klassen-

gegensätzen und der schwindelhaften Gründerzeit, z. B. in den Romanen „Hammer und Amboss“ (1869), „Sturmflut“ (1877) und „Noblesse oblige“ (1888). Dass die Naturalisten ausgerechnet Spielhagen zu ihrem Buhmann machten, ist nur zu verstehen, wenn man berücksichtigt, dass jede Literatur, die sich in der Kaiserzeit von der Tradition absetzen wollte, sich auch gegen die anerkannte und bevorzugte Gegenwartsliteratur ihrer Zeit wenden musste.

Intellektuelle Opposition

Den Kritikern der herrschenden Kultur erschien die anerkannte Literatur als Ausdruck der wirtschaftlichen und politischen Macht, die sich mit den Überresten einer nicht mehr zeitgemäßen Tradition und mit einem unglaubhaften Idealismus schmückte. Die Opposition artikulierte sich politisch im „freisinnigen“ Liberalismus und im z. T. sozial engagierten Katholizismus, politisch am wirkungsvollsten jedoch auf marxistischer Grundlage in der Sozialdemokratie. Die intellektuelle Opposition fortschrittlich gesinnter Literaten stützte sich allerdings auf sehr unterschiedliche Vorbilder und Weltanschauungen. Die Naturalisten knüpften teils an republikanische, teils an sozialdemokratische Ideen an, zugleich aber an denselben Positivismus, der die Fortschritte der Naturwissenschaften und der Technik zu bestätigen schien. Ihre Gegner setzten jedem Materialismus und Positivismus irrationale Bekenntnisse zum „Geist“ entgegen. Sie schöpften aus der pessimistischen Philosophie *Arthur Schopenhauers* (1788–1860) oder – moderner – aus den philosophischen Schriften von Friedrich Nietzsche (1844–1900). Nietzsche war jedoch eine vieldeutige Quelle; denn seine beißende Kulturkritik am Bildungs-„Philister“, sein radikaler Zweifel an tradierten Werten und seine Verherrlichung des sich selbst absolut setzenden Individuums und des „Willens zur Macht“ konnten von den verschiedensten Ideologien – außer Christentum und Marxismus – in Anspruch genommen werden, sogar vom neuen Nationalismus oder als Ideologie des kühnen Unternehmers.
Obwohl also von einer einheitlichen Opposition gegen Staat, Gesellschaft und herrschende Kultur nicht die Rede sein kann, prägte sich der Gegensatz zwischen öffentlich anerkannter und moderner Kultur bis zum Weltkrieg mehr und mehr aus. Mangels politischer Wirkungsmöglichkeiten verschrieben moderne Künstler – gleich welcher Kunstrichtung – sich mehr und mehr dem Nonkonformismus: Moderne Kunst ist anders als die der bürgerlichen und öffentlich geförderten Kultur. So befassten sich die Naturalisten ausdrücklich kritisch mit ihrer Gegenwart. Antinaturalistische Dichter behaupteten ihre Distanz zu Staat und Gesellschaft im Ästhetizismus und Künstlerkult. Nach 1900 artikulierten viele Avantgardisten ihren Nonkonformismus, indem sie eine Revolution der Kunst betrieben. Im Nor-

den prägten die politischen und ideologischen Gegensätze sich stärker aus als im Süden. Vor allem in Berlin, wo der historische Wandel sich am dynamischsten vollzog, verstanden fortschrittliche Künstler und Dichter sich immer wieder als Opposition zur Kultur des „Wilhelminismus" und des Großbürgertums. In Österreich traten die Gegensätze am schwächsten in Erscheinung, zum Teil, weil hier die Intellektuellen sich der jahrhundertealten Tradition verbunden fühlten, zum Teil, weil das Establishment den Künsten und der Literatur gegenüber toleranter auftrat.

Soziale Stellung der Literaten und Künstler

Mit den Veränderungen der Gesellschaft änderte sich die soziale Situation der Künstler und Literaten. Einerseits eröffneten der Wohlstand der oberen Schichten und die wachsende kulturelle Öffentlichkeit – vor allem in den Großstädten – einen immer größeren Markt. Andererseits bewirkte die Kommerzialisierung des kulturellen Lebens, dass Journalisten, Autoren und Künstler immer abhängiger wurden von Massenpresse, Großverlegern, Theateragenturen und ähnlichen Instanzen, die den Markt beherrschten. Diese sahen meist auf „verkäufliche Ware", nicht auf Qualität. Es wird vermutet, dass von 1880–1900 das Durchschnittseinkommen der Schriftsteller um ca. 50 Prozent sank! Wichtige Autoren wie *Detlev von Liliencron* (1844–1909) oder *Arno Holz* (1863–1929) litten dauernd unter Geldnot, weil sie sich dem Markt nicht beugten.
Um die Ausbeutung abzuwehren, formierten sich Künstlervereinigungen als Unternehmer, z. B. in Theater-, Orchester- oder Chorvereinen, und sie fanden ihr zahlendes Publikum. Die bildenden Künstler entzogen sich der Gängelung durch rückständige Akademien, indem sie in den Kunstmetropolen unabhängige Vereinigungen mit eigenen Ausstellungen gründeten: 1892 die Münchener, 1897 die Wiener und 1899 die Berliner „Sezession". Erst später entstanden das „Kartell lyrischer Autoren" (1902), der „Verein der deutschen Bühnenschriftsteller" (1908) und der „Schutzverband deutscher Schriftsteller" (1909), letzterer z. B. mit einer Darlehens- und Unterstützungskasse, Nachdruckkontrolle und Urhebergrundbuch.
Etwa seit der Reichsgründung griffen Staat und Behörden wieder zunehmend ins kulturelle Leben ein, nicht nur durch öffentliche Einrichtungen wie Hoftheater und Akademien. Die staatliche Vorzensur wurde endgültig erst 1918 abgeschafft. Mit ihr konnten u. a. Theateraufführungen verhindert werden; in Österreich verbot 1900 die Zensur wegen Verletzung des Scham- und Sittlichkeitsgefühls *Arthur Schnitzlers* Theaterstück „Der Reigen" (vgl. S. 67 f.). Ferner konnten Autoren wegen Majestätsbeleidigung oder Verstößen gegen die Sittlichkeit verurteilt werden, z. B. 1890 im so genannten „Realistenprozess" naturalistische Autoren.

So gerieten insbesondere nonkonformistische Autoren leicht in das gesellschaftliche Abseits, sei es, weil der Markt ihre Werke nicht annahm, sei es, weil sie sich selbst isolierten. Manchen gelang es, sich eine Art Schonraum zu schaffen: *Stefan George* ließ sich im Kreis seiner Bewunderer feiern, *Rainer Maria Rilke* wie in alten Zeiten von Mäzenen unterstützen. Die kulturelle Kommunikation außerhalb der bürgerlichen Gesellschaft pflegte man vielfach in der Bohème, in Vereinen oder Literaten- und Künstlercafés wie das Café des Westens in Berlin und Café Griensteidl in Wien. Erst Expressionisten versuchten wieder stärker auf die Öffentlichkeit einzuwirken, indem sie sie schockierten – bis zum Weltkrieg mit geringem Erfolg. Die seit dem Naturalismus betriebene Emanzipation der Künste von der etablierten Gesellschaft machte den Nonkonformismus zum Kunstkriterium. In ihm verband sich der Autonomieanspruch der Kunst mit antibürgerlicher Haltung und dem Bestreben nach Modernität, sei es im Gestus des elitären Genies, sei es in dem des geistigen und künstlerischen Revolutionärs.

Pluralität der Stile und Periodisierung der Moderne

Das Bild der Epoche zeigt ein vielfältiges Nebeneinander und rasches Nacheinander der Stilrichtungen. Während der literarische Markt noch von den Traditionalisten und – weniger – den bürgerlichen Realisten beherrscht wurde, drängten jüngere Generationen nach neuen Ausdrucksformen. Der erste Schritt zur „Moderne“ war – erklärtermaßen – der Auftritt der *„Naturalisten“* in den achtziger Jahren, mit ihrem sensationellen Durchbruch in die Öffentlichkeit durch Gerhart Hauptmanns Drama „Vor Sonnenaufgang“, 1889. Alsbald freilich, nämlich etwa seit 1890, distanzierten sich von den Naturalisten andere moderne Autoren, für die verschiedene Namen gebraucht werden, am häufigsten *„Symbolisten“* oder *„Impressionisten“*, z. B. Stefan George („Hymnen“, 1890), Frank Wedekind („Frühlings Erwachen“, 1891) und Hugo von Hofmannsthal („Der Tod des Tizian“, 1892). Es folgte als zweiter aggressiv modernistischer Vorstoß der der *„Expressionisten“* seit 1910, etwa mit Gedichten von Else Lasker-Schüler („Meine Wunder“, 1911) und Franz Werfel („Der Weltfreund“, 1911), Reinhard Johannes Sorges Drama „Der Bettler“ (1912) und Gottfried Benns Gedichten „Morgue“ (1912). Obwohl diese Richtungen jeweils sehr bald von ihren Rivalen für tot erklärt wurden, wirkten sie meist noch längere Zeit, zum Teil über die Zäsur des Weltkrieges hinaus. In der Weimarer Republik erschienen zwar weiterhin bedeutende Werke von Autoren der frühen Moderne wie Barlach, Benn, Döblin, Hauptmann, Hesse, Kafka, Heinrich und Thomas Mann, Musil, Toller, Arnold Zweig (vgl. Bd. 5). Aber neue, insbesondere politische Konflikte drängten den Vorkriegsstreit der modernen Stilrichtungen nach und nach zurück.

Eine Darstellung der Epoche muss Akzente setzen, auch wenn die Grenzen fließend sind. Diese Darstellung nimmt als gemeinsames Merkmal der Literatur zwischen Reichsgründung und Weltkrieg das einer Literatur, die sich als „modern" versteht; denn diese Literatur hat tatsächlich die Moderne des 20. Jahrhunderts vorbereitet oder eingeleitet. Der Naturalismus steht dabei zwischen dem 19. und dem 20. Jahrhundert: Ideell und künstlerisch schöpfte er aus Traditionen des 19. Jahrhunderts, aber er ließ sich auf aktuelle politische und soziale Entwicklungen ein und wollte ausdrücklich eine „Literaturrevolution" auslösen. Auch die fast gleichzeitig einsetzende nichtnaturalistische Literatur des Impressionismus und Symbolismus knüpfte an geistige und stilistische Voraussetzungen des 19. Jahrhunderts an, leitete aber mit ihrem Krisengefühl und Kunstbegriff moderne Entwicklungen ein – man könnte sie „Moderne ohne Revolution" nennen. Im Expressionismus wurde eine sich revolutionär verstehende Zeit- und Gesellschaftskritik mit einer avantgardistischen Revolutionierung der Kunst vereint – jedenfalls wollten das viele Expressionisten.

Eine Einheit ist die Epoche zweifellos nicht. Eines allerdings zieht sich wie eine Leitlinie durch ihre vielfältigen Ausprägungen hindurch: das Bewusstsein oder das Empfinden einer tief greifenden Zeitenwende.

1 *Käthe Kollwitz (1867–1945): Zyklus „Ein Weberaufstand", Blatt 6: „Ende" (1897). Bildarchiv Preußischer Kulturbesitz, Berlin. © VG Bild-Kunst, Bonn 2001.*

2 *Frans Masereel (1889–1972): Illustration zu „Die Mutter" von Leonhard Frank (1919). Foto: Schiller-Nationalmuseum und Deutsches Literaturarchiv, Marbach.*

(1) Den Anstoß zum „Weber"-Zyklus gab die Uraufführung von Hauptmanns Drama „Die Weber" 1893. Einige Bilder beziehen sich auf bestimmte Dramenszenen, andere allgemein auf „Not" und „Tod" der Armen. Dem Natu-

3 *Heinrich Vogeler (1872–1942): Titelblatt zu „Der Kaiser und die Hexe" von Hugo von Hofmannsthal. Insel Verlag, Leipzig 1900. © VG Bild-Kunst, Bonn 2001.*

ralismus nahe steht die Darstellung eines Interieurs im Elendsmilieu. Die Stilisierung, das Pathos und die Reduktion der Darstellung auf den Ausdruck des Wesentlichen entsprechen eher dem europäischen Symbolismus

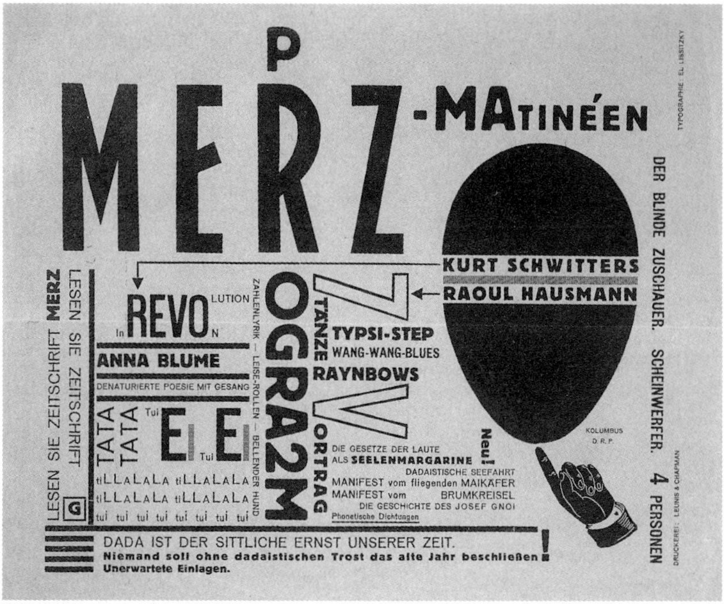

4 *Kurt Schwitters (1887–1948) und El Lissitzky (1890–1941): Ankündigungsblatt für MERZ-Matineen (Hannover 1923). Typografie von El Lissitzky. Klingspor-Museum, Offenbach. Foto: Dr. Volker Dorsch, Offenbach. © VG Bild-Kunst, Bonn 2001.*

und lassen den späteren Expressionismus ahnen. Damit trifft Kollwitz auch das Allgemeinmenschliche, Unveränderliche und Irrationale bei Hauptmann.

(2) Der flämische Maler und Grafiker Masereel nutzt in seinem expressionistischen Stil den Schwarz-Weiß-Kontrast zu monumentalen und plakativen Wirkungen. Die Buch-Illustration könnte sich auf Franks Erzählung „Die Kriegswitwe“ beziehen. Die Motive des aufschreienden Menschen, der Stadt und der Massen werden auf einfache Formen reduziert und in einem perspektivisch verschobenen, nach hinten sich verengenden, nach vorn sich öffnenden Raum ineinander und gegeneinander gesetzt.

(3) Vogeler gehörte der Künstlerkolonie Worpswede an. Hofmannsthals lyrisches Drama hat ihn hier zu einem grafischen Ornament im Jugendstil angeregt. Es gibt keine Abbildung eines gegenständlichen Themas, sondern ein Muster aus Naturformen, die in geschwungene Linien stilisiert sind. Der märchenhafte Vogel mit Merkmalen eines Pfaus (Symbol für Schönheit) ist mit den verlängerten Federn in die ihm entgegenwachsenden Pflanzenfor-

men verschlungen. Die Formen des vegetativ-animalischen Lebens gehen auf im ästhetischen Spiel, das eine unbestimmte Symbolik andeutet.

(4) Im Sinne dadaistischer Anti-Kunst vereinen sich hier Grafik und Textproduktion zu einer Plakatmontage, in der Typografie, Text und ironische Zitate aus der Werbung verfremdet werden – ein „Bild" ist nicht angestrebt. Der Sinnzusammenhang des Plakats mit dem Programm wird vielfach absurd gebrochen. Das ist Formexperiment, Provokation und doch auch eine elitäre Geheimsprache der Künstler.

Erster Teil: Naturalismus

1 Eine neue literarische Generation

Zeitschriften und Programmatische Schriften:
Freie Bühne für modernes Leben (Wochenschrift, begründet von Otto Brahm, 1890/1891; ab 1894: Neue deutsche Rundschau)
Die Gesellschaft. Realistische Wochenschrift für Literatur, Kunst und öffentliches Leben. Hrsg. von Michael Georg Conrad (1885–1901)
Karl Bleibtreu: Revolution der Literatur (1885/1886)
Wilhelm Bölsche:
Die naturwissenschaftlichen Grundlagen der Poesie (1887)
Heinrich und **Julius Hart:** Kritische Waffengänge (1882–1884)

Lyrik:
Arno Holz: Buch der Zeit. Lieder eines Modernen (1885)
Detlev von Liliencron: Adjutantenritte und andere Gedichte (1883)

Drama:
Max Halbe: Jugend (Drama, 1893)
Der Strom (Drama, 1903)
Gerhart Hauptmann: Vor Sonnenaufgang. Soziales Drama (1889)
(Weitere Dramen s. u. S. 38 ff.)
Arno Holz/Johannes Schlaf: Die Familie Selicke (Drama, 1890)
Johannes Schlaf: Meister Ölze (Drama, 1892)
Hermann Sudermann: Die Ehre (Schauspiel, 1889)
Johannisfeuer (Schauspiel, 1900)
Stein unter Steinen (Schauspiel, 1905)

Erzählung und Roman:
Helene Böhlau: Der Rangierbahnhof (Roman, 1896)
Peter Hille: Die Sozialisten (Roman, 1886)
Max Kretzer: Meister Timpe (Roman, 1888)
Wilhelm von Polenz: Der Büttnerbauer (Roman, 1895)
Gabriele Reuter: Aus guter Familie (Roman, 1895)
Hermann Sudermann: Frau Sorge (Roman, 1887)
Bertha von Suttner: Die Waffen nieder! (Roman, 1889)
Clara Viebig: Kinder der Eifel (Novellen, 1897)

Kurz vor dem Regierungsantritt Kaiser Wilhelms II., also in den achtziger Jahren, meldete sich – vor allem in Deutschland – eine neue Schriftstellergeneration zu Wort. Ihre Wortführer hielten sich für die Vollstrecker einer „Revolution der Literatur" (Karl Bleibtreu), und spätestens nach dem Skandal der Aufführung von Gerhart Hauptmanns sozialem Drama „Vor Sonnenaufgang" argwöhnten Regierung, Behörden und konservative Kreise in ihren Werken tatsächlich eine revolutionäre, nämlich „sozialdemokratische" Literatur, die mit dem Guten, Wahren und Schönen auch Staat und Gesellschaft in den Dreck zogen. Tatsächlich verbanden die meisten der neuen Autoren in ihrer Haltung bewusster Modernität die Kritik an der anerkannten Literatur, die ihrer Auffassung nach die Wirklichkeit nicht darstellte, wie sie war, sondern verklärte und ästhetisierte, mit der Kritik oder mindestens mit der schonungslosen Darstellung sozialer und kultureller Verhältnisse.

1.1 Literatur der kritischen Opposition

Zu Beginn des 19. Jahrhunderts war die nationale Einigung Deutschlands das Ziel bürgerlicher Republikaner. Die Reichsgründung von 1871 aber, die dieses Ziel verwirklichte, war das Werk monarchisch-feudaler Obrigkeitsstaaten, in denen Republikanismus und Liberalismus entmachtet waren. Als nun im zweiten Jahrzehnt nach der Reichsgründung kritische Intellektuelle sich national und gesellschaftlich engagierten, schlossen sie damit an die Bestrebungen nach einem aufgeklärten und demokratischen Deutschland vor 1848 an und beanspruchten einen Einfluss, wie ihn damals Heinrich Heine, Ludwig Börne und Karl Gutzkow, Georg Herwegh und Ferdinand Freiligrath ausübten; einige Naturalisten nannten sich gelegentlich „Jüngstdeutsche".

Die neue Haltung äußerte sich zuerst in einer Anzahl literarischer Zeitschriften und Vereine, vor allem in den beiden großstädtischen Zentren Berlin und München. Ein charakteristisches Beispiel dafür war die 1885 bis 1901 in München von Michael Georg Conrad herausgegebene Zeitschrift „Die Gesellschaft. Realistische Wochenschrift für Literatur, Kunst und öffentliches Leben". Sie erklärte sich zur „Antipodin des kulturhemmenden Staates und aller reaktionär verankerten Verlegenheitsgewalten" und befasste sich mit Themen, die anderswo gern gemieden wurden, wie: Demokratie, Pazifismus, Reform des Grundbesitzes und der Schulen, Frauenemanzipation und moderne Geschlechtsmoral. Grundsätzlicher Tenor war der Kampf gegen die „konventionellen Lügen der Kulturmenschheit" (Max Nordau, 1883), denen man unbedingten Wahrheitswillen als „obersten Grundsatz der Moral"

(Bertha von Suttner) entgegensetzte. Das Prinzip der Wahrheit verband die gesellschaftskritischen Intentionen der Naturalisten mit ihrem literarischen Programm ungeschminkter Wirklichkeitsdarstellung. Ein Teil der neuen Literatur vertrat allerdings sozialistische oder anarchistische Auffassungen, so die Romane von Peter Hille (1854–1904) und Max Kretzer (1854–1941). Clara Viebig (1860–1952) war aktiv in der Frauen-, Bertha von Suttner (1843–1914) in der Friedensbewegung. Aber die Mehrzahl der Dramen und Romane von Hermann Sudermann (1857–1928), Johannes Schlaf (1862 bis 1941), Max Halbe (1865–1944), Wilhelm von Polenz (1861–1903), Gabriele Reuter (1859–1941) und Helene Böhlau (1859–1940) waren frei von politischer Agitation; sie stellten lediglich problematische Lebensverhältnisse ihrer Zeit mit sozialem und psychologischem Scharfblick dar.
Ein konsequentes politisches Programm entwickelten diese Literaten nicht, nur wenige wie Max Kretzer nahmen überhaupt parteipolitisch Stellung. Ihr Interesse war sozialkritisch, aber eher im Rahmen einer allgemeinen Zeit- und Kulturkritik:

„[...] Unsere ‚Gesellschaft' wird keine Anstrengung scheuen, der herrschenden jammervollen Verflachung und Verwässerung des literarischen, künstlerischen und sozialen Geistes starke, namhafte Leistungen entgegenzusetzen, um die entsittlichende Verlogenheit, die romantische Flunkerei und die entnervende Phantasterei durch das positive Gegenteil wirksam zu bekämpfen. Wir künden Fehde dem Verlegenheits-Idealismus des Philistertums, der Moralitäts-Notlüge der alten Parteien- und Cliquenwirtschaft auf allen Gebieten des modernen Lebens." (Michael Georg Conrad im Einführungsartikel zu Nr. 1 der „Gesellschaft", 1885)

1.2 Arbeiterbewegung und „soziale Frage"

1890 wurden Bismarcks Sozialistengesetze von 1878 nicht erneuert, und die Arbeiterbewegung nahm einen kräftigen Aufschwung. Außer sozialen Neuerungen – z. B. den Konsumgenossenschaften – traten nun sozialistische Einrichtungen der Erwachsenenbildung neben die schon bestehenden der Kirchen und Bürgerschaften, z. B. Partei- und Gewerkschaftsschulen, Reise-Dozenten und Vortragsreihen, öffentliche Bibliotheken und Theatervereine. Vermittelt wurden außer der marxistischen Weltanschauung vor allem historische und naturwissenschaftliche Kenntnisse; als Mittel zur Emanzipation der Arbeiterklasse interessierten Kunst und Literatur weniger. Schriftsteller, die sich zur Arbeiterbewegung zählten, gab es, aber sie erzielten keine große Wirkung. Während die sozialistischen Arbeiter-Theatervereine sich mehr mit Unterhaltung als mit Politik befassten, wurden in Berlin 1889 und 1890 bürgerliche Besucherorganisationen gegründet, deren gebuchte

Aufführungen als geschlossene Veranstaltungen galten und nicht der Vorzensur unterlagen. Sie sollten ausdrücklich „das Volk" als Publikum gewinnen (Bruno Wille) und naturalistisches Theater durchsetzen (Otto Brahm). Allerdings behauptete sich nur Otto Brahms „Freie Bühne" auf Dauer. Gleichzeitig mit diesen Aktivitäten publizierten sozial interessierte bürgerliche Autoren Literatur für und über Arbeiter bzw. über die Arbeitswelt (s. o.), im Stil freilich dem Vorbild bürgerlicher Literatur des 19. Jahrhunderts verbunden (vgl. Bd. 3). So genannte „Arbeiterdichter" traten mit größerer Wirkung erst nach dem Weltkrieg auf, z. B. Max Barthel, Karl Bröger, Gerrit Engelke, Heinrich Lersch und Paul Zech.

Revolutionär und wirksam waren vor allem die bürgerlichen Naturalisten mit ihrer Thematik der „sozialen Frage" und ihrem Stil. Sie schilderten fast alles, was die Sozialgeschichte an Erscheinungen der Proletarisierung am Ende des 19. Jahrhunderts beschreibt: verarmende Landbewohner; durch die Industrialisierung brotlos werdende Handwerker und Kleinunternehmer; Industriearbeiter, die wegen des Überangebots an Arbeitskräften im Lohn gedrückt und in der Arbeitsleistung überfordert werden; dazu die Verelendung in den Großstädten, wo die Massen der Verarmten Arbeit und Wohnraum suchen. Max Kretzer stellte im erfolgreichsten seiner Sozialisten- und Proletarierromane, „Meister Timpe" (1888), dar, wie ein Handwerksmeister von der massenhaft produzierenden Industrie ruiniert wird. Hermann Sudermann verwendete den Gegensatz zwischen wohlhabendem Vorderhaus und dem Hinterhaus der armen Leute in der Großstadt als Grundriss seines Dramas „Die Ehre" (1889). In den Landvolkromanen von Wilhelm von Polenz und Clara Viebig wie in Max Halbes Drama „Der Strom" (1903) ist das Landleben keine Idylle, sondern soziales Schicksal.

Bald wurden die Naturalisten verdächtigt, Agenten oder Verbündete der proletarischen Klasse und damit der Sozialdemokratie zu sein. Gleichzeitig aber wandte auch die Arbeiterschaft sich von dieser Literatur ab, weil sie zu negativ war. Arbeiter-Mitglieder der „Freien Bühne" abonnierten auf Stücke von Schiller, nicht von Hauptmann! Und auf dem Gothaer Parteitag der Sozialdemokraten 1896 wurden die naturalistischen Elendsschilderungen ausdrücklich verworfen; der Arbeiter habe ein Recht auf Entspannung und Unterhaltung in der Freizeit. Franz Mehring, ein Sozialdemokrat, der eine Zeitlang selbst Leiter der Volksbühne gewesen war, urteilte: „So ehrlich und wahr die moderne Kunst die Ruinen schildern mag, so wird sie doch unehrlich und unwahr, indem sie das neue Leben übersieht, das aus den Ruinen blüht" („Kunst und Proletariat", 1896). Seither waren für die marxistische Literaturkritik bis in die Mitte des 20. Jahrhunderts „Dekadenz" und „Negativität" als Defizite moderner Kunst festgeschrieben.

1.3 Gerhart Hauptmanns soziales Drama „Vor Sonnenaufgang"

Der exemplarische Fall war der Skandal um Gerhart Hauptmanns soziales Drama „Vor Sonnenaufgang" (1889). Die Uraufführung fand in einer geschlossenen Matinee des literarischen Vereins „Die freie Bühne" in Berlin statt. Ihn hatten progressive Literaten und Theaterleute, Kritiker und Journalisten wie Maximilian Harden, Theodor Wolff, die Brüder Julius und Heinrich Hart, die Regisseure Otto Brahm und Paul Schlenther sowie der Verleger Samuel Fischer 1889 gegründet, aus Opposition gegen den üblichen staatlichen und kommerziellen Theaterbetrieb, aber auch aus Vorsicht gegenüber der Zensur. Nach seiner ersten Aufführung – es waren Ibsens „Gespenster" – stieg die Mitgliederzahl sprunghaft auf 900, und bald wurden weitere Bühnenvereine dieser Art gegründet, die die Entwicklung der modernen „Volksbühnen" eingeleitet haben. Von der zweiten Aufführung des Vereins, „Vor Sonnenaufgang", erwartete man einen Skandal, und er trat ein.

Hintergrund ist das schlesische Kohlerevier, wo die Spekulation blüht, während die Bergbauern verelenden. Im Mittelpunkt steht die moralisch verkommende Schicht der Neureichen: Der Bauer Scholz, der durch den Verkauf seiner Felder an Bergwerksgesellschaften zum Millionär geworden ist, verkommt im Suff; seine ungebildete und triebhafte Frau tyrannisiert das Gesinde und betrügt ihren Mann; die sozialbiologische Dekadenz zeigt ihre Folgen in einer Tochter, die ebenfalls Säuferin geworden ist und tote Kinder gebiert; ihr Mann, ein Ingenieur, hat die sozialreformerische Tätigkeit seiner Jugendzeit für die Geldheirat verraten und jagt weiteren Profiten nach. Loth präfiguriert den in naturalistischen Dramen öfter auftretenden intellektuellen Außenseiter; als Sozialreformer und Gesundheitsfanatiker beobachtet und kritisiert er – hierin ein Sprecher für den Autor – die sozial, moralisch und biologisch verderbte Gesellschaft. Aber er versagt im Konflikt zwischen Prinzip und Realität, als er aus Angst vor Erbschäden Helene, die zweite Tochter, verlässt.

Bei der Premiere vor geschlossener Gesellschaft gab es einen Tumult, anschließend vielfache öffentliche Proteste. Nach der zweiten, nunmehr öffentlichen Aufführung, registrierte jedoch Otto Erich Hartleben, ein mit den Naturalisten sympathisierender Rezensent:

„[...] es fällt von den zwölfhundert Zuschauern vielleicht zwanzig ein, dass es sich [...] um etwas Revolutionäres in der Kunst handelt [...]; die übrigen [...] nehmen das Stück ganz naiv als gelungene Nachbildung des Lebens."

Hauptmann hatte sich zwar mit Karl Marx, Friedrich Engels und Karl Kautsky befasst, aber seinen Dramen schrieb er nie einen politischen Auftrag zu.

2 Europäische Literatur, Positivismus und Naturalismus

Fjodor Michailowitsch Dostojewski:
Die Brüder Karamasow (Roman, 1879/1880)
Henrik Ibsen:
Samfundets stötter (Die Stützen der Gesellschaft. Komödie, 1877)
Et dukkehejm (Nora oder ein Puppenheim. Drama, 1879)
Gengangere (Gespenster. Drama, 1881)
Johan August Strindberg: Fadren (Der Vater. Drama, 1887)
Fröken Julie (Fräulein Julie. Drama, 1888)
Lev Nikolajewitsch Tolstoi: Anna Karenina (Roman, 1873–1876)
Die Macht der Finsternis (Drama, 1890)
Émile Zola: Les Rougon-Macquart. Histoire naturelle et sociale d'une famille sous le second Empire (Romanzyklus in 20 Bänden, 1871–1893)
Le roman expérimental (1880)
Les romanciers naturalistes (1881)
Le naturalisme au theâtre (1881)

Die deutschen Naturalisten haben sich mit ihrer Absicht, „durch die Größe der Naturwahrheit die ästhetische Wirkung zu erhöhen“ (Zehn Thesen des Berliner Literatenvereins „Durch“, 1886), weniger auf die deutschen Realisten des 19. Jahrhunderts bezogen als auf ausländische Vorbilder. Sie bewunderten an den russischen Romanen von Tolstoi (1828–1910) und Dostojewski (1821–1881) die genaue psychologische Analyse gesellschaftlicher Konflikte, die sie auch in den Dramen der Norweger Ibsen (1828–1906) und Strindberg (1849–1912) erkannten. Vor allem Ibsen, der sich zwischen 1868 und 1891 oft in Deutschland aufhielt, galt mit seinen Entlarvungen privater und öffentlicher „Lebenslügen“ als Vorbild.

2.1 Émile Zola: Naturalismus und Experimentalroman

Die geschlossenste naturalistische Literaturtheorie bot der französische Romancier Émile Zola (1840–1902).

In den zwanzig Bänden seines Romanzyklus' „Les Rougon-Macquart“ stellt Zola den biologischen und sozialen Verfall einer Familie an fünf Generationen dar. Jeder Roman rückt außer einem Teil der Familie ein soziales Milieu in den Mittelgrund: das Kaufhaus, den Großmarkt von Paris, den Bergbau usw. Um das Milieu präzise darstellen zu können, untersuchte Zola es zuvor ausgiebig.

Nach Zola ist der „naturalistische" Schriftsteller derjenige, der wie ein Naturwissenschaftler arbeitet: Er untersucht und beschreibt empirische Wirklichkeit. Auf der Grundlage des gesammelten Materials von Fakten und Daten konstruiert er den Roman als „Experiment", das heißt als Versuchsanordnung, mit der die Richtigkeit und Gesetzmäßigkeit der Fakten demonstriert werden kann. Die Erfindung des Autors besteht nur darin, individuelle Personen in bestimmten geschichtlichen und sozialen Situationen zu wählen, um an ihnen die Romanhandlung zu entwickeln. Zola hat tatsächlich so produziert: mit Dokumenten, Statistiken, Beobachtungen und einer strengen Planung für seine Arbeit am ganzen Romanzyklus. Allerdings räumt er dem Autor einen Anteil schöpferischer Subjektivität ein: das „Temperament", mit dem er Fakten und Gesetzmäßigkeit der Realität in die fiktionale Wirklichkeit des Romans umsetzt.
In Deutschland ist vor allem *Wilhelm Bölsche* (1861–1939) für den „Zolaismus" eingetreten, mit seinem Buch „Die naturwissenschaftlichen Grundlagen der Poesie" (1887). Er fordert darin ausdrücklich „eine Anpassung an die neuen Resultate der Naturforschung" und verallgemeinert Zolas Romantheorie zu der poetologischen These:

„Jede poetische Schöpfung, die sich bemüht, die Linien des Natürlichen und Möglichen nicht zu überschreiten und die Dinge sich logisch entwickeln zu lassen, ist vom Standpunkte der Wissenschaft betrachtet nichts mehr und nichts minder als ein einfaches, in der Fantasie durchgeführtes Experiment [...]"

Als Gesetzmäßigkeiten im Sinne der Wissenschaften wie der Literatur sah Zola die physisch-psychische und die soziale Kausalität an. Physisch und psychisch ist demnach der Mensch determiniert durch die Vererbung, sozial durch das Milieu. Deshalb bezeichnete Zola seinen Romanzyklus als eine „Histoire naturelle et sociale".

2.2 Einfluss des Positivismus

Dem Naturalismus zugrunde liegt die geistesgeschichtliche Wende, die im 19. Jahrhundert die beherrschende, normensetzende Autorität im Geistesleben den Natur- und Sozialwissenschaften einräumte. Begründet hatten diese Wende eine Reihe von Denkern, die man unter dem Begriff „Positivismus" den Denkern des „Idealismus" gegenüberstellte.

Im Anschluss an den Empirismus des 18. Jahrhunderts hatte Auguste Comte (1798–1857) von der Wissenschaft gefordert, sie solle Gesetzmäßigkeiten ausschließlich aufgrund beobachtbarer Tatsachen formulieren und auf metaphysische Voraussetzungen verzichten – schon damals eine Konsequenz aus dem Siegeszug der Naturwissenschaften. Die Engländer John Stuart Mill (1806–1873) und Herbert Spencer (1820–1903) lehrten, gestützt auf Comte und die Abstammungslehre Charles Darwins, dass sogar moralische Werte einerseits aus ererbten Erfahrungen resultierten, andererseits dem Zweck dienten, das größte Glück der größten Zahl von Menschen, also den gesellschaftlichen Fortschritt zu sichern. Der Franzose Hippolyte Taine (1828–1893) zog aus den positivistischen Voraussetzungen Folgerungen für die Geschichtsschreibung und die Kunst und erklärte „race“, „milieu“ und „temps“, das heißt die Rasse bzw. das biologische Erbgut, die soziale Umwelt und die zeitgeschichtliche Situation für die wesentlichen Bedingungen des Menschen, auch in seiner Kultur.

Der Positivismus ist als die weltanschauliche Grundlage des Naturalismus anzusehen. Wirklichkeit ist für ihn die Erfahrungswirklichkeit des Menschen, und der Mensch ist zu verstehen aus den naturgegebenen und gesellschaftlich bestimmten Bedingungen, vor allem aus seinem physischen und psychischen Erbgut sowie aus dem Milieu, in dem er lebt. Dadurch sind Charakter und Schicksal des Einzelnen determiniert; das erfährt der Mensch unter anderem in den Konflikten und Katastrophen, wie sie etwa das naturalistische Drama darstellt. Es liegt nahe, die Determiniertheit des Menschen am deutlichsten da zu sehen, wo er am unfreiesten ist, z. B. im Milieu der armen Leute und Proletarier. Und in diesem Wirklichkeitsbereich verbanden sich drei Interessen der Naturalisten zum Thema der „sozialen Frage“: das gesellschaftliche Engagement, das Bemühen um eine lebensnahe und volksnahe Dichtung und die positivistische Erkenntnishaltung.

3 Arno Holz und die naturalistische Schreibweise

Arno Holz: Die Kunst. Ihr Wesen und ihre Gesetze (1890)
Revolution der Lyrik (1899)
Phantasus (Gedichtzyklus, in verschiedenen Fassungen 1898–1925)
Arno Holz und **Johannes Schlaf:** Papa Hamlet (Erzählungen, 1889)
Die Familie Selicke (Drama, 1890)

3.1 Prosa des konsequenten Naturalismus

Arno Holz (1863–1929) setzte die naturalistische Theorie in den naturalistischen Stil um. 1888 zogen Holz und Schlaf (1862–1941) zusammen, um aus fragmentarischen Romanentwürfen, die beide mitbrachten, gemeinsam Erzählungen im neuen Stil zu schreiben. Der Theorie Zolas entsprach es, wenn sie die individuelle Fantasie zugunsten einer methodischen und kooperativen Konstruktion von Erzähltexten zurückstellten. Die Themen ergaben sich aus Erfahrungen mit dem Leben armer Studenten, Literaten und Künstler und aus ihrem Interesse an der „sozialen Frage“. Schon 1889 konnte die erste Sammlung veröffentlicht werden: „Papa Hamlet“, der weitere gemeinsam verfasste Erzählungen folgten, bis sich die Autoren 1891 zerstritten.
Diese Prosastücke sind die ersten Beispiele des „konsequenten Naturalismus“, das heißt einer die Wirklichkeit sprachlich rekonstruierenden Darstellungsweise. Dargestellt werden Ausschnitte aus dem Alltagsleben im Arme-Leute-Milieu.

Ein alter, stellungsloser Schauspieler lebt mit Kleinkind und kranker Frau ärmlich in einem Zimmer; am Ende erfriert er betrunken im Hafenviertel, während die Frau lungenkrank im Bett liegt („Papa Hamlet“). Ein Student, der mit zwei anderen ein Zimmer teilt, stirbt an einer Duellwunde („Ein Tod“). Studenten reden über die Liebe; der schüchterne von ihnen kommt über einen zaghaften Annäherungsversuch an die Wirtstochter nicht hinaus („Krumme Windgasse 20“). Ein blutarmer Student und zwei andere Untermieter einer Proletarierwitwe unterhalten sich mit ihr, während sie Kartoffelpuffer backt und ihre Pflegetochter beaufsichtigt; dabei werden sie Zeugen, wie in der Mietskaserne ein Betrunkener seine Frau schlägt, bis die Polizei kommt („Papierene Passion“).

Obwohl jede der Erzählungen eine Art Handlungspointe hat – Tod, erste Liebe, Aufruhr im Haus usw. –, fehlt eine Handlung, die wie in traditionellen Erzählungen zu einem Ziel führt. Der Tod beendet nur einen Zustand, die Liebesbegegnung ist eine flüchtige Episode, die Prügelei geschieht außerhalb der geschilderten Situation. Und das Leben geht danach unverändert weiter: Die Witwe des Schauspielers wird weiter dahinkränkeln, die beiden Freunde des gestorbenen Studenten und seine Mutter werden ohne ihn weiterleben, und am Alltag der Mietshausbewohner ändert sich überhaupt nichts. Um eine Handlung im Sinne der Novelle geht es gar nicht, und dementsprechend bezeichneten die Verfasser ihre Texte auch als „Skizze" oder „Studie". Damit ist sowohl das Unabgeschlossene des Wirklichkeitsausschnitts als auch das beobachtend-registrierende Darstellungsverfahren angedeutet. Mit Zola könnte man sich vorstellen, dass die Autoren Milieu, Situation und Personen verabredeten und dann diesen Lebensausschnitt Satz für Satz ausfüllten.

Lebensbilder im „Sekundenstil". Die Ausführung des Lebensbildes im Detail war die eigentlich Arbeit; ein Freund der Naturalisten, Adalbert von Hanstein, hat sie den „Sekundenstil" genannt:

> „Draußen kamen jetzt leichte Schritte die Treppe herauf. Die Wirtin sprach mit jemand.
> Sie sahen sich an.
> ‚Es kommt wer!'
> ‚Ach ... wahrscheinlich – der Arzt!'
> Jens zupfte am untersten Knopf seines Jacketts herum. Sein Atem keuchte leise.
> Unverwandt sahen sie zur Tür hin.
> Jetzt ...
> ‚H ... herein ...' [...]" („Ein Tod"; Ausschnitt)

Man kann diese Erzählungen einerseits mit dem Stil Storms, Meyers oder Fontanes, andererseits mit dem moderner Kurzgeschichten vergleichen, um zu erkennen, welche Veränderungen in der Erzählprosa die Naturalisten eingeleitet haben. Aus kleinsten Details setzt sich eine Situation zusammen, in der der Mensch nicht eigentlich handelt, sondern in der er aufgeht. Man sieht sie wie in einem Film, und man hört sie wie ein Tondokument wirklicher Alltagsrede, die je nach der Person aus Dialekt, Umgangssprache oder Gebildetensprache und je nach der momentanen Situation aus Ausrufen, unbeholfenen Sätzen, hervorgestoßenen Satzbrocken, höflichen Floskeln, Atempausen, Nebengeräuschen oder Stammeln besteht. Die extrem genaue Wiedergabe des Personenverhaltens vermittelt mehr vom Milieu als die Schilderung der Schauplätze, die gar nicht so breit ausgeführt ist.

Dialog und Perspektivität. In zwei ihrer Erzählungen haben Holz und Schlaf alles, was nicht Personenrede ist, klein drucken lassen; das liest sich wie ein

Dialog mit Regieanweisungen. Holz behauptete später, Hauptmann habe seinen Dramenstil von ihm gelernt, und Hauptmann widmete „Vor Sonnenaufgang" den Verfassern von „Papa Hamlet". Diese haben die an den Erzählungen entwickelte naturalistische Technik selbst im Kleinbürgerdrama „Die Familie Selicke" angewandt. Umgekehrt sieht sich der Leser der Erzählungen wie im Drama oder eigentlich wie im Film wechselnden Blickrichtungen, nahen und mittelbaren Ansichten sowie verschiedenen Personenperspektiven ausgesetzt – nur Fernsicht und Totale kommen selten vor. Diese perspektivischen Darstellungstechniken sind schon bei Gustave Flaubert (1821–1880) und Émile Zola, auch bei Lev N. Tolstoi zu finden. In Deutschland haben erst die Naturalisten sie so intensiv angewandt und an Impressionisten wie Arthur Schnitzler (1862–1931) und auch Expressionisten wie Alfred Döblin (1878–1957) weitergegeben.

Vielschichtigkeit. Vordergründig ist der naturalistische Stil genaueste Abbildung einer vorgestellten Realität. Aber die Gesamtwirkung enthält noch mehr. Denn die thematisierten Lebenssituationen sind exemplarisch: Tod, Liebe, Armut, Opfer und die Details der Banalität werden in diesem Zusammenhang symbolischer Ausdruck von Leben überhaupt, von Schicksal, Bedrängnis und Sehnsucht. Die assoziative Verflechtung der Motive deutet vielschichtige Sinnebenen an, manchmal geradezu in einer Montagetechnik, wie sie dann erst wieder bei James Joyce (1882–1941), Döblin und Späteren auffällt; so in der Titelerzählung „Papa Hamlet" von Holz/Schlaf.

Der alte Schauspieler, Frau, Kind und Nachbarn, das unordentliche Zimmer, die Krankheit, die zerfallende Kleidung usw. – das ist die Milieurealität. Aber der Schauspieler flicht in seine Reden fortwährend – fast zwanghaft – Zitate aus Shakespeares „Hamlet" ein: zuerst, weil er den Text zu rekapitulieren scheint, dann als situationsbezogene Anspielung oder aus Gewohnheit; einmal spielt er mit dem Gedanken, wie Hamlet den Wahnsinnigen zu mimen, um der Kündigung des Zimmers zu entgehen; zuletzt scheint er manchmal tatsächlich geistig verwirrt zu sein. Ein Beispiel für die Montage vom Anfang, als die Eltern sich streiten, ob die Frau das Baby selbst stillen soll:

(Sie:) „So! So! Jawoll doch! Gewiss! Bei unserm Leben! Den ganzen Tag lebt man von Kaffee und Butterbrot! Ich möchte wissen, wie das arme Wurm dabei gedeihen sollte!"

(Er:) „Ha! Zu leben im Schweiß und Brodem eines eklen Bettes, gebrüht in Fäulnis, buhlend und sich paarend über dem garst'gen Nest! Nicht wahr? Du willst damit sagen, dass ich an unsrer Lage schuld bin, Amalie!"

Die Wirkung ist zugleich ironisch und tragisch. Ironisiert wird das Pathos des Klassikertheaters durch die banale Realität, das Pathos des unfähigen Mimen durch sein zitierendes Schwatzen. Umgekehrt wird aber auch in die Banalität der Ton der Dichtung eingeblendet, so dass etwas vom tragischen Pathos auf sie übergeht; denn die Hamlet-Zitate passen oft genug auf die Situation.

Die Schreibweise des „konsequenten Naturalismus“ vermag Wirklichkeit, Milieu und Verhalten mit einer bis dahin ungewohnten Präzision darzustellen. Aber die Naturalisten wollten mehr: Sie wollten das Leben in seiner ganzen Wahrheit erfassen, auch in seiner Irrationalität und Vieldeutigkeit.

3.2 Vom Abbild der Natur zum ästhetischen Kunstwerk

Arno Holz erkannte, dass Zolas Theorie noch keine Poetik war. Fast zehn Jahre Arbeit verwandte er auf seine Definitionsformel „Kunst = Natur – x“ (wobei „Natur“ allgemein Wirklichkeit bedeutet) und auf die Frage, was eigentlich die Größe „x“ sei, die aus der bloßen Wirklichkeitsabbildung ein Kunstwerk macht. Zola hatte geschrieben: „Une œuvre d'art est un coin de la nature vu à travers un tempérament“; aber die Kategorie des „Temperaments“ genügte Holz nicht, weil sie den künstlerischen Schaffensprozess nicht erfasst. Deshalb veränderte er Zolas Definition:

> „Die Kunst hat die Tendenz, wieder die Natur zu sein. Sie wird sie nach Maßgabe ihrer jeweiligen Reproduktionsbedingungen und deren Handhabung.“ („Die Kunst, ihr Wesen und ihre Gesetze“, 1890)

Damit aber verschob Holz das Gewicht vom *Was* der Kunst, der abgebildeten Wirklichkeit, zum *Wie*, den Kunstmitteln und der künstlerischen Technik. Das war ein Vorstoß über den dogmatischen Naturalismus, über den Positivismus und Zola hinaus: Von nun an ist Kunst als Produkt, als Kunst-Werk zu betrachten. In den folgenden Kunstströmungen – Impressionismus, Symbolismus und Expressionismus – wurde die Wirklichkeitsabbildung reduziert und verfremdet, die Ausdrucksmittel und der Schaffensprozess drängten sich vor.

Von 1898 bis 1925 erarbeitete Holz immer neue Fassungen seines lyrischen Hauptwerks, des Gedichtzyklus' „Phantasus“, in dem er Kindheitserinnerungen und Traumvorstellungen, verbunden durch Naturbilder, fast impressionistisch formulierte und mit einem symmetrischen Druckbild der freien ungereimten Rhythmen visuell ästhetisierte – ein Dokument des Stilpluralismus um 1900 (Anordnung der Verse nach: Aus reinem Quell. Philipp Reclam jun. Leipzig o. J.):

Rote Dächer!
Aus den Schornsteinen, hier und da, Rauch;
oben, hoch, in sonniger Luft, ab und zu, Tauben!
Es ist Nachmittag.
Aus Mohdrickers Garten her gackert eine Henne,
die ganze Stadt ... riecht nach Kaffee.

Dass mir das alles noch so lebendig geblieben ist!

Ich bin ein kleiner, achtjähriger Junge,
liege, das Kinn in beide Fäuste,
platt auf dem Bauch
und kucke durch die Bodenluke. [...]
Wie still das ist! [...]
Und die ... Farben ... die Farben! [...]
Ein halbes Leben, ein ganzes Menschenalter verrann!

Ich schließe die Augen. Ich sehe sie ... noch immer!

4 Gerhart Hauptmann: Das Drama des menschlichen Lebens

Gerhart Hauptmann:
Bahnwärter Thiel. Novellistische Studie (1888)
Vor Sonnenaufgang. Soziales Drama (1889)
Das Friedensfest. Eine Familienkatastrophe (1890)
Einsame Menschen. Drama (1891)
Die Weber. Schauspiel aus den vierziger Jahren (1892)
Der Biberpelz. Eine Diebskomödie (1893)
Hanneles Himmelfahrt. Traumdichtung (1894/96)
Fuhrmann Henschel. Schauspiel (1899)
Der rote Hahn. Tragikomödie (1901)
Rose Bernd. Schauspiel (1903)
Und Pippa tanzt! Ein Glashüttenmärchen (1906)
Die Ratten. Berliner Tragikomödie (1911)

Gerhart Hauptmann ist mit dem Naturalismus berühmt geworden und hat ihn berühmt gemacht. Allerdings war er nie nur Naturalist, sondern hat sich in seinem langen Leben (1862–1946) in verschiedensten Stoffen und Stilen versucht. Als Schriftsteller setzte er sich in den Jahren seit 1885 durch, als er meist in oder bei Berlin lebte und dort Anschluss an progressive Literaten wie die Brüder Hart, Bleibtreu, Bölsche und Holz fand, vor allem aber an die beiden Promoter der „Freien Bühne“, Brahm und Schlenther.
Während sich die Berliner Naturalisten vorwiegend für das großstädtische Proletariat interessierten, galt Hauptmanns Vorliebe den kleinen Leuten auf dem Lande, in der Kleinstadt oder in der Stadtrand-Kolonie. Ein bloßer Heimatdichter wollte er nicht sein; aber Heimat, Volk und Dialekt, das Empfinden und Handeln einfacher Menschen sind der Stoff seiner besten Werke. Dieses Milieu kannte er aus seiner Kindheit in Schlesien, und er kannte die sozialen und familiären Konflikte dieser Menschen, ihre Angst-, Schuld-, Traum- und Fantasieerlebnisse, ihren Alltag und ihre Sagen, ihre pietistisch-mystische Religiosität und fatalistische Schicksalsgläubigkeit. Deshalb gehörte in seinen Frühwerken bei aller naturalistischen Genauigkeit der Darstellung immer schon das Irreale zur Realität dazu.

4.1 „Bahnwärter Thiel": Zwischen Tradition und Moderne

Das erste, heute noch für bedeutend gehaltene Werk Hauptmanns ist *„Bahnwärter Thiel. Novellistische Studie aus dem märkischen Kiefernforst"* (1888). Schon der Untertitel kennzeichnet die Zwischenstellung dieser Erzählung zwischen der Novellentradition des 19. Jahrhunderts und den naturalistischen „Studien" von Holz und Schlaf, die kurz darauf erschienen. Traditionell sind die geschlossene Handlung mit ihrem tragischen Höhepunkt, die konzentrierte Personencharakterisierung und die teils raffende, teils schildernde, teils versteckt kommentierende Erzählweise. Modern im Sinne der Naturalisten sind zunächst Handlung und Milieu.

Ein Mann der Unterschicht, ungebildet und triebhaft, ursprünglich fest verwurzelt im Alltagsleben und in seiner regelmäßigen Arbeit, wird durch den Tod seiner ersten Frau, Minna, und durch die Wiederverheiratung mit der ihn erotisch beherrschenden Lene aus dem Gleichgewicht gebracht. Dem gefühlten Verfall seiner Lebensordnung steht er intellektuell hilflos und fast willenlos gegenüber. Er klammert sich an eine fast religiöse Verehrung der ersten Frau und an die Liebe zu deren hinterlassenem Kind Tobias, das von Lene zugunsten des von ihr geborenen Kindes benachteiligt wird. Als Tobias, durch Lenes Achtlosigkeit verschuldet, von einem Zug überfahren wird, bäumt Thiels Gefühl sich bis zur Raserei auf, und er bringt Lene und ihr Kind brutal ums Leben. Als seelisches Wrack wird er abgeführt.

Thiel ist primär ein psychologischer Fall. Er fühlt und handelt triebhaft, ist aber der Vitalität seiner Frau unterlegen. Seine Persönlichkeit zerfällt im Konflikt zwischen geistiger und körperlicher Liebe. Als Ungebildeter, des Denkens Ungewohnter ist er unfähig, die Zusammenhänge seines Lebens zu begreifen. Er kann sie nur dumpf, erregt oder wahnhaft erleben; der fatalen Realität kann er nur Schwärmerei, Wahn und Raserei entgegensetzen. Das erinnert an literarische Vorbilder bei Kleist und vor allem Büchner, den Hauptmann wiederentdecken half und der im „Woyzeck" eine ähnliche psychopathologische Entwicklung vor sozialem Hintergrund dargestellt hat.
Die Erzählweise im „Thiel" steigert sich an Schlüsselstellen in eine Verschmelzung äußerer Wahrnehmung mit inneren Bildern zu Symbolen des Schicksals. Berühmt geworden ist das äußere Bild des Schnellzuges, der auf schnurgeraden Gleisen aus dem unendlichen Horizont in die „Waldeinsamkeit" Thiels kommt und rasend wieder im Unendlichen verschwindet. Dieses Bild verbindet die Handlungsphasen, bis es mit inneren Bildern der toten Frau und ihres Kindes zu peinigenden Angstträumen Thiels verschmilzt, die sich im tödlichen Unfall des Tobias bewahrheiten. Es veranschaulicht nicht nur den psychologischen Kausalnexus der Novelle, sondern auch ein allgemeines irrational-fatalistisches Lebensgefühl, dem eine höhere Sinngebung versagt bleibt.

Der Entwicklung zur Moderne entspricht die Spracharmut Thiels. In der ganzen Novelle wird Thiels Sprechen nur an wenigen Stellen (fünfzehn mal) durch wörtliche Rede dargestellt; oft kann er nur stammeln, murmeln oder sich mit Gesten ausdrücken. Zum Dialog unfähig, spricht er dafür manchmal mit sich selbst. Seine längste Rede ist die halb wahnsinnige Zwiesprache mit der verstorbenen Frau kurz vor der Mordtat:

„‚Du, Minna [...], du, Minna, hörst du? – gib ihn wieder – ich will ...!' Er tastete in die Luft, wie um jemand festzuhalten. ‚Weibchen – ja – und da will ich sie [...] – und da will ich mit dem Beil – siehst du? Küchenbeil – mit dem Küchenbeil will ich sie schlagen, und da wird sie verrecken [...]'."

Thiels Reden sind nicht nur naturalistisches Protokoll, sondern darüber hinaus die zum Verstummen bestimmte Rede-Ruine des Ohnmächtigen. Hier kündigt sich ein zentrales Thema der Moderne an: Die Sprachnot und das Aufhören der Sagbarkeit.

4.2 Bürgerliche und proletarische Problemdramen

In Hauptmanns erstem Bühnenerfolg, „Vor Sonnenaufgang" (1889, vgl. S. 29), zeichnen sich zwei Möglichkeiten des sozialen Dramas ab, die er bis zum Weltkrieg hauptsächlich verwirklichte: das psychologische Problemdrama im meist bürgerlichen Milieu und das sozialpsychologische Kleine-Leute-Drama im proletarischen Milieu. Zur ersten Gruppe gehören Stücke wie *„Das Friedensfest"* (1889) und *„Einsame Menschen"* (1890), düstere Familientragödien in der Art Ibsens und Strindbergs. Der Zuschauer wird Zeuge scheinbar alltäglicher Situationen, in denen aber, wie in den Tragödien seit der Antike, Schuld und Schicksal die Individuen zerstören. Milieu und Charaktere sind genau dargestellt; im unpoetischen Konversationston der Dialoge entfalten sich unterschwellige Leidenschaften und existenzielles Verhängnis.

Mit neuen Stoffen und Stilmitteln setzen diese Stücke eigentlich die Tradition des ernsten bürgerlichen Dramas fort, die mit den englischen bürgerlichen Trauerspielen (George Lillo, 1693–1739) und der französischen Comédie larmoyante (Denis Diderot, 1713–1784) im 18. Jahrhundert begann und seit Lessings „Emilia Galotti" (1772) im deutschen Sturm und Drang und bis Hebbels „Maria Magdalene" (1844) weitergeführt wurde. Die in dieser Tradition oft den tragischen Konflikt begleitenden oder verschärfenden Klassengegensätze treten in Hauptmanns bürgerlichen Problemdramen eher zurück.

In Hauptmanns Dramen mit proletarischem Milieu dagegen sind die sozialen Verhältnisse, ja oft die Klassengegensätze Grundlage des Geschehens. Die nichtproletarischen oder kleinbürgerlichen Figuren, die auftreten, sind den kleinen Leuten zugeordnet, entweder als deren Herren, Ausbeuter oder Gegner oder aber als – allerdings meist wirkungslose – Sympathisanten. Die dramatische „Handlung“ geht meist von den kleinen Leuten aus: *Die Weber* machen einen Aufstand; *Rose Bernd* will bürgerlich heiraten und deshalb ihre bisherige Liebschaft beenden; Frau Wolff im *„Biberpelz“* stiftet Verwirrung durch Diebstahl und Betrug; Frau John in den *„Ratten“* stiehlt in ihrer sozial bedingten Einsamkeit ein fremdes Kind. Außer im „Biberpelz“ erweisen sich aber die Handelnden bald als die Unterlegenen. Sie scheitern, weil sie im Grunde nicht die Verhältnisse ändern können. Die Übermacht der sozialen Situation lässt eine dramatische Handlung im traditionellen Sinne nur selten aufkommen; das Leben besteht vielmehr aus breit dargestellten Situationen und Zuständen, in denen sich die meist am Ende eintretende Katastrophe wie ein zwangsläufiger Prozess entwickelt. Der Stil entspricht dem „konsequenten Naturalismus“ mit ausführlichen Regieanweisungen und den Personenreden in Alltagssprache und Dialekt (vgl. S. 33 ff.). Obwohl Hauptmann seine Charaktere psychologisch individualisiert, haben sie alle den Grundzug gemeinsam, dass sie den sozialen Verhältnissen, den psychischen und vitalen Trieben und ihrer Unfähigkeit, ihr Leben als etwas Sinnvolles zu verstehen, ausgeliefert sind:

„Was sein mir? Sie und ich und mir alle zusamm? Mir han uns musst schinden und schuften durchs Leben, eener so gutt wie der andere dahier.“
(Frau Fielitz, verwitwete Wolff, in: „Der rote Hahn“, 4. Akt)

Der tragische Determinismus dieser Dramen macht einerseits alle Menschen gleich, andererseits breitet er sich unerschöpflich in der „wucherischen, unentwirrbaren Vielgestaltigkeit des Lebens“ aus, von der Hauptmann einmal spricht. Diese Vielgestaltigkeit des Lebens reproduziert Hauptmann mit der „Vielstimmigkeit“ der zahllosen Figuren in seinen Dramen:

„Es meldeten sich in meinem Innern stets viele Stimmen zu Wort, und ich sah keine andere Möglichkeit, einigermaßen Ordnung zu schaffen, als vielstimmige Sätze: Dramen zu schreiben.“ („Die Sendung des Dramatikers“, Rede, 1905)

4.3 „Die Weber“: Soziales Drama oder „Elend in klassischer Form“?

In „Die Weber“ gelang Hauptmann eine besondere Synthese aus naturalistischen Grundsätzen und seinen persönlichen Vorstellungen vom Leben und vom Drama als „vielstimmigem Satz“. Die Zeitgenossen erregte vor allem die brisante soziale Thematik, wie sich an der Geschichte der Verbote und Aufführungen zeigte. Gleich die erste, ganz im Dialekt geschriebene Fassung „De Waber“ (1892) wurde von der Zensurbehörde zurückgewiesen.

Man kritisierte vor allem „[...] die geradezu zum Klassenhass aufreizende Schilderung des Charakters der Fabrikanten im Gegensatz zu demjenigen der Weber [...], die Deklamation des Weberliedes [...], die Plünderung bei Dreißiger [...] und die Schilderung des Aufstandes“. Die Zensurbehörde fürchtete, „dass die kraftvollen Schilderungen des Dramas [...] einen Anziehungspunkt für den zu Demonstrationen geneigten Teil der Bevölkerung Berlins bieten würden“.

Bis 1901 wurden „Weber“-Aufführungen in 18 Städten Deutschlands verboten, konnten aber meistens gerichtlich ertrotzt werden. In Berlin wurde die öffentliche Erstaufführung allein im Deutschen Theater bis 1904 fast hundertmal wiederholt.
An sich handelte es sich um ein „Schauspiel aus den vierziger Jahren“, also um einen historischen Stoff. Dass es als sozialkritisches Stück so sensationell wirkte, ist nur damit zu erklären, dass sich an den dargestellten Missständen seit dem schlesischen Weberaufstand von 1844 nichts oder wenig geändert hatte. Hauptmann hat die Vorgänge von 1844 nach guten Quellen sehr genau wiedergegeben. Zusätzlich bereiste er während der Arbeit an dem Stück die Weberdörfer und war erschüttert von dem bodenlosen Elend, das er zu sehen bekam – fast 50 Jahre später! Dabei wehrte er sich immer dagegen, dass man ihm politische Absichten unterstellte. 1938 erklärte er:

„Was sich in diesen Weberhütten enthüllte, war – ich möchte sagen: das Elend in seiner klassischen Form.“ („Breslauer Neueste Nachrichten“, 25.9.1938)

Damit wollte er die soziale Not nicht verharmlosen, sondern er sah in ihr etwas zeitlos Existenzielles:

„Aber diese Familiengenossenschaft, welcher der Mangel, der Hunger aus den Augen glotzt, kämpft mit dem Gleichmut, den man wohl heroisch nennen mag, ihren Daseinskampf. [...] So bietet er (sc. der Weber) sich und die Seinen, um den Mittelpunkt seiner Arbeit geschart, den Wechselfällen des Schicksals dar, die eine mehr oder weniger langsame Zerstörung bedeuten, der gegenüber er sozusagen aufrecht standhält, bis alles im Tode erstarrt und nur noch Ruine ist.“ – „Klassisch“ nannte Hauptmann diesen Anblick, weil er „irgendwo Elend und Würde vereint.“

Von daher wären die „Weber“ als Tragödie zu deuten. Ihr „Held“ ist der Weber bzw. die Gemeinschaft aller Weber. Konsequent ist der Individualheld der Tragödientradition, der große Einzelne, vermieden und dafür das Kollektiv der Klasse als handelnde und leidende „dramatis personae“ behandelt. Die Gegenspieler, die Personen des Fabrikantenmilieus, sind weniger Charaktere als typische Vertreter sozialer Gruppen. Keine Person tritt in allen Akten auf, fast alle treten hervor und verschwinden wieder, von anderen abgelöst. Der 5. Akt spielt in einem anderen Weberdorf mit anderen Personen, und trotzdem empfindet man den Gesamtzusammenhang des Geschehens. Im Unterschied zu den Massendramen der Expressionisten, in denen der Einzelne bis zur Unkenntlichkeit entindividualisiert wird, besteht das Kollektiv der „Weber“ jedoch aus Individuen. Jeder Arme ist anders und hat ein persönliches Schicksal; jeder verhält sich auch in der Revolte anders: Einer begehrt eher auf als die anderen (Becker), einer wiegelt die anderen auf (Jäger), einer verurteilt den Aufruhr (Hilse) usw. Vielleicht ist das die besondere Leistung Hauptmanns: Die Klasse erscheint als Klasse, aber nicht als amorphe Masse, sondern als Schicksalsgemeinschaft einzelner Personen. Die Weber bilden so zugleich den „vielstimmigen“ Chor der Tragödie; alle erleben dieselbe Not, aber jeder empfindet und handelt anders, politisch-revolutionär, opportunistisch, fatalistisch oder religiös.

Dieser Kompositionsform entspricht die Gliederung des Stücks in fünf Akte, deren jeder fast ein Einakter, ein Stück im Stück ist, worin das Gesamtthema sich wie ein Teilmodell entfaltet. Alle Akte zusammen stellen den kollektiven Vorgang dar, wie die Armen aus ihrer Lethargie erwachen, bis zur gewaltsamen Konfrontation mit dem sozialen Gegner und der Staatsmacht. Durchgehende Motive wie das revolutionäre Weberlied verbinden die Teile. Der Aufbau traditioneller Tragödien verbindet sich so mit den Darstellungsmitteln des Naturalismus und Vorformen des epischen Theaters.

Man kann die „Weber“ als Modell, mindestens aber als Rechtfertigung einer sozialen Revolte verstehen. Für diese Deutung bleibt allerdings der Schluss offen, ja zweideutig: Während außerhalb der Szene die waffenlosen Weber gegen die anrückenden Soldaten stürmen, stirbt an seinem Webstuhl der gottergebene Hilse, der die Revolution verwirft, an einer verirrten Kugel. Die Revolte erscheint im „vielstimmigen Satz“ durchaus nicht eindeutig als zielbewusste Handlung aus revolutionärem Bewusstsein, sondern eher als Umschlag der Not in entfesselte Leidenschaft. In der Geschichte ist der Weberaufstand gescheitert. Nie zuvor in der deutschen Literatur wurden das Proletariat und ein sozialer Prozess so lebenswahr dargestellt, andererseits erscheinen beide als Ausdruck eines tragischen Lebensprinzips.

4.4 Naturalistisches Volksstück und Tragikomödie

Nach den „Webern" schrieb Hauptmann bis etwa zum Ersten Weltkrieg u. a. noch naturalistische Dramen des bürgerlich-psychologischen und des volkstümlich-sozialen Typs; danach so gut wie nicht mehr. In den Kleine-Leute-Stücken wandte er sich teilweise wieder mehr dem individuellen tragischen Charakter zu (*„Fuhrmann Henschel"*, *„Rose Bernd"*), teilweise verband er den Naturalismus des Milieus mit Poesie, Traum und Märchen (*„Hanneles Himmelfahrt"*, *„Und Pippa tanzt!"*), womit er sich dem neuromantischen Irrationalismus um die Jahrhundertwende annäherte (vgl. S. 47–49). Dabei diente die „Vielstimmigkeit" des Dramas mehr und mehr dem Ausdruck für die Vieldeutigkeit des Lebens: In den Träumen und Visionen der armen Leute gehen Elend, Lust und Sehnsucht ineinander über; der Mutterwitz des Volkes kann die Schwäche der Menschen belächeln, die List sie ausnutzen. So benutzt in der Komödie *„Der Biberpelz"* (1893) die Proletarierin Frau Wolff die Vieldeutigkeit des Lebens und der Sprache, um ihre sozial überlegenen Gegner auszutricksen; der Dichter benutzt sie in der Ironie, mit der er die Hohlheit des wilhelminischen Staates in der Gestalt des Amtsvorstehers Wehrhahn bloßstellt. Komik ist aber nicht das letzte Wort des Naturalisten. Acht Jahre nach dem „Biberpelz" lässt Hauptmann in der Tragikomödie *„Der rote Hahn"* (1901) dieselbe Frau Wolff am Kampf um den sozialen Aufstieg zugrunde gehen.

4.5 Wirklichkeit und Kunst in der naturalistischen Symbolik der Tragikomödie „Die Ratten"

„Die Ratten" (1911) sind eigentlich Hauptmanns naturalistisches Schlusswort auf der Bühne. Die Tragödie der Maurersfrau John, die aus Liebesbedürfnis ein Kind stiehlt, an einem Totschlag mitschuldig wird und sich das Leben nimmt, als sie sich damit alles zerstört hat, ist hier in ein vielschichtiges Bedeutungsgefüge verflochten. Schon das Leitmotiv der „Ratten" durchzieht vieldeutig das Stück, als reales Ungeziefer, aber auch als Metapher für das Gesindel der Großstadt, für staatsgefährdende Sozialisten und vor allem für das Unheimliche im Leben überhaupt. Die Berliner Mietskaserne, in der das Stück spielt, ist wie ein Modell der zeitgenössischen Gesellschaft: Hausherr ist der Staat, Hausverwalter ein korrupter Beamter; es hausen darin ein nationalistischer Gesang- und Schlägerverein, eine zur Dirne heruntergekommene Dame mit einer tüchtigen Tochter und einem vernachlässigten Baby, der ordentliche Arbeiter, der auswärts arbeiten geht, und seine Frau, die sich um ein echtes Familienleben betrogen sieht. Auf dem Dachboden verwahrt der zurzeit arbeitslose Theaterdirektor Hassenreuter seinen Theaterfundus, umfunktioniert zum Kostümverleih. Ein junger Theologe und Pfarrerssohn hat sich vom bürgerlichen Milieu seiner Herkunft losgesagt, schwankt aber, ob er sein Leben den Armen oder der Kunst widmen soll, und nimmt derzeit Schauspielunterricht bei Hassenreuter. Proletarische Wirklichkeit, verunsichertes Bürgertum und eine funktionslos gewordene Kunst sind unter ein Dach geraten. Parallel zur Tragödie der Proletarier spielt sich nun eine Komödie der Bürger und Künstler ab; denn diese geraten in die turbulenten Verwicklungen heimlicher Rendezvous und unerwarteter Begegnungen. Die Verwicklungen beider Seiten, der tragischen und der komischen, greifen ineinander, wodurch die proletarische Tragik einen unheimlich-grotesken Zug erhält, die Komik der Bürger und Künstler aber gleichsam erstarrt. Das Verwirrspiel offenbart die Vieldeutigkeit des Lebens, das tragisch und komisch zugleich sein kann. Zudem kommentiert die Hassenreuter-Komödie ständig die John-Tragödie, umgekehrt aber stellt die proletarische Wirklichkeit die traditionelle, lebensfremd gewordene Kunstidee des Theaterdirektors in Frage. Zwischen Hassenreuter und dem Theologiekandidaten Spitta entwickelt sich ein Disput über die wahre Kunst, für den Frau John das Exempel abgibt. Hassenreuter plädiert für die tradierte idealistische Moral und Ästhetik, die in diesem Milieu als bloße Phrase erscheint, und für eine höhere „Weltordnung“, die es für die Johns nicht mehr gibt. Während für den Theatraliker eine Arbeiterfrau wie die John „zur tragischen Heldin ungeeignet“ ist, plädiert Spitta für eine lebenswahre Kunst und erklärt: „Vor der Kunst wie vor dem Gesetz sind alle Menschen gleich.“ Das wirkliche Schicksal der Frau John widerlegt Hassenreuter und gibt Spitta Recht, der am Ende fragen kann: „Finden Sie nicht, dass hier ein wahrhaft tragisches Verhängnis wirksam gewesen ist?“

So hat Hauptmann in seinem letzten naturalistischen Volksstück noch einmal die Motive dieser Gattung vereint: das proletarische Milieu, die Klassengegensätze im wilhelminischen Staat, die Tragik der kleinen Leute, die vergeblich ihr Leben zu ändern versuchen, und die Ironie der Vieldeutigkeit des Lebens. Offensichtlicher noch als im frühen Naturalismus wird die präzise Wirklichkeitsdarstellung durchsetzt von den Zügen des Komischen, des Grotesken, des Hintergründigen, Unheimlichen und Symbolischen.

5 Naturalismus und moderne Literatur

Seit ihrem Auftreten hat man den Naturalisten vorgehalten, dass sie ihren Anspruch einer „Literatur-Revolution" nicht eingelöst hätten. 1971 charakterisierte der Dramatiker John Osborne ihre Zwischenstellung.

„Der deutsche Naturalismus ist ein Kompromiss zwischen dem verinnerlichten deutschen Konservativismus und dem nach außen gerichteten europäischen Radikalismus." („The Naturalist Drama in Germany", 1971)

Jedoch haben die Naturalisten die moderne Diskussion der Kunst und die Problematisierung der Tradition mit eingeleitet und neue Möglichkeiten der Literatur eröffnet. Sie haben die verschütteten Traditionen der Jungdeutschen, des Sturm und Drang und des bürgerlichen Trauerspiels aufgedeckt und weitergeführt, nun aber in entschiedener Zuwendung zur modernen Gesellschaft und insbesondere der proletarischen Klasse. So haben z. B. die Expressionisten die Themen Großstadt, Sklaverei der Arbeit, Anonymität der Masse, Milieu der Verkommenheit, Konflikte der Generationen und Geschlechter in sozialen Kontexten zwar anders behandelt als die Naturalisten, aber eigentlich von ihnen übernommen.
Die scharfe Kritik vieler Antinaturalisten am Stil der minuziösen Wirklichkeitsschilderung beruht zum Teil auf einem Missverständnis naturalistischer Werke, zum Teil auf einer Überschätzung der programmatischen Äußerungen zum „konsequenten Naturalismus". Zumindest Holz und Hauptmann haben auch andere Entwicklungen der modernen Literatur angebahnt. Z. B. haben sie – neben Ibsen und Strindberg – das moderne amerikanische und englische Theater beeinflusst (O'Neill, T. Williams, A. Miller, H. Pinter). In Deutschland – West und Ost – ist proletarische Literatur in der 2. Hälfte des 20. Jahrhunderts als „Literatur der Arbeitswelt" wieder aufgelebt. In anderen Formen kehrte das kritische Volksstück wieder, sowohl in der Weimarer Republik (Fleißer, Horváth) als auch in den siebziger Jahren (Kroetz, Sperr). (vgl. Bd. 6)
Das war möglich, weil die Naturalisten eben nicht nur minuziöse Wirklichkeitsschilderer waren. Sie stießen zwar nicht vor zu extremen Sprachexperimenten, aber sie haben Wirklichkeit auch nicht monistisch und positivistisch gesehen, sondern zerlegten sie in Bruchstücke erlebter Erfahrung und relativierten sie damit bis hin zum Zweifel am Verstehen der Wirklichkeit. Und sie begannen, das Unbewusste zu artikulieren (ohne Kenntnis Freuds). Die von Holz und Hauptmann dargestellte Wirklichkeit ist hintergründig und verweist auf die Vieldeutigkeit des Lebens. Damit spürten die Naturalisten auch schon die Vieldeutigkeit der Sprache auf, die Spätere als Kunstmittel benutzt haben.

Zweiter Teil:
Literatur der Jahrhundertwende – Gegenpositionen zum Naturalismus

1 Fin de Siècle – Ende und Neubeginn

Sigmund Freud: Traumdeutung (1900)
Das Ich und das Es (1923)
Das Unbehagen in der Kultur (1930)
Ernst Mach: Analyse der Empfindungen und das Verhältnis des Physischen zum Psychischen (1886)
Erkenntnis und Irrtum. Skizzen zur Psychologie der Forschung (1905)
Fritz Mauthner: Beiträge zu einer Kritik der Sprache (1901/1902)
Friedrich Nietzsche: Jenseits von Gut und Böse (1886)
Also sprach Zarathustra (1883–1885)
Arthur Schopenhauer: Die Welt als Wille und Vorstellung (1819)

Nach 1890, fast gleichzeitig mit den Ideen und Werken der Naturalisten, entstanden auch die ersten Werke antinaturalistischer Autoren. Hermann Bahr, der selbst anfangs zur naturalistischen Bewegung gehört hatte, verkündete bereits 1891 in einem Essay: „Die Herrschaft des Naturalismus ist vorüber, seine Rolle ist ausgespielt" („Die Überwindung des Naturalismus"). Es erschienen die ersten Veröffentlichungen von *Stefan George, Hugo von Hofmannsthal, Arthur Schnitzler* und *Frank Wedekind,* nur wenig später – ab 1902 – die ersten Gedichte von *Rainer Maria Rilke.*
Wie die Naturalisten gehörten die Autoren der Gegenströmungen größtenteils dem mittleren und gehobenen Bürgertum an und wie diese verurteilten sie den saturierten bürgerlichen Lebensstil der Väter-Generation. Mehr aber noch als die Naturalisten stilisierten die Autoren der Gegenströmungen ihre eigene Lebensweise zu einem bewusst zur Schau getragenen Künstlerdasein (die Gruppe der Wiener Moderne, der Kreis um George in München).
Die Gegenströmungen zum Naturalismus setzten ihre Kritik an drei Punkten an: Einmal von philosophischem und psychologischem Standpunkt aus an dessen naturwissenschaftlich-objektivem Wahrheitsbegriff, zum anderen vom ästhetischen Blickwinkel aus am Primat des Inhalts gegenüber der sprachlichen Form, und drittens wandten sie sich aus dem Bewusstsein der kulturgeschichtlichen Tradition gegen die Ausrichtung des Naturalismus an den sozialen und politischen Strömungen der Gegenwart.

Die meisten Antinaturalisten lebten in der Donaumonarchie und bildeten in kulturgeografischer Hinsicht einen Gegenpol zu Berlin, dem Zentrum sowohl des Wilhelminismus wie des Naturalismus. So drückt sich in der programmatischen Formel von der „Überwindung des Naturalismus" auch das tiefere Traditionsverständnis der jahrhundertealten Donaumonarchie einschließlich ihres Endzeit- und Krisenbewusstseins aus, in bewusster Abgrenzung gegenüber dem neuen und sich kraftvoll und zukunftsorientiert gebärdenden preußisch-deutschen Kaisertum.

Vor allem George und Hofmannsthal, später auch Rilke, schöpften aus ihrer Kenntnis der europäischen Kultur seit der Antike und verwendeten überkommene Bilder des Lebens und der Weltordnung. Der in Frankreich – nach der gleichnamigen Komödie von F. de Jouvenot und H. Micard (1888) – entstandene und in der Folgezeit als Modewort kursierende Begriff vom „Fin de Siècle" bezeugt, in welchem Maße sich am Jahrhundertende die Söhne und Töchter der Väter der „Gründerzeit" als „Spätgeborene" und Repräsentanten einer „Décadence" empfanden. In der Philosophie bildeten *Arthur Schopenhauers* pessimistische Lebensphilosophie und vor allem *Friedrich Nietzsches* Epoche machender Abgesang auf die europäische Vernunft- und Wissenschaftsgeschichte, auf christliche Jenseitshoffnung und „Sklavenmoral" wichtige Bezugspunkte. Auch *Thomas Manns* berühmter Roman *„Buddenbrooks"*, der zwischen 1897 und 1900 in München entstanden ist und den Untertitel „Verfall einer Familie" trägt, gehört dieser Zeitströmung an.

Zu Traditionsgebundenheit und Kulturpessimismus trat nun ein weiteres Merkmal, das der positivistischen Abbildtheorie der Naturalisten vollkommen entgegenstand: der Zweifel an der Fähigkeit, überhaupt Wirklichkeit zu erkennen und sprachlich darzustellen. Dieser Zweifel lag in der Kritik an der objektivistischen Einseitigkeit des naturwissenschaftlichen Wahrheitsbegriffs begründet. Unter dem Einfluss des Empiriokritizismus Ernst Machs bestand für die Antinaturalisten kein Zweifel, dass die Wahrheit nur durch eine innere Erfahrung erfasst werden kann, in der der hinter den Dingen liegende Sinnzusammenhang sichtbar wird. Hermann Bahr formulierte schon 1890: „Wir haben kein anderes Gesetz als die Wahrheit, *wie jeder sie empfindet.*"

Schließlich ist den Autoren der Gegenströmungen die traditionelle Funktion der Sprache, über die Einzeldinge und ihren Zusammenhang allgemein gültige, wahre Aussagen zu machen, fragwürdig geworden. Sie standen vor dem Problem, wie einer individuellen Erfahrung allein durch die künstlerische Sprachformung Wahrheitscharakter verliehen werden kann. In ihrer sprach- und rationalitätskritischen Haltung, die mit einer tiefen Verunsicherung des Selbstbewusstseins verbunden ist, erweisen sich diese Autoren als Wegbereiter der Literatur des 20. Jahrhunderts.

Die Skepsis der Autoren richtete sich gegen die Sprache des Alltags, der Wissenschaften und der Zwecke. Diese Sprache kann der Dichter allenfalls dazu verwenden, die Leere und Beziehungslosigkeit des gewöhnlichen Lebens darzustellen. Die poetische Wahrheit bedarf einer eigenen poetischen Sprache. Angeregt durch die Symbolisten vor allem Frankreichs (Charles Baudelaire, Paul Verlaine, Stéphane Mallarmé, Arthur Rimbaud) und Belgiens (Maurice Maeterlinck), entwarfen George, Hofmannsthal und Rilke eine Literatur, in der irrationale oder imaginäre Erfahrungen durch die künstlerische Form zu Symbolen des Lebenszusammenhanges werden sollen. Im Gegensatz zum Symbolbegriff etwa der Weimarer Klassik kann die Bedeutung dieser Symbole jedoch nicht mehr bewusst erfasst, sondern sie muss intuitiv, emotional und assoziativ erahnt werden.
Im Sprachkunstwerk lässt der Dichter die Mystik des Lebens überhaupt erst zur Erscheinung kommen. Damit beansprucht er die Rolle des Lebensdeuters, und damit kann er die Entfremdung der Kunst von der gewöhnlichen Wirklichkeit, die Isolation des Künstlers von der Gesellschaft positiv interpretieren. Wie problematisch dieser Anspruch ist, lässt sich daran erkennen, dass die Autoren, die ihn vertraten, ihre Rolle immer wieder reflektierten, ja dass die Rechtfertigung des Dichterischen immer wieder zum Thema der Dichtung wurde.
Fin de Siècle bedeutet auch Krise der Gesellschaft. George, Hofmannsthal und Rilke wiesen als Ausweg aus dieser Krise der Kunst eine gleichsam religiöse Aufgabe zu. Schnitzler und Wedekind nahmen die Kunst stattdessen in den Dienst der Desillusionierung und Demaskierung der Gesellschaft selbst. Sie bemühten sich nicht um eine gehobene, alltagsferne Dichtersprache, sondern sie verarbeiteten gerade die banale Alltagssprache auf eine die Gesellschaft provozierende Weise. Schnitzler machte dadurch die problematischen innerseelischen Prozesse seiner Figuren sichtbar; Wedekind verwendete, um seine amoralische und vitalistische Lebenshaltung darzustellen, Kunstformen wie Chanson, Moritat oder sogar Ausdrucksweisen des Zirkus, die in der offiziellen Kunstauffassung als trivial galten.

2 Die Wiener Moderne

Die Gruppe um *Hermann Bahr, Hugo von Hofmannsthal* und *Arthur Schnitzler* fasst man unter dem Begriff der „Wiener Moderne“ zusammen. Für die Zeitgenossen selbst galt dagegen eher der Begriff des „Jungen Wien“, in Analogie zum „Jungen Berlin“ der Naturalisten. Dabei handelte es sich nicht um eine geschlossene Gruppe, sondern um einen Kreis junger Autoren, die in der von Hermann Bahr 1891 gegründeten Wiener Zeitschrift „Moderne Dichtung“ veröffentlichten. Ihr Treffpunkt war das Kaffeehaus, v. a. das „Café Griensteidl“; es zeigte sich als der geeignete Ort der „unendlichen Gespräche“, als „Hauptstapel- und Umschlagplatz“ der – u. a. durch die Namen Nietzsche, Mach und Freud geprägten – europäischen „Zeitideen“ (A. Zohner).

2.1 Nietzsche: „Jenseits von Gut und Böse“

„Wir Verewiger der Dinge [...], was vermögen wir denn allein abzumalen? Ach immer nur das, was eben welk werden will und anfängt, sich zu verriechen! Ach, immer nur abziehende und erschöpfte Gewitter und gelbe späte Gefühle! Ach immer nur Vögel, die sich müde flogen und verflogen und sich nun mit der Hand haschen lassen – mit *unserer* Hand! Wir verewigen, was nicht mehr lange leben und fliegen kann, müde und mürbe Dinge allein.“

Diesen letzten Aphorismus (296) Friedrich Nietzsches aus „Jenseits von Gut und Böse“ erwähnt Schnitzler 1891 in einem Brief an Hofmannsthal als Beleg für die „Sentimentalität“ des Philosophen, und er bezeugt, dass ihn dieser Text „ergriffen“ habe. Darüber hinaus bildet Nietzsches zentrale Aussage, dass das Dasein und die Welt „nur als *ästhetisches Phänomen* [...] ewig *gerechtfertigt*“ sei (in: „Die Geburt der Tragödie aus dem Geiste der Musik“, 1871), die philosophische Grundlage des Ästhetizismus der jungen Wiener Schriftsteller. Die seit der griechischen Antike und dem christlichen Mittelalter geübte „*moralische* Weltauslegung“ (in: „Unzeitgemäße Betrachtungen“, 1873) erweist sich als verlogener Schein. Die Zuversicht des Menschen, als vernünftiges Subjekt die Wahrheit erkennen und die Welt gestalten zu können, löst sich in Nietzsches Überzeugung von der *Perspektivität aller Erkenntnisse* und Handlungen auf. Dem in seinem „Bewusstseinszimmer“ eingeschlossenen Menschen verschweigt die Natur ihre eigentliche Wahrheit, dass er nämlich „in der Gleichgültigkeit seines Nichtwissens“ auf dem „Erbarmungslosen, dem Gierigen, dem Mörderischen“ ruhe – „gleichsam auf dem Rücken eines Tigers in Träumen hängend“ (in: „Über Wahrheit und Lüge im außermoralischen Sinne“, 1903).

2.2 Mach: „Erkenntnis und Irrtum"

Von der Seite einer physiologischen Psychologie führte der Wiener Philosoph Ernst Mach die durch Nietzsche eingeleitete Auflösung aller wissenschaftlichen Objektivität weiter. Er zieht (in „Erkenntnis und Irrtum", 1885) die radikale Konsequenz eines *„Empiriokritizismus"*, dem zufolge jeder Sachverhalt nur als subjektive, vereinzelte Sinnesempfindung wahrgenommen wird, über deren Gesetzmäßigkeit keine Aussage möglich ist. „Das Ding, der Körper, die Materie ist nichts außer dem *Zusammenhang* der Elemente, der Farben, Töne usw." (in: „Antimetaphysische Bemerkungen"). Auch das Ich des Menschen erscheint Mach nur von „relativer Beständigkeit": Diese besteht „vorzüglich nur in der *Kontinuität,* in der langsamen Änderung" von „Erinnerungen, Stimmungen, Gefühlen".
Mit diesen Überlegungen wird Mach zum Philosophen des Impressionismus, in ihm zeigt sich eine Weiterführung des naturalistischen Programms, wie am Sekundenstil von Arno Holz deutlich wird (s. S. 34 ff.).
Von Hofmannsthal weiß man, dass er 1897 die Vorlesungen Machs besucht hat. Und Hermann Bahr entwirft eine dieser Wahrnehmungs- und Erkenntnistheorie entsprechende Ästhetik („Die Décadence", 1891): Der Künstler soll die Natur unbelastet von Vorkenntnissen wiedergeben, so wie sie seine Sinne in bestimmten Augenblicken wahrnehmen. Wirklichkeit wird so in dreifacher Weise subjektiv: Die Außenwelt erscheint im jeweils erlebten Augenblick; der Künstler lenkt sein Augenmerk auf die Wiedergabe seiner Stimmung; das Kunstwerk spiegelt diesen Augenblick durch Wiedergabe feinster Nuancen. Darin liegt für Bahr ein wesentliches Merkmal der „Décadnce". Er unterscheidet die „Stimmung" als Ergebnis der Nervenreizung von den „Gefühlen" der romantischen Tradition. In dieser Geringachtung „des Denkens, Fühlens und Wollens" zeigt sich zwar nochmals die naturwissenschaftliche Verankerung der „Wiener Moderne", sie führt allerdings zu einer Subjektivität, die angesichts des Kontinuums der nervösen Reizveränderungen – von Bahr „Ichwechsel" genannt – die Gefahr des Identitätsverlustes in sich birgt. In Machs Satz „Das Ich ist unrettbar" aus der Schrift „Die Analyse der Empfindungen" kulminiert für Bahr die Fragwürdigkeit der menschlichen Existenz.

2.3 Freud: „Traumdeutung" und Selbstanalyse

Neben dem Empiriokritizismus Ernst Machs bildet die *Psychoanalyse* des Wiener Arztes Sigmund Freud einen zweiten Pfeiler, durch den die „Wiener Moderne" ihre spezifische Grundlegung erhält. Und auch für Freud gilt, dass ein ursprünglich naturwissenschaftlicher Denkansatz weitreichende Wirkungen in Literatur, Philosophie und Psychologie zeitigt, die einem strengen naturwissenschaftlichen Denken entgegenstehen. Vor allem wurde, obwohl Freud als Psychiater in erster Linie therapeutische Zwecke verfolgte, sein neues psychologisches Modell des Menschen als Angriff auf die herrschende Moral und Ordnung verstanden.

In seiner Ausbildung zum Nervenarzt folgte Freud zunächst den Grundsätzen einer Erfahrungs- und Beobachtungswissenschaft, die die funktionelle Abhängigkeit seelischer Vorgänge von den Reizleitungen des Nervensystems untersuchte. Freuds Formulierung vom „psychischen Apparat" hat hierin ihren Ursprung. Doch in seinen Untersuchungen zur Hypnose überschritt Freud den rein medizinischen Standpunkt zugunsten einer psychologischen Auffassung. Er entdeckte den für die Folgezeit der Psychologie revolutionären Unterschied zwischen bewussten und unbewussten seelischen Zuständen. Durch die bewusste Selbstanalyse eigener Träume in ihrer möglichen Verbindung mit erinnerten oder erzählten Kindheitserlebnissen erarbeitete Freud ein Verfahren, das den Sinn der scheinbar sinnlosen, chaotischen Produktionen, die der Traum hervorbringt, aufzeigen und die symbolische Traumsprache interpretieren kann. In seiner ersten Schrift „Traumdeutung" (1900) formulierte Freud sein neues Schichten- und Instanzenmodell der Psyche – das „Ich" zwischen den Ansprüchen von triebhaftem „Es", moralisch forderndem „Über-Ich" und Realitätsprinzip –, seine Einsicht in die konflikthaften, tendenziell neurotischen Prozesse und ihre Bearbeitungsmöglichkeiten.

Für das analytische Verfahren entwickelte Freud die Methode der freien Assoziationen, für die analytische Deutung spielte die Sexualität – schon des Kindes – eine zentrale Rolle. Beide Elemente unterstützten die Zeit-Tendenz, das sich seiner selbst bewusste Ich in Frage zu stellen, entscheidend. Die freien Assoziationen sind gerade durch ihre logisch nicht nachvollziehbaren Verknüpfungen gekennzeichnet, die Thematisierung der Sexualität stellt nicht nur die herrschende Moral, sondern auch das überlieferte Menschenbild, den Dualismus von heller Vernunft und dunklem, zu unterdrückendem Trieb, in Frage. Wenn auch Freuds therapeutische Absicht darin bestand, das bewusste Ich zu stärken, so wirkte doch sein tabufreier Umgang mit den unbewussten triebhaften Kräften der menschlichen Psyche für das bürgerliche und wissenschaftliche Bewusstsein seiner Zeit schockierend.

Gleichzeitig ergibt sich auf diese Weise eine große Nähe zu neuen literarischen Techniken und Themen der Jung-Wiener Autoren insgesamt. Das Interesse der Künstler um 1900 an Vorgängen des Unbewussten ist freilich weniger durch eine direkte Beeinflussung durch Freud erklärbar, als vielmehr durch eine allgemeine Ausrichtung der Zeitgenossen auf psychopathologische Phänomene. Wie Hofmannsthals „Brief", Rilkes „Malte", Musils „Törleß" und Schnitzlers Prosa und Dramen zeigen, hängen die Verstörungen des Individuums mit einer allgemeinen Krise der Wirklichkeitserfahrung und der Sprache zusammen, in der die Trennung von Außenwelt und innerem Erleben fragwürdig geworden ist.

2.4 Jugendstil: „Ver sacrum" und „Secession"

Während in der historistischen Architektur der öffentlichen – z. B. des Parlaments im Stil eines griechischen Klassizismus – und privaten Gebäudepaläste der Wiener Ringstraße wie in der dekorativen akademischen Malerei deutlich wird, dass die etablierte Gesellschaft der Donaumonarchie – symbolisiert in der Gestalt des seit 1848 regierenden Kaisers Franz Joseph I – gegen das Ende des Jahrhunderts ihre zukunftsgestaltende Kraft verloren hat, so zeigt sich in der Malerei und Architektur der Jungen Wiener seit 1890 eine zukunftsweisende moderne Tendenz, die mit der Entfaltung des Jugendstils verbunden ist.

1897 gründeten einige mit Gustav Klimt verbundene junge Maler – in Entsprechung zu anderen jungen Sezessions-Gruppen europäischer Städte wie München – die Wiener *„Secession"*, d. h. eine vom offiziellen Kunstbetrieb der Akademie sich abspaltende Gruppe mit einem eigenen neuen „Kunstwillen": Zum einen sollte der Kontakt mit der gesamteuropäischen Kunstentwicklung hergestellt werden; zum anderen war das Ziel, der Kunst selbst wieder ihre eigene ästhetische Bedeutung zu verleihen, sie aus der Funktion als bloßer Dekoration zu befreien, und gerade dadurch die Kunst wiederum neu mit dem Leben zu verbinden, d. h. das Leben selbst zur Kunst zu erheben.

Ihren entscheidenden Schritt tat die Gruppe, als es ihr 1898 gelang, ein Gebäude zu errichten, das als Gebäude der „Secession" berühmt wurde und mit seiner Architektur die neue Bedeutung der Kunst darstellen sollte: In ihm vereinigten sich Funktion – ein kubischer Baukörper mit innen verschiebbaren Wänden zur Gestaltung von Ausstellungen –, Natur – über dem Gebäude wurde eine vergoldete Kuppel aus Lorbeerblättern angebracht – und die wiedergewonnene Autonomie der Kunst – die Kuppel und der Lorbeer stellten den Kontakt zum Bereich des Heiligen und Transzendenten her. Den Höhepunkt bildete 1902 die Ausstellung der Beethoven-Skulptur Max Klingers, für die Klimt in Anlehnung an den Schlusschor der 9. Sinfonie Beethovens einen eigenen Fries, eine Allegorie der Sehnsucht der Menschheit nach einem reinen und erfüllten Leben, schuf. Der über der Tür des Gebäudes angebrachte Wahlspruch „Der Zeit ihre Kunst, der Kunst ihre Frei-

heit“ wie auch der Titel der Zeitschrift „Ver sacrum“ – „Heiliger Frühling“ –, fassen den Geist des Aufbruchs und die Hoffnung auf eine neue lebendigere, von den „heiligen“ Menschheitsidealen getragene Zeit zusammen.
Für die Entwicklung der Moderne war gerade diese Hinwendung der künstlerischen Tätigkeit zum praktischen Leben von großer Bedeutung: In der Architektur öffentlicher Gebäude wie der Wiener Postsparkasse und in der Arbeit der neu gegründeten Wiener Werkstätten realisierte sich das Ziel der Verbindung von künstlerisch formaler und funktioneller Gestaltung, wie sie später vom „Bauhaus“ aufgenommen und weitergeführt wurde.

2.5 Mahler: „Tradition ist Schlamperei“ – Schönberg: „Kunst soll wahr sein“

Die problematische Stellung der Vertreter der Wiener Moderne im traditionsbewussten kulturellen Leben der Stadt wird in den mit Skandalen verbundenen Auseinandersetzungen um die Kompositionen *Schönbergs* und *Mahlers* besonders deutlich.
In der Öffentlichkeit dominierte ein konservativer Formalismus, der neuen Entwicklungen in der Musik, die die seit Mozart und Beethoven klassisch gewordenen Formen sprengten, kritisch bis ablehnend gegenüberstand. Dies musste schon Bruckner erfahren, umso mehr galt dies für *Mahlers* Werke. Keine einzige seiner Sinfonien ist zu seinen Lebzeiten in Wien uraufgeführt worden, obwohl er seit 1897 künstlerischer Direktor der Wiener Hofoper war. Seine frühe Komposition „Das klagende Lied“ (1880, uraufgeführt 1901) oder die „Kindertotenlieder“ (1901) können in ihrer schmerzvollen und klagenden Haltung als Musterstücke des Fin de Siècle verstanden werden. Als gegen ihn 1907 eine – nicht zuletzt antisemitisch motivierte – Pressekampagne lief, die seine Demission zur Folge hatte („Ich gehe, weil ich das Gesindel nicht mehr aushalten kann“, schrieb er in einem Brief), erhielt er eine Dankadresse, die von führenden Vertretern der Wiener Moderne unterzeichnet war: von Hofmannsthal, Schnitzler, Klimt und Freud – und von Schönberg, den Mahler gefördert und seinerseits verteidigt hatte, als die Aufführung von dessen zweitem Streichquartett 1908 in einem Skandal endete.
Mahler war seit 1904 Ehrenpräsident der „Vereinigung schaffender Tonkünstler“ – einer Art musikalischer Sezession –, die von Schönberg und Zemlinsky gegründet worden war, im selben Jahr, als Anton von Webern und Alban Berg Schönbergs Schüler wurden. Mahlers Kampf gegen eine nur an den herkömmlichen Aufführungs- und Hörgewohnheiten orientierten Traditionspflege, seine Hochschätzung der kompositorischen Arbeit als seinem

„Heiligtum“ oder Schönbergs Postulat, „Kunst soll nicht schmücken, soll wahr sein“, reflektieren die Haltung der Wiener Moderne gegenüber der Kunst insgesamt.
Die Bedeutung der Wiener Moderne für die Entwicklung des 20. Jahrhunderts darf nicht unterschätzt werden. In Ernst Machs „Empiriokritizismus“ z. B., der die Subjekt-Objekt-Spaltung aufhebt, bereitet sich eine Erkenntnisproblematik vor, die einerseits von der Physik mit der Entdeckung der „Unschärferelation“ aufgenommen wurde und andererseits in der Gegenwart von der Gehirnforschung und der Philosophie des „Konstruktivismus“ weitergeführt wird.

3 Der Schriftsteller und die Rolle der Kunst. Die Lyrik Hofmannsthals, Georges, Rilkes

Während die Schriftsteller im Umkreis des Naturalismus überwiegend eine oppositionelle Haltung zum bestehenden Gesellschaftssystem einnahmen, entzogen sich die Antinaturalisten der Realität des gesellschaftlichen und wirtschaftlichen Lebens und schufen eine Gegenwelt der Kunst. Die so im Kunstwerk beschworene Transzendenz der äußeren Wirklichkeit sahen sie aber nur durch das Kunstwerk und in ihm verwirklicht. Der Dichter übernahm die Aufgabe eines Sehers, ja eines Priesters im Dienste der Kunst.

3.1 Lebensmystik und Sprachmagie bei Hofmannsthal

Hugo von Hofmannsthal:
Der Tod des Tizian (1892)
Der Thor und der Tod (1894)
Das Märchen der 672. Nacht (1895)
Ausgewählte Gedichte (1903)
Elektra (1903)
Der Dichter und diese Zeit (1906)

Spätere Werke:
Jedermann (1911)
Die Frau ohne Schatten (1919)
Das Salzburger große Welttheater (1922)
Der Turm (1925, 1927)
Das Schrifttum als geistiger Raum der Nation (Rede) (1926)
(siehe auch 3.2)

Ästhetizismus. Der junge Hofmannsthal teilt die Auffassung vom Leben als einem Mysterium, das sich dem Menschen allein in der Hingabe an den Augenblick und nur in der ästhetischen Wahrnehmung erschließe. Dieser Augenblick wird zugleich in seiner Flüchtigkeit schmerzhaft erfahren, bildet er doch, indem er Vergangenheit mit Zukunft verbindet, den jeweils einzig fassbaren gegenwärtigen Moment im Lebensstrom. Diese mystische Erfahrung wird nun vom Dichter durch seine poetische Sprache auch dem Leser vergegenwärtigt.
Die Werke des jungen Loris – so das von Hofmannsthal selbst gewählte Pseudonym – behandeln durchweg die Problematik solchen Ästhetentums,

dessen Merkmal darin liegt, sich dem gesellschaftlichen Leben zu versagen und sich jeder echten menschlichen Beziehung zu verweigern (so der Edelmann Claudio in dem frühen lyrischen Drama „Der Thor und der Tod"). Diese Kritik am Ästhetizismus wird jedoch in hoher Ästhetisierung, in einer kunstvollen Sprache, in der Schilderung erlesener Stimmungen, in der Wiedergabe feiner Zwischentöne aufgefangen.

Das „Weltgeheimnis": Die Bildersprache Hofmannsthals

Und Kinder wachsen auf mit tiefen Augen,
Die von nichts wissen, wachsen auf und sterben,
Und alle Menschen gehen ihre Wege.

Und süße Früchte werden aus den herben
Und fallen nachts wie tote Vögel nieder
Und liegen wenig Tage und verderben.

Und immer weht der Wind, und immer wieder
Vernehmen wir und reden viele Worte
Und spüren Lust und Müdigkeit der Glieder.

Und Straßen laufen durch das Gras, und Orte
Sind da und dort, voll Fackeln, Bäumen, Teichen,
Und drohende, und totenhaft verdorrte ...

Wozu sind diese aufgebaut? und gleichen
Einander nie? und sind unzählig viele?
Was wechselt Lachen, Weinen und Erbleichen?

Was frommt das alles uns und diese Spiele,
Die wir doch groß und ewig einsam sind
Und wandernd nimmer suchen irgend Ziele?

Was frommts, dergleichen viel gesehen haben?
Und dennoch sagt der viel, der „Abend" sagt,
Ein Wort, daraus Tiefsinn und Trauer rinnt

Wie schwerer Honig aus den hohlen Waben.

Die *„Ballade des äußeren Lebens"* aus der Sammlung „Ausgewählte Gedichte" von 1903 erfasst in den ersten vier Strophen das „Äußere" einer Welt, die von dem allgemeinen Kreislauf des Werdens und Vergehens geprägt ist. An diesem Prozess hat auch der Mensch („wir", Strophe 3) in „Lust und Müdigkeit" Anteil. Die einzelnen Strophen enden dabei in der Darstellung beziehungsloser Vergänglichkeit, so dass sich dem Leser im Ganzen der Eindruck des Niedergangs, der Dekadenz als des bestimmenden Lebensgesetzes aufdrängt. Ein weiterreichender allgemeiner Zweck („wozu“, Strophe 5), der die Einzelerscheinungen und ihren Werdegang verbände, kann nicht angegeben werden, auch nicht ein besonderer Sinn („was frommt das alles uns“, Strophe 6) für den Menschen in seiner einsamen und ziellosen Wanderschaft. Auch die gewöhnliche Sprache gibt keinen Aufschluss über die Ordnung des Lebens, gehört vielmehr in den Vergehensprozess des Lebens selbst hinein (siehe Strophe 3). Aber die Reflexion des Dichters führt über die reine Darstellung des „äußeren Lebens“ und die Feststellung der Vergeblichkeit aller Sinn- und Zweckfragen hinaus: „Und dennoch sagt der viel, der ‚Abend‘ sagt“. Denn die sich diesem Wort assoziierende Bedeutung – „Tiefsinn und Trauer“ – entspricht der Décadence-Empfindung, die auch die Dinge und Entwicklungen des „äußeren Lebens“ vermitteln. So erschließt sich auch die Bedeutung des Schlussvergleichs: Das Sprachsystem erscheint als leeres Gerüst („hohlen Waben“). Allein der poetische Gebrauch der Wörter erschließt ihren Gehalt („schwerer Honig“) und kann das innere Sein der Welt ästhetisch erfahren lassen. Zugleich zeigt die Wendung „wie schwerer Honig“ eine über „Tiefsinn und Trauer“ hinausreichende Qualität: Sie verweist auf die intensive Süße dieser Wahrnehmung des universalen Vergehens.

In der Betonung der Vergänglichkeit allen Lebens liegt die Entsprechung zum Gedankengut der christlichen Tradition. Formal zeigt sich diese Beziehung in der Verwendung der Terzinenform, die im Spätmittelalter Dante zur Darstellung seines christlichen Kosmos bevorzugt hat. Über diesen formalen Bezug hinaus zeigt sich auch in Hofmannsthals weiterer Entwicklung, wie sehr er der christlich-abendländischen Überlieferung verpflichtet ist. Er wendet sich nach dem „Brief“ des Lord Chandos (s. 5.1) in neuer Weise den Inhalten und Formen der kulturellen Tradition zu. Ab 1899 sind keine Gedichte mehr entstanden.

3.2 Hofmannsthals Traum der Vergangenheit

Nach seiner Wendung zu Drama und Theater ab 1903 versucht Hofmannsthal in Schriften zum Zeitgeschehen und zu kulturellen Fragen, den Ästhetizismus durch ein konstruktives Engagement zu überwinden. In Reden und Aufsätzen („Der Dichter und diese Zeit“, „Das Schrifttum als geistiger Raum der Nation“) formuliert er die Hoffnung, dass die Gegenwart aus dem Geist der Vergangenheit erneuert werden könne. Die entscheidende Rolle übernehme dabei das Erbe der deutsch-österreichischen Kultur. Im Kampf gegen die Zersplitterung des modernen Zeitalters könne Österreich Vorbild sein und dem „deutschen Volke das Produktive seiner großen Vergangenheit" entgegenhalten. Dem Dichter falle dabei die Aufgabe zu, die „Welt der Bezüge" herzustellen. Wie einem Magier würden ihm Zukunft und Vergangenheit zu einer „einzigen Gegenwart" („Der Dichter und diese Zeit"). Seit dem Ausbruch des Ersten Weltkriegs stellt Hofmannsthal sich vermehrt die Frage, wie das Chaos der Gegenwart mit Hilfe der Tradition zu bewältigen sei. Er selbst fühlt sich durch die Vergangenheit vorgeprägt („Präexistenz"). Mit seiner Rückbesinnung auf die Kulturtradition fordert Hofmannsthal einen Autor, der wie J. M. R. Lenz, Hölderlin oder Goethe in „produktiver Anarchie" arbeite. Dieser könne die Gegenwart vor der Verantwortungslosigkeit retten:

„Der Prozess, von dem ich rede, ist nichts anderes als eine konservative Revolution – von einem Umfange, wie die europäische Geschichte ihn nicht kennt. Ihr Ziel ist Form, eine neue deutsche Wirklichkeit, an der die ganze Nation teilnehmen könnte." („Das Schrifttum als geistiger Raum der Nation")

Indem Hofmannsthal noch in den zwanziger Jahren die Formel der „konservativen Revolution" prägte, geriet er in die Nähe von konservativen, ja reaktionären Kräften der Weimarer Republik, etwa von Arthur Moeller van den Bruck, der mit seinem Buch „Das dritte Reich" (1923) zum Wortführer der antidemokratischen Bewegung in Deutschland geworden war.
Allerdings zeigt das dichterische Spätwerk, wie wenig politisch und wie sehr geistig-innerlich Hofmannsthal diese „konservative Revolution" verstanden hat. Zum einen suchte er das literarische Erbe durch Anthologien bekannt zu machen; zum anderen bemühte er sich um ein am Barocktheater orientiertes mythisch-allegorisches Bühnenspiel („Jedermann", entstanden ab 1903, „Das Salzburger große Welttheater",1922), in dem die traditionell christlich-katholische Sicht der Menschheitsgeschichte in ihrer Bedeutung für die Gegenwart dargestellt werden sollte. Die 1917 von Hofmannsthal mitbegründeten Salzburger Festspiele sollten dieser kulturellen Mission dienen.
Die späten Dramen zeigen, wie fern Hofmannsthal schließlich selbst seinem ursprünglichen Glauben an die weltgeschichtlich bestimmende Kraft des Christentums rückte. In dem Drama „Der Turm", das wie das „Welttheater" auf ein Drama des Spaniers Calderón (1675) zurückgeht, scheitert in der Gestalt des am Ende ermordeten Dichterkönigs Sigismund der Versuch, gebildete, mitfühlende Innerlichkeit und äußeres politisches Handeln miteinander zu versöhnen. In der zweiten Fassung (1927) relativiert Hofmannsthal seine Hoffnungen auf eine „konservative Revolution" noch stärker: Sigismund verlässt den Turm, in dem er Kindheit und Jugend verbrachte, nicht mehr und gibt seine ursprüngliche Aufgabe, ein Friedensreich zu schaffen, von sich aus preis.

3.3 „Kunst für die Kunst“ in der Lyrik Georges

Stefan George:
Algabal (1892)
Die Bücher der Hirten und Preisgedichte der Sagen und Sänge der hängenden Gärten (1895)
Der Teppich des Lebens und die Lieder von Traum und Tod (1900)
Der siebente Ring (1907)
Der Stern des Bundes (1914)
Das neue Reich (1928)

Schönheits- und Todeskult. Wie Hofmannsthal begann George kurz nach 1890 Gedichte zu veröffentlichen, die dem Ästhetizismus der Epoche Ausdruck verliehen. Dabei rückt George jeweils ein Sinnbild in den Mittelpunkt des Gedichts. Dieses beschränkt sich auf eine anschauliche Beschreibung und verzichtet auf gedanklich abstrakte Reflexion. Am reinsten verwirklicht George sein Kunstideal im Zyklus „Algabal“ (1892), in dem die Gestalt des römischen Kaisers Heliogabal gleichzeitig einem Schönheits- und Todeskult huldigt:

Mein garten bedarf nicht luft und nicht wärme.
Der garten den ich mir selber erbaut
Und seiner vögel leblose schwärme
Haben noch nie einen frühling geschaut.

Von kohle die stämme von kohle die äste
Und düstere felder am düsteren rain
Der früchte nimmer gebrochene läste
Glänzen wie lava im pinien-hain.

Ein grauer schein aus verborgener höhle
Verrät nicht wann morgen wann abend naht
Und staubige dünste der mandel-öle
Schweben auf beeten und anger und saat.

Wie zeug ich dich aber im heiligtume
– So fragt ich wenn ich es sinnend durchmass
In kühnen gespinsten der sorge vergass –
Dunkle grosse schwarze blume?

Schönheit entsteht hier nicht durch liebliche Natur, sondern durch leblose Gegenstände, in denen alles Natürliche erstorben ist. So gleicht die künstliche Welt Heliogabals mehr einem Totenreich als einem Garten. Der

artifizielle Bereich, von Algabal selbst erschaffen, wird nun als „heiligtum" verehrt, abgeschirmt gegen das äußere Leben. Der höchste Wunsch dieser Kunst ist die Erzeugung der „schwarze[n] blume", die als Sinnbild der Einheit von Schönheit und Tod verstanden werden kann.
Georges Vorbilder sind die französischen Symbolisten, vor allem Baudelaire. Anders als diese lehnt George jedoch die Wiedergabe des Alltäglichen, des Hässlichen, ja der Phänomene der modernen Zivilisation insgesamt ab.
Die kostbaren Bilder erschaffen ein „heiligtum". Diese Kunstreligion lässt sich mit dem „L'art pour l'art"-Prinzip der französischen Symbolisten vergleichen. George übernimmt von ihnen die konsequente Verwirklichung eines „Synästhetismus": Das Gedicht verknüpft verschiedene Bereiche der Sinnenwelt und verschiedenartige Empfindungen („gelle striche", „in der weißen sonnen scharfem glühn"). Dadurch führte er Ansätze der romantischen Lyrik (z. B. bei Brentano) weiter und bereitete die für die moderne Lyrik typische Chiffrensprache vor (s. u. S. 113 ff.). Außerdem zeigen sich auch Gemeinsamkeiten mit dem Jugendstil der bildenden Kunst. Wie dieser strebte George ein Prinzip künstlerischer Totalität an, die alle Bereiche, auch die Gestaltung des Buchs und die Lebensform des Künstlers selbst umfasst. So gestaltete der Jugendstilgrafiker Melchior Lechter Gedichtbände, die in einer eigens für George entworfenen Schrift gedruckt wurden.

Sendung des Dichters. Aus dem Totalitätsanspruch seiner Kunst heraus verstand George sich auch als Vorbild und Lehrer. Seit 1891 suchte er deshalb in der Zeitschrift „Blätter für die Kunst" Werte einer neuen Elite zu verbreiten, die freilich einem kleinen Kreis von Schülern vorbehalten blieb. Zum George-Kreis gehörten der Philosoph Ludwig Klages und die Dichter Karl Wolfskehl, Paul Gérardy und Max Dauthendey, die Literatuwissenschaftler Friedrich Gundolf und Max Kommerell. Die dem Massengeschmack angepasste Kunst wurde abgelehnt und eine Einheit von Kunst und Kunsthandwerk angestrebt wie im mittelalterlichen Gildewesen. Nicht der Gebrauchswert der Kunst, allein die „form" war entscheidend, die als „tief erregendes in maass und klang" aufgefasst wurde („Blätter für die Kunst", „Über Dichtung"). Der „meister", der die Form beherrsche, habe teil an einem „höheren leben". Ihm falle eine Führerrolle zu. Für George stand die Dichtung über dem Leben, dessen Ordnung sie erst herstelle: „kein ding sei wo das wort gebricht."
In dem Bemühen, durch die Kunst erzieherisch zu wirken, traten in den Dichtungen nach 1900 die erlesenen Bilder zurück, und die poetische Gegenwelt wurde in einer Konzentration auf schlichte Aussageformen, ja auf knappe Abstraktion entworfen. Die Sammlung „Der Stern des Bundes" (1914) besteht im Allgemeinen aus lehrhaften Leitsätzen:

Ein weiser ist nur wer vom gott aus weiß.
Durchs heilige feld komm ich geschritten
Mit dir dem heiligen ziele zu ...
Im einklang fühl ich keim und welke
Mein leben seh ich als ein glück. („Der Stern des Bundes“)

Im letzten Gedichtband, „Das neue Reich“, zeigen Gefolgschaftsdenken und Prophetentum, in welch gefährliche Nähe zum Gedankengut des Faschismus George sich begeben hat. Persönlich warnte er jedoch vor dem Nationalsozialismus und lehnte, aus seinem elitären Bewusstsein heraus, ein Angebot der Nationalsozialisten ab, Präsident der „Deutschen Akademie für Dichtung“ zu werden.

3.4 Rilke: Fühlen – Zeigen – Verschlüsseln

Rainer Maria Rilke:
Das Buch der Bilder (1902/06)
Das Stundenbuch (1905)
Neue Gedichte (1907/08)
Duineser Elegien (1912–1923)
Sonette an Orpheus (1923)

Das Dinggedicht. Rilke, 1875 als Sohn eines Beamten in unbedeutender Stellung und einer ehrgeizigen Mutter geboren, versuchte zeitlebens, unglückliche Kindheitserlebnisse (Besuch der Militärschule, Streit der Eltern) in der Dichtung zu bewältigen. Sein Schaffen ist deshalb stärker als das Georges mit persönlichen Problemen verbunden.
Auch die Dichtungen Rilkes beziehen sich auf einen transzendenten Bereich. Dieser trägt zwar noch christliche Züge, entzieht sich aber im Ganzen einer traditionellen religiösen Festlegung. Bestimmend ist in den frühen Gedichten bis zum „Stundenbuch“ zunächst der Ausdruck des Fühlens, des Ergriffenseins von der Ahnung eines „unter aller Oberfläche“ liegenden göttlichen „Lebensgrundes“, der zwar in „Gebeten“ mit „Du“ angeredet werden kann, aber namenlos bleibt und als „der große Unscheinbare“ und „Unbekannte“ erscheint. Seit dem Aufenthalt in der Worpsweder Künstlerkolonie (1900/01) und durch die Tätigkeit als Sekretär des Bildhauers Auguste Rodin in Paris gewann Rilke jedoch ein neues Verhältnis zu den Dingen. Sie erhalten einen Eigenwert und symbolische Bedeutung. An die Stelle des Fühlens tritt mehr das Schauen und Zeigen.

Rilkes Dinggedichte rücken einen einzelnen Gegenstand in den Mittelpunkt. So wird in dem Sonett „Blaue Hortensie“ aus dem Zyklus der „Neuen Gedichte“ eine bescheidene Pflanze in ihrer Existenz als beseeltes Lebewesen beschrieben:

So wie das letzte Grün in Farbentiegeln
sind diese Blätter, trocken, stumpf und rauh,
hinter den Blütendolden, die ein Blau
nicht auf sich tragen, nur von ferne spiegeln.

Sie spiegeln es verweint und ungenau,
als wollten sie es wiederum verlieren,
und wie in alten blauen Briefpapieren
ist Gelb in ihnen, Violett und Grau;

Verwaschnes wie an einer Kinderschürze,
Nichtmehrgetragnes, dem nichts mehr geschieht;
wie fühlt man eines kleinen Lebens Kürze.

Doch plötzlich scheint das Blau sich zu verneuen
in einer von den Dolden, und man sieht
ein rührend Blaues sich vor Grünem freuen.

Die Blume weist über sich hinaus: Sie verkörpert den allgemeinen Lebensrhythmus, der durch Vergehen (Strophe 1–3) und Werden (Strophe 4) bestimmt ist. Die Pflanze wird durch Vergleiche und Metaphern („Kinderschürze“, „Briefpapier“, „verweint“, „freuen“) auch zum Symbol des menschlichen Lebens, in seiner Vergänglichkeit – „wie fühlt man eines kleinen Lebens Kürze“ – und seiner Möglichkeit, sich zu wandeln und zu erneuern: „scheint das Blau sich zu verneuen“. Der Dichter verdeutlicht seinen eigenen Wahrnehmungs- und Gefühlsprozess – „scheint“, „man sieht sich freuen“ – und legt so den poetischen Vorgang der Versinnbildlichung für den Leser offen.

„Weltinnenraum“. In der Folgezeit entfernte Rilke sich vom Symbolismus der Dinggedichte. Sein Interesse galt nun dem Schaffensprozess des Dichtens selbst. Er erhebt den Anspruch, dass kein Wort mit dem „gleich lautenden Gebrauchs- und Konversationswort“ identisch ist. Doch Dichten bedeutet für ihn weniger die meisterhafte Beherrschung der Form als vielmehr eine visionäre Begabung.

Durch alle Wesen reicht der eine Raum:
Weltinnenraum. Die Vögel fliegen still
durch uns hindurch. O, der ich wachsen will,
ich seh hinaus, und in mir wächst der Baum.
(„Es winkt zu Fühlung fast aus allen Dingen ...“, 1914e)

Das lyrische Ich verbindet die äußeren Dinge mit der eigenen Innerlichkeit zu einer Gesamtheit. Diese Gesamtheit kann aber nur durch die Versenkung in die ästhetische Wahrnehmung der äußeren Wirklichkeit einerseits und in die Empfindung der inneren Welt andererseits erfahren und gestaltet werden. Der „Weltinnenraum" bezeichnet das vom Dichter in Sprache gebrachte, in allen Dingen wirkende innere Lebensgesetz. Auch die Dimension der Zeit, die Grenze zwischen Leben und Tod, wird aufgehoben. Dieses Bemühen um die Durchlässigkeit innerer und äußerer Wirklichkeit wurde von 1907 an durch den Einfluss der Bilder und der Ästhetik des Malers Paul Cézanne gefördert. Der Gegenstand büßt seine anschauliche Fülle ein und wird auf seine wesenhafte Bedeutung hin durchsichtig.

„Duineser Elegien". In dem Spätwerk „Duineser Elegien" (begonnen 1912, vollendet 1923) findet diese neue Ästhetik ihren Höhepunkt. Es handelt sich um zehn Elegien, deren zum Teil freie Rhythmen den musikalischen Charakter der lyrischen Sprache unterstreichen. Hinter der Kulissenwelt der äußeren Wirklichkeit („Puppenbühne") stehen die ewigen „Ordnungen der Engel", die vom Dichter erschaut werden können. Er vermag das Flüchtige der äußeren Erscheinung in Dauer zu verwandeln; seine schöpferische Tätigkeit löst die paradoxe Aufgabe, das „Unsägliche" sagbar zu machen. In dieser Bewegung hinter die Grenzen der Erscheinungswelt wird der Dichter seiner Existenz inne („siehe ich lebe") und kann auch schmerzliche Erfahrungen überwinden, die mit dieser Grenzüberschreitung verbunden sind, wie das Bewusstsein der Einsamkeit und der Todesnähe.
Wie der späte George wendet Rilke sich von einer Sprache in anschaulichen Bildern ab („Tun ohne Bild. Tun unter Krusten"). Die Tendenz zu höherer Abstraktion und Verschlüsselung der Bedeutung nimmt, im Dienste der Vergeistigung alles Konkreten, zu.

Wie George steht auch Rilke am Ende einer in die Romantik zurückreichenden Tradition der Lyrik; beide unternehmen noch einmal den Versuch, im hohen Stil und in mythischer Sprache eine aufs Transzendente gerichtete Lebenserfahrung darzustellen. Eine eher spielerische Variante dieses Themas entstand innerhalb kurzer Zeit im selben Jahr 1923 in dem Zyklus „Sonette an Orpheus", in dem der rühmende Gesang der mythischen Figur das „Dasein" der Welt, das heißt ihre sinnstiftende Einheit, schafft.
Während die revolutionären Richtungen nach 1900, etwa der Expressionismus, traditionelle Inhalte und Formen zertrümmern, versucht Rilke, seine Absichten innerhalb der Grenzen einer traditionellen, schönen Sprache zu verwirklichen. Auch seine Motive des sozialen Elends sind im Rahmen seiner Kunst- und Lebensauffassung zu verstehen. Diese Geschichtsferne und

die Ablehnung politisch-rationalen Denkens verführten Rilke in seiner letzten Lebenszeit dazu, das Aufkommen des italienischen Faschismus in einigen Briefen zu begrüßen. Trotz der Modernität ihrer sprachlichen Kunst zeigen so der späte Hofmannsthal, George und Rilke in ihrem Zeitbewusstsein eine antimoderne Haltung, die sowohl der Industrialisierung als auch den demokratischen Entwicklungen der Zeit nach 1918 ablehnend gegenüberstand.

4 Desillusionierung und Provokation. Die Dramen Schnitzlers und Wedekinds

4.1 Desillusionierung in Dramen Schnitzlers: „Anatol“, „Reigen“

Arthur Schnitzler:
Anatol (1893)
Liebelei (1895)
Reigen (1900)
Das weite Land (1911)
Professor Bernhardi (1912)

Schnitzlers frühe Skizzen, Einakter, Szenenfolgen machen ihn, neben Hofmannsthal, zum Hauptvertreter der Wiener Moderne. Sie zeigen aber auch Gemeinsamkeiten mit der traditionellen Wiener Volkskomödie. Grundlegend neue Ausdrucksformen hat Schnitzler erst später in die Erzählkunst eingeführt (s. S. 79 ff.); doch schon die frühen Dramen verraten durch ihre Stimmungs- und Charakterschilderung ihre Nähe zur Epik.

„Anatol“. Diese dramatische Skizze Schnitzlers verknüpft sieben knappe Episoden durch die gemeinsame Hauptfigur. Sie erinnert an einen Prototyp des „fin de siècle“, den englischen „Dandy“, der narzisstischen Schönheitskult mit amoralisch-provokativer Haltung gegen bürgerliche Konventionen verbindet, aber damit auch das Leiden an der eigenen inneren Leere überspielt (vgl. Oscar Wilde: „Das Bildnis des Dorian Gray“, Roman, 1891). Anatol ist ein für Schnitzlers Menschenbild typischer Held, der widersprüchliche Eigenschaften in sich vereinigt: ein Salonlöwe, elegant und zynisch – doch andererseits von der Sehnsucht nach dem im Wechsel des Erlebens Beständigen gequält und durch das Nichtige aller erotischen Abenteuer zu fortwährenden Enttäuschungen verdammt, ein „Skeptiker mit romantischer Seele“, eine Figur mit diffusen Umrissen, die schon auf den „eigenschaftslosen Menschen“ (Musil) in der Literatur des 20. Jahrhunderts hinweist. Anatols Entfremdung von den anderen, die auch in der zwanglosen Konversation mit dem Freund Max offenbar wird, liegt allen vorgeführten Situationen zu Grunde: einem Flirt mit einer verheirateten Frau („Weihnachtseinkäufe“), einem „Abschiedssouper“, der Befragung einer Frau mittels hypnotischer Suggestion („Die Frage an das Schicksal“). Der Titel „Episode“, den eine der Szenen trägt, könnte für viele gelten: unverbindliche Erlebnisse, die einen Moment währen und die Leere eines beziehungslosen Daseins hin-

terlassen. Das Kompositionsprinzip der losen Reihung ist demnach formaler Ausdruck eines stetigen Desillusionierungsprozesses, hinter dem der weltanschauliche Skeptizismus des Autors steht.

„Reigen". In dieser Szenenfolge zieht Schnitzler die Konsequenz einer ernüchternden Illusionslosigkeit. Die Beziehungen zwischen Mann und Frau sind hier rein sexueller Natur, man gibt sich kaum mehr die Mühe, Liebe zu heucheln. In zehn Dialogen begegnen sich verschiedene Liebespaare. Vor Beginn der jeweils nächsten Szene wird ein Partner ausgetauscht, bis sich der Reigen schließt, der von einer Dirne eingeleitet und beendet wird. In jeder Szene fallen die Personen nach ihrer sexuellen Begegnung in einen lethargischen Zustand der Gleichgültigkeit zurück. Allen Figuren ist ihr Verlangen nach Entgrenzung gemeinsam. Doch gibt Schnitzler zu erkennen, dass sie letzten Endes stets auf sich selbst verwiesen sind, auf ihre Einsamkeit. Dem Verlust an Persönlichkeit entspricht die Typisierung der Charaktere, die der Kunst der psychologischen und sprachlichen Nuancierung keineswegs zu widersprechen braucht: Nicht Individuen nehmen an dem Reigenspiel teil, sondern namenlose Wesen wie „der Soldat", „das süße Mädel", „der junge Herr". Am Schluss des Stücks wird die Idee des Glücks in einem irrealen Bedingungssatz angedeutet: „Es wär doch schön gewesen, wenn ich sie nur auf die Augen geküsst hätt. Das wäre beinahe ein Abenteuer gewesen ... Es war mir halt nicht bestimmt." Dies äußert „der Graf", bevor er die Dirne bezahlt: „Da haben S'."

Es liegt nahe, in Schnitzlers Desillusionierungstechnik eine Verbindung zu den Naturalisten zu sehen, die die Motive menschlichen Handelns ebenfalls schonungslos aufdecken. Doch fehlt Schnitzler die Überzeugung von der determinierenden Bedeutung der Schichtzugehörigkeit, auch die Perspektive gesellschaftlicher Zusammenhänge. Alle verhalten sich gleich; gesellschaftliche Unterschiede werden durch den allgemein gültigen Mechanismus von äußerer Zuwendung und innerer Entfernung eingeebnet. Unterschiede des Sprachniveaus verbergen kaum die Gemeinsamkeiten, die zwischen Personen verschiedenen Standes bestehen: Ihr Mangel an Individualität legt alle Personen auf eine Art Rolle fest.

Während die Naturalisten unmittelbar Kritik an der Wirklichkeit übten, kritisierte Schnitzler die Gesellschaft seiner Zeit mittelbar durch psychologische Demaskierung. Er legte im Tabubereich der Sexualität die Scheinhaftigkeit und Verlogenheit menschlichen Verhaltens offen. Darin ist wohl eine Ursache für die anstößige Wirkung zu suchen, die der „Reigen" auf das Publikum hatte: Auf die Angriffe der nationalistischen und katholischen Gruppen gegen die vermeintlich zersetzende Wirkung der Schriften des Juden Schnitzler folgte ein Gerichtsverfahren, das weitere Aufführungen des

Stücks untersagte. Erst 1920 wurde es vollständig aufgeführt. Konservative und antisemitische Kreise feindeten die Werke Schnitzlers weiterhin an, und im Nationalsozialismus fielen sie der Bücherverbrennung zum Opfer.

4.2 Vitalismus in Dramen Wedekinds: „Der Marquis von Keith", „Frühlings Erwachen", „Erdgeist", „Die Büchse der Pandora"

Frank Wedekind:
Frühlings Erwachen (1891)
Erdgeist – Die Büchse der Pandora (1895/1904)
Der Marquis von Keith (1900)
König Nicolo oder So ist das Leben (1902)

v. KEITH: Ich bin Bastard. Mein Vater war ein geistig sehr hochstehender Mensch, besonders was Mathematik und so exakte Dinge betrifft, und meine Mutter war Zigeunerin.

ANNA: Wenn ich nur wenigstens deine Geschicklichkeit hätte, den Menschen ihre Geheimnisse vom Gesicht abzulesen! Dann wollte ich ihnen mit der Fußspitze die Nase in die Erde drücken.

v. KEITH: Solche Fertigkeiten erwecken mehr Misstrauen, als sie einem nützen. Deshalb hegt auch die bürgerliche Gesellschaft, seit ich auf dieser Welt bin, ein geheimes Grauen vor mir. Aber diese bürgerliche Gesellschaft macht, ohne es zu wollen, mein Glück durch ihre Zurückhaltung. Je höher ich gelange, desto vertrauensvoller kommt man mir entgegen. Ich warte auch tatsächlich nur noch auf diejenige Region, in der die Kreuzung von Philosoph und Pferdedieb ihrem vollen Wert entsprechend gewürdigt wird.

Diese zynischen Äußerungen des Marquis von Keith sind typisch für die Mentalität der Außenseiter und Abenteurer, die meist im Mittelpunkt der Dramen Wedekinds stehen und oft an den Kabarettisten Wedekind selbst erinnern. Die schockierende Wirkung ergibt sich bei Wedekind nicht indirekt aus einer impressionistischen Desillusionierungskunst, sondern wird vom Autor durch den Einsatz greller Effekte erzielt, als höhnische Kritik des Außenseiters, der sich als Clown und Scharlatan auf dem Jahrmarkt oder in der Manege präsentiert und dort dem Bürger einen Zerrspiegel vorhält. Wedekind übt aggressive Gesellschaftskritik. Er proklamiert das Recht des Individuums auf seine freie Entfaltung. Während die Figuren Schnitzlers das Spiel mit der doppelten Moral weitertreiben, kommt es in den ungleich dynamischer wirkenden Dramen Wedekinds zum offenen Kampf. Wedekinds frühe Dramen stehen zugleich zwischen Naturalismus und Expressionismus. Die gesellschaftlichen Probleme werden in konkreten Milieus und Handlungen gezeigt – wie in den Stücken Ibsens, Strindbergs oder Hauptmanns. Aber diese Probleme, Milieu und Handlung sowie die Dialogsprache erscheinen plakativ, symbolisch oder grotesk zugespitzt – wie z. B. in den Dramen Sternheims oder Kaisers.

„Frühlings Erwachen". Im Mittelpunkt der „Kindertragödie" stehen die 14-jährige Wendla und die beiden Schulfreunde Melchior und Moritz. Durch elterliche Erziehung und erstarrte schulische Normen eingeengt und in Unwissenheit gehalten, erleben die Jugendlichen ihre erwachende Sexualität nicht als vitalen Beginn eines neuen Lebensabschnitts, sondern als zum Tode führende Bedrohung: Wendla erwartet von Melchior ein Kind und muss deshalb sterben: zunächst durch die Prüderie der wohlmeinenden Mutter, die die Aufklärung der Tochter ängstlich vermieden hat, dann durch einen missglückten Abtreibungsversuch, den die Mutter schließlich veranlasst, um das gesellschaftliche Ansehen der Tochter zu retten. Moritz, der, durch elterliche Ansprüche überfordert, das Klassenziel nicht erreicht, begeht Selbstmord. Melchior wird wegen einer Aufklärungsschrift, die er Moritz gegeben hat, von der Schule verwiesen und von den hilflosen Eltern in ein Erziehungsheim gesteckt. Er möchte sich schließlich an Wendlas Grab und von Moritz' Geist verführt auch selbst töten, wird aber am Schluss des Dramas vom „Vermummten Herrn" gerettet.
Die Erwachsenenwelt erscheint als eine Gruppe von hilflosen oder verständnislosen Narren, in denen alles natürliche Empfinden verkümmert ist und die ihre sittlichen Normen, in deren Auftrag sie zu handeln vorgeben, in tödliche Waffen verwandelt haben. Das Lehrerkollegium, das in einer grotesk-satirischen Szene den Ausschluss Melchiors beschließt, ist eine Versammlung von Menschen-Karikaturen.
Wedekinds Annahme einer grundlegenden, nicht an moralische Maßstäbe gebundenen Lebenskraft verweist auf Nietzsches Philosophie und steht im Zusammenhang mit der Strömung des „Vitalismus". Dieser setzt die Existenz einer Lebenskraft voraus, die von physikalischen und chemischen Prozessen geschieden und mit naturwissenschaftlichen Methoden nicht zu erfassen sei. Hier gibt es Parallelen zum „élan vital" des französischen Philosophen der Jahrhundertwende, Henri Bergson.
Der „Vermummte Herr" personifiziert diese Lebenskraft, indem er Melchior am Ende verspricht:

„Ich führe dich unter Menschen. Ich gebe dir Gelegenheit, deinen Horizont in der fabelhaftesten Weise zu erweitern. Ich mache dich ausnahmslos mit allem bekannt, was die Welt Interessantes bietet."

Melchiors Frage nach der Moral wird vom Vermummten Herrn ironisch beantwortet, indem er deren unzweifelhafte gesellschaftliche Geltungskraft – fast in Freudscher Manier – allein als Folge eines psychischen Konflikts darstellt: „Unter Moral verstehe ich das reelle Produkt zweier imaginärer Größen. Die imaginären Größen sind *Sollen* und *Wollen*. Das Produkt heißt Moral und lässt sich in seiner Realität nicht leugnen." Auch Moritz hat am Ende seine Lektion gelernt und gesteht dem Vermummten Herrn: „Hätten Sie mir das doch vorher gesagt! – Meine Moral hat mich in den Tod gejagt."

Lulu-Tragödie: „Erdgeist", „Die Büchse der Pandora". Die „Monstertragödie" über Lulu – Sinnbild des zerstörerisch Weiblichen – steigert die Problematik der Sexualität zur Thematik des Geschlechterkampfes. Lulu dient als Projektionsfläche der sexuellen Wünsche ihrer männlichen Gegenspieler. Sie selbst versucht, in der bürgerlichen Gesellschaft ihre eigenen Sehnsüchte zu erfüllen. Dies wird jedoch durch verschiedene Ehemänner und Liebhaber vereitelt, die alle aus einem Bereich zwischen Bürgertum und Asozialen oder Halbwelt stammen. Diese Männer scheinen zwar Lulu absolut hörig zu sein. Da sie jedoch nur ihren Wünschen dienen soll, wird sie selbst zum Objekt degradiert. So entsteht ein seltsames Zusammenspiel wechselseitiger Abhängigkeiten in einer Welt von Egozentrikern, die sich fortwährend selbst betrügen.
Im ersten Teil („Erdgeist") gibt es drei Parallelsituationen, in denen Lulu ihren jeweiligen Ehemann, Direktor Dr. Goll, den Maler Schwarz und schließlich Dr. Schön zu Grunde richtet. An Letzterem ist sie wirklich interessiert. Dennoch erschießt sie ihn am Ende, weil sie seiner Eifersucht nicht mehr Herr werden kann.
Im zweiten Teil („Die Büchse der Pandora") führt ein Schauplatzwechsel (Berlin–Paris–London) den Niedergang der aus dem Zuchthaus befreiten Lulu vor Augen. Die aus skrupellosen Verbrechern bestehende Gesellschaft zeigt immer deutlicher ihr wahres Gesicht: Eine Gruppe von Spekulanten verhandelt gleichermaßen über Börsenkurse wie über den Marktwert Lulus, die an ein Bordell in Kairo verkauft werden soll. Für die Menschen, die ihr zugetan sind, für die Gräfin Geschwitz und für Alwa, den Sohn Dr. Schöns, bringt Lulu nur Verachtung auf. Im letzten Akt wird sie, die nun zur Straßenprostituierten abgesunken ist, von Jack the Ripper erstochen.
Wedekind proklamiert einerseits eine „Moral des Egoismus". Da aber soziale Aspekte außer Acht bleiben, herrscht ein entschiedener Immoralismus, der sich mit Zugeständnissen nicht mehr zufrieden gibt. Andererseits führt gerade dieser Egoismus die Personen Wedekinds in den Untergang, da die Gesellschaft, wie sie jeweils durch die anderen repräsentiert wird, Vergeltung übt.

Lulu verkörpert ein Frauenbild, in dem sich Erotik und Tod auf eine für den Mann faszinierende und verwirrende Weise verbinden: die „femme fatale", die in der Literatur und Malerei des Fin de siècle zu einer dominierenden Gestalt wird. Den – vergeblichen – Gegenpart in dieser Welt spielt die aufrichtige Liebe der lesbischen Gräfin Geschwitz. Sie wird im Vorwort als die eigentlich „tragische Figur" bezeichnet. Denn jedes aufrichtige Gefühl mutet in dieser Welt von Schein und Betrug wie eine Perversion an. Aber Wedekind vermischt diese Tragik durchweg mit dem Farcenhaften, das sich aus der satirischen Darstellung der Gesellschaft ergibt. In der Dialogführung äußern sich die unterschiedlichen Interessen in einem Chaos hektischer Äußerungen, die Selbstgesprächen zu entstammen scheinen und eine echte Kommunikation verhindern.

Ästhetik der Provokation. In jeder Hinsicht suchte Wedekind eine Ästhetik des Unvereinbaren und Widersprüchlichen zu verwirklichen, um den Zuschauer zu provozieren. Wedekind forderte eine „Kultur ohne Unterdrückung" und war um eine neue Dramaturgie engagierter Kunst bemüht.
Zu diesem Zweck verwendet Wedekind triviale und kolportagenhafte Elemente – „mein Leben setz' ich gegen einen Witz" – und auch Verfremdungseffekte, die Vergleiche mit Brecht zulassen (der junge Brecht bekannte sich ausdrücklich zu Wedekind und veröffentlichte nach seinem Tod einen Nachruf): Im Prolog zum „Erdgeist" wird die Welt im Bild einer Raubtierarena dargestellt, in der ein Tierbändiger das „süße Tier" Lulu vorführt.
Dies rief die Zensurbehörde auf den Plan. Wedekind selbst hat keine öffentliche Aufführung des Stücks erlebt. Die bürgerliche Gesellschaft sah in ihm offenbar einen gefährlichen Widersacher, dessen anarchistische Tendenzen auch die späteren Stücke („Der Marquis von Keith", 1900, „König Nicolo oder So ist das Leben", 1902) bestimmen. Die zukunftweisende Modernität der Lulu-Tragödie wird jedoch dadurch unterstrichen, dass Alban Berg, ein Vertreter der Wiener Schule Arnold Schönbergs, sich mit der Komposition einer Lulu-Oper befasst hat.

4.3 Chansons und Balladen Wedekinds

Noch unmittelbarer als in den Dramen formulierte Wedekind in seinen Vortragsgedichten den Protest. Seine Lyrik bildet einen schroffen Gegensatz zu sämtlichen Stilrichtungen um 1900.
Von 1896 an schrieb Wedekind Satiren für die Münchner Zeitschrift „Simplicissimus". In dem Kabarett „Die elf Scharfrichter" wie später im Berliner „Überbrettl" trug er in zynischen Rollengedichten eigene Couplets vor – das

bürgerliche Publikum wohnte sozusagen seiner eigenen „Hinrichtung“ bei. In der Ballade „Der Tantenmörder“ z.B. verhöhnt Wedekind die menschliche Profitgier:

> Ich hab' meine Tante geschlachtet,
> Meine Tante war alt und schwach;
> Ich hatte bei ihr übernachtet
> Und grub in den Kisten-Kasten nach. [...]
>
> Was nutzt, dass sie sich noch härme –
> Nacht war es rings um mich her –
> Ich stieß ihr den Dolch in die Därme,
> Die Tante schnaufte nicht mehr. [...]

„Maulkorb, Maulkorb über alles!“, protestierte Wedekind in einem Gedicht („Reaktion“) gegen die bestehende Ordnung. Der Obrigkeitsstaat reagierte mit einem Verkaufsverbot der Zeitschrift „Simplicissimus“ auf Berliner Bahnhöfen. 1899 wurde Wedekind wegen „Majestätsbeleidigung“ zu einem Jahr Festungshaft verurteilt. Auch in der Folgezeit hatte er immer wieder mit der Zensur zu kämpfen.

In seiner beruflichen Tätigkeit versuchte Wedekind, das Ideal eines unkonventionellen Lebens selbst zu verwirklichen. Nach seiner Zeit als Reklamechef bei Maggi gehörte er als Sekretär einem Zirkus an und war später neben seiner Arbeit in Kabarett und Satire – auch im „Chat Noir“ in Paris – als Dramaturg, Regisseur und Schauspieler tätig; er spielte auch selbst den „Vermummten Herrn“ in „Frühlings Erwachen“.

5 Sprachkrise – Bewusstseinskrise – Gesellschaftskrise

Die antinaturalistischen Dichter sind gleichzeitig Opfer und Protagonisten einer Krise: Die Entfremdung von der gesellschaftlichen Realität bewirkte auch eine Selbstentfremdung. Das zeigt sich auch in einem neuen Darstellungsstil der Prosa. In den Jahren vor dem Ersten Weltkrieg finden sich Elemente davon etwa gleichzeitig bei Hofmannsthal, Rilke und Musil. Die Geschlossenheit der Erzählformen wird aufgegeben, das kompositorische Prinzip der Andeutung und Assoziation verdunkelt die Darstellungsabsicht, die Struktur des Werks nimmt fragmentarische Züge an. Weitergeführt und konsequent verwirklicht wird dieser neue Darstellungsstil von den Dichtern nach 1910 von Kafka und den Expressionisten.

5.1 Krise der Erfahrung und der Sprache: Hofmannsthal: „Ein Brief“

Hugo von Hofmannsthal: Ein Brief („Chandos-Brief“) (1902)

Hofmannsthal beschreibt die Erfahrung seiner Schaffenskrise in dem Prosatext „Ein Brief“ (1902), dem fiktiven Brief eines Lord Chandos, gerichtet im Jahr 1603 an den Staatsmann, Philosophen und Naturwissenschaftler Francis Bacon (1561–1626). Dieser Text stellt eine wichtige Zäsur in der Geschichte der deutschen Literatur dar und erklärt das Versiegen der lyrischen Produktion Hofmannsthals.
Chandos entschuldigt sich in diesem Brief bei Bacon für den Verzicht auf jegliche weitere literarische Betätigung. Er begründet dies mit einer neuartigen existenziellen Erfahrung, die ihn seinem früheren Zustand entrissen habe, in dem ihm „das ganze Dasein als Einheit“ und „jede Kreatur als ein Schlüssel der andern“ erschienen sei: „Mein Fall ist, in Kürze dieser: Es ist mir völlig die Fähigkeit abhanden gekommen, überirgend etwas zusammenhängend zu denken oder zu sprechen.“
Diese Krise stellt nicht nur den traditionellen Anspruch der Literatur in Frage, die disparate Welt der äußeren Wirklichkeit zu einer künstlerischen Totalität zu formen, sondern sie zerstört das grundlegende Vertrauen, durch Benennen der Dinge und durch begriffliche Abstraktion die Vielfalt der Welt ordnen und in einen Sinnzusammenhang bringen zu können. Lord Chandos spürt deshalb „ein unerklärliches Unbehagen“, abstrakte Begriffe wie „Geist“ und „Körper“ auszusprechen. Neuartige Erlebnisse und merkwür-

dige Empfindungen, die von sonst unbeachteten Gegenständen wie einer Gießkanne oder einer auf dem Feld verlassenen Egge ausgingen, hätten aber bewirkt, dass das Ich plötzlich in die Dinge eintauche und Unbelebtes zum Leben erwecke: „Es ist mir dann, als bestünde mein Körper aus lauter Chiffren, die mir alles aufschließen." In diesen „guten Augenblicken" wird Chandos „eine sonderbare Bezauberung", eine „mich und die ganze Welt durchwebende Harmonie" zuteil, er erlebt Momente der Epiphanie, in welchen die Dinge „mit einer überschwellenden Flut höheren Lebens" erfüllt sind.

Auf der einen Seite wirkt diese Krise zunächst wie ein Dekonstruktionsprozess im Sinne Ernst Machs, durch den die logisch-empirische Weltwahrnehmung aufgelöst wird. Die „Schlüssel" des gewohnten Wahrnehmungs-, Denk- und Sprachsystems, die Analogien und Hierarchien passen nicht mehr. Auf der anderen Seite stellt sich eine neue Ganzheit ein, die allerdings ausschließlich mit dem Erleben eines einzelnen Gegenstandes verbunden ist. An Stelle des „Schlüssels" verwendet Chandos nun den Begriff der „Chiffre". Nicht mehr das Bewusstsein verfügt über die Fähigkeit des Aufschließens, sondern der erlebende Körper. Aber eine Sprache, die anderen Menschen erklären und darstellen könnte, wie diese „stummen Dinge zu mir sprechen", hat Lord Chandos nicht zur Verfügung. Deshalb beschließt er, künftig keine literarischen Werke zu verfassen.

Dass dieser Brief an Francis Bacon gerichtet ist, zeigt, welche Bedeutung Hofmannsthal der darin dargestellten Problematik zuweist, gilt doch Bacon als Begründer des englischen Empirismus und des naturwissenschaftlichen Denkens. Mit diesem Brief erklärt Hofmannsthal das Ende des durch Bacon eingeleiteten Zeitalters und macht somit indirekt deutlich, dass der Naturalismus, der das positivistische und deterministische Denken sogar auf dem Felde der Literatur vertreten hat, eine obsolete, von der Geschichte überholte Strömung darstellt.

Andererseits weist „Ein Brief" weit ins 20. Jahrhundert hinein: Zunächst zeigt sich Hofmannsthals Einsicht in die Eigenart der Chiffre als des dichterischen Bildes, das die moderne Lyrik beherrschen sollte. An die Stelle des klassischen Symbols tritt die Chiffre als vieldeutiges Bild, das nur mehr von der Kenntnis der Erfahrungs- und Sprachwelt des Dichters aus zu entschlüsseln ist. Die poetische Sprache erhält eine Eigenbedeutung, die über die Mitteilungsfunktion weit hinausreicht. Hier kündigt sich für den deutschen Sprachraum die Lyrik einer monologischen und hermetischen Sprache an, die in dem Expressionisten Trakl und in Celan – als Lyriker nach 1945 – herausragende Vertreter finden wird.

Dies hat für die Stellung des Dichters in der Gesellschaft weit reichende Konsequenzen. Denken und Empfinden des Dichters werden dem allgemei-

nen Lesepublikum unverständlich. Die rätselhafte Sprache legt von dem individuellen Bewusstsein und Darstellungswillen des Autors Zeugnis ab. Während in der Vergangenheit Gebrauchs- und Dichtersprache im Wesentlichen durch die Stilebene unterschieden waren, handelt es sich jetzt um kategorisch voneinander geschiedene Formen der Kommunikation. Dies gilt auch für die Prosa (vgl. 5.2). Die Außenseiterstellung des Dichters ist aber auch eine Sonderstellung, indem er für sich beansprucht, die dem gewöhnlichen Denken und Sprechen nicht erreichbare eigentliche Wahrheit auszudrücken. Dies drückt schon Hofmannsthals Chandos aus, wenn er schreibt, dass er sich in dieser neuen Sprache „vielleicht einst im Grabe vor einem unbekannten Richter“ verantworten müsse. Die neue Sprache zeigt sich – „vielleicht“ – als die Sprache Gottes selbst, der sich allein der nun hermetisch und in Chiffren schreibende Dichter annähern kann.
Mit diesem Verständnis des Schriftstellers greift Hofmannsthal einerseits auf die romantische Tradition zurück, macht aber andererseits verständlich, warum der Schriftsteller bis weit ins 20. Jahrhundert hinein von der Gesellschaft die Stellung einer moralischen Autorität und eines Mahners zugewiesen bekam, der einer höheren, nicht interessegebundenen Wahrheit verpflichtet sei.
Weiterhin zeigt Hofmannsthals „Brief“ – die paradoxe Tatsache, dass er Chandos über seine Sprachkrise in literarischer Sprache reden lässt –, dass sprachliche Aussagen auf ihre Gültigkeit hin analysiert werden müssen. Damit haben sich später der Sprachphilosoph Ludwig Wittgenstein und die an der Logik der Naturwissenschaften orientierten Neopositivisten des „Wiener Kreises“ beschäftigt. Wittgenstein unterschied in seinem „Tractatus logico-philosophicus“ (1921v) die Weltbeschreibung vom Welterlebnis. Letzteres sei sprachlich nicht fassbar. Nicht umsonst schließt deshalb die Schrift mit dem Satz „Wovon man nicht sprechen kann, darüber muss man schweigen“.
Schließlich nimmt Hofmannsthal in seinem „Ein Brief“ indirekten Bezug auf die Sprachkritik des Wiener Philosophen Fritz Mauthner, der in seinem Werk „Beiträge zu einer Kritik der Sprache“ (1901–1902) die Ansicht vertritt, dass die tatsächlich gesprochene Sprache als Instrument, die Außenwelt zu erkennen und zu interpretieren, untauglich sei, da ihr prinzipiell die Funktion der Illusionierung und Verstellung eigne. Ähnlich wie Hofmannsthal forderte Mauthner, der heftig gegen den „Wortaberglauben“ polemisierte, das selbstdisziplinierende Schweigen angesichts des ohnehin nicht Sagbaren.

5.2 Krise und Erneuerung des Erzählens

Hugo von Hofmannsthal: Reitergeschichte (1899)
Robert Musil: Die Verwirrungen des Zöglings Törleß (1906)
Der Mann ohne Eigenschaften (1931–1952)
Rainer Maria Rilke:
Die Aufzeichnungen des Malte Laurids Brigge (1904–1910)
Arthur Schnitzler: Lieutenant Gustl (1900)
Fräulein Else (1924)
Traumnovelle (1926)

5.2.1 Der Roman als Tagebuch Rilke: „Die Aufzeichnungen des Malte Laurids Brigge"

Parallelen zu Hofmannsthals „Brief" finden sich in Rilkes Tagebuchroman, der schon eine sprachliche Bewältigung der neuartigen Erfahrungen versucht. Rilke begann 1904, unter dem Eindruck eines ersten Paris-Aufenthalts in konsequenter Abkehr vom realistischen Roman des 19. Jahrhunderts diesen Roman, in dem er eigene, mit denen des Lords Chandos vergleichbare Erlebnisse in den Bekenntnissen eines Ich-Erzählers spiegelt. Das Tagebuch setzt ein mit der Ankunft des Ich-Erzählers, des letzten Sprosses einer dänischen Adelsfamilie, in Paris, wo er eine Künstlerexistenz zu führen hofft. Doch grauenvolle, hässliche Bilder des menschlichen Leidens in Hospitälern und Elendsvierteln der Großstadt rufen in ihm panische Ängste hervor. Diese sucht Malte durch die Erfahrung des hinter der Oberfläche der Dinge verborgenen Sinns zu verstehen („sehen lernen"). Eine neue Sensibilität muss die Grenzen zwischen Innen- und Außenwelt durchbrechen. Dabei droht das Ich seine Identität zu verlieren, wenn es seiner überfeinerten Sensibilität folgt:

„Die Existenz des Entsetzlichen in jedem Bestandteil der Luft. Du atmest es ein mit Durchsichtigem; in dir aber schlägt es sich nieder, wird hart, nimmt spitze, geometrische Formen an zwischen den Organen; denn alles, was sich an Qual und Grauen begeben hat auf den Richtplätzen, in den Folterstuben, den Tollhäusern, den Operationssälen, unter den Brückenbögen im Nachherbst: alles das besteht auf sich und hängt, eifersüchtig auf alles Seiende, an seiner schrecklichen Wirklichkeit. [...] Nur eine geringe Wendung, und schon wieder steht der Blick über Bekanntes und Freundliches hinaus, und die eben noch so tröstliche Kontur wird deutlicher als ein Rand von Grauen."

Der äußere Zeitablauf des Lebens wird unwesentlich. So entdeckt Malte beim Anblick der Mauer eines Hauses, vor dem ein anderes abgerissen wurde, Zeichen eines vergangenen Lebens: Tapeten, Rohre, Farben. Ihm ver-

gegenwärtigt sich die „Innenseite“ des Lebens: die Lebensvorgänge, ja die Gefühle der früheren Bewohner. Seine Fähigkeit, die Dinge neu zu sehen, führt den Ich-Erzähler zur Erfahrung einer zeitlosen Gegenwart aller Lebensvorgänge. Dies betrifft auch die Geschichte seines eigenen Lebens: Die Angsterfahrungen der Großstadt rufen in ihm die Erinnerung an Schreckenserlebnisse seiner Kindheit wach (z. B. eine rätselhafte Hand unter einem Tisch). Malte stellt sich deshalb die Aufgabe, die unbewältigte Kindheit in den alten Schlössern Dänemarks neu zu durchleben und daraus die Kraft zum Bestehen auch der Großstadtwirklichkeit zu gewinnen.
Gegen Ende der Aufzeichnungen dienen auch „Evokationen“, erzählte Vorstellungen von Gestalten der Geschichte (Karl der Kühne, Karl VI. u. a.) dazu, Maltes eigene Grenzerfahrung zu reflektieren. Die Einsamen der Geschichte, so scheint es, konnten sich aus dem äußeren Lebensschicksal lösen und sich auf den Weg zur Erfahrung eines dahinter liegenden Göttlichen machen. Zwar bleibt offen, ob dieses Göttliche über die Leid- und Isolationserfahrung hinaus positiv bestimmt und dargestellt werden kann. Notwendig erscheint aber die Haltung der Stille, die Wendung nach innen. In der Erinnerung an die unbedingte Kraft der Liebe in einigen großen Frauengestalten der Geschichte (Sappho) und in Maltes eigener Familie (Abelone) zeigt sich Malte eine Möglichkeit, mit Gott in Beziehung zu treten. Auch das abschließend erzählte Gleichnis vom verlorenen Sohn variiert, in neuer Deutung und mit offenem Schluss, dieses Gegenthema zur Angst und Einsamkeit: Hier erscheint der „verlorene Sohn“ als ein Mensch, der sich der Familie entzieht, die ihm die Verlogenheiten einer vermeintlich gesicherten Existenz auferlegen will („das ungefähre Leben nachlügen“). Erst nach allen Welterfahrungen, im entsagungsvollen Leben als Hirte, deutet sich die Möglichkeit einer neuen Zwiesprache mit Gott an. Dies gibt dem Sohn auch die Kraft, ins Familienleben zurückzukehren.

„Was wussten sie, wer er war. Er war jetzt furchtbar schwer zu lieben, und er fühlte, dass nur Einer dazu im Stande sei. Der aber wollte noch nicht.“

Die Aufzeichnungen enden auf dem Scheitelpunkt der Entwicklung des verlorenen Sohnes und auch Maltes: Gewonnen ist die Ferne zum sinnleeren Alltagsleben, ungewiss aber bleibt, ob der Horizont einer neuen Sinnfülle (unter dem Namen Gottes) erreicht wird.
Diese Zwischenstellung zeigt sich auch im Formalen: Auf der einen Seite steht für Malte die Erkenntnis: „Dass man erzählte, wirklich erzählte, das muss vor meiner Zeit gewesen sein.“ Auf der anderen Seite steht die Hoffnung auf eine neue dichterische Sprache: „Die Zeit der anderen Auslegung wird anbrechen, und es wird kein Wort auf dem anderen bleiben.“ Malte selbst hat die neue Sprache noch nicht gewonnen. Ausdruck seiner Suche

sind die Reflexionen, welche die Erscheinungen für ihren Sinn durchsichtig machen sollen.
So gelangt Rilke zu einer modernen Form, einem aphoristischen Tagebuchstil, der auf einen linearen Handlungsverlauf verzichtet. Diese Epik steht mit ihrer subjektiv reflektierenden und oft lyrischen Sprache dem Prosagedicht näher als dem Roman.
Durch diese neuartigen Erfahrungen unterscheidet sich der Dichter von anderen Menschen: Rilke selbst zeigte dies, indem er seinem eigenen Leben ein aristokratisches Gepräge verlieh. Zwar fühlte er sich durch seine Erlebnisse in Paris, die sich in Maltes „Aufzeichnungen" spiegeln, als Leidensgenosse aller Außenseiter der Gesellschaft, auch der Bettler, der Trinker, der Kranken. Aber dieses Mitleid liegt jenseits allen politischen oder sozialen Engagements. Das Bewusstsein der gesellschaftlichen Krise führte Rilke nicht, wie die Naturalisten, in die gesellschaftliche Wirklichkeit hinein, sondern aus ihr heraus, zur Suche nach „Gott", wie sie in der Gestaltung des fiktionalen „Weltinnenraums" der Lyrik zum Ausdruck kommt (s. S. 63 ff.).

5.2.2 Absage an den Entwicklungsroman
Musil: „Die Verwirrungen des Zöglings Törleß"

Auch für den jungen Robert Musil bildeten vermutlich eigene Erlebnisse die Grundlage zur Darstellung einer Entfremdung von der Gesellschaft: Wie Rilke wurde Musil von den Eltern zu einer Militärlaufbahn bestimmt, wie jener brach er diese ab. Musil schildert in seiner Erzählung von 1906 die Erfahrungen eines Kadettenschülers in einer k. u. k. österreichischen Militärerziehungsanstalt, in der Gehorsamsdrill die Schüler den Gesetzen des gesellschaftlichen Konformismus unterwerfen soll. Doch die gewalttätige Rückseite dieses Konformismus erscheint in der geheimen Gegenwelt der „roten Kammer", einem stickigen Dachboden, auf dem zwei Zöglinge den Mitschüler Basini angeblich wegen einer Verfehlung, in Wahrheit jedoch aus sadistischen Motiven foltern und ihn schließlich der Lynchjustiz durch die Klasse überlassen. In die Darstellung dieser Gemeinschaft gehen Vorahnungen einer faschistischen Gesellschaft ein, in der die Berufung auf das Kollektiv dazu dient, verdrängte Triebe auszuleben.
Auch Törleß quält Basini, allerdings folgt er nicht einem bewusstlosen Sadismus, sondern er handelt aus bewusster Neugier auf die den dunklen Seiten der eigenen Existenz. Diese verweisen ihn auf eine tiefere Dimension des Lebens, die ihn ratlos macht und zugleich fasziniert. Die Handlung um Basini stellt für Törleß nur einen Teilaspekt seiner Suche nach einer anderen, wahreren Wirklichkeit dar. Es geht ihm darum, „zum dunklen Boden des Innersten" vorzustoßen. Schon die Begegnung mit der Dorfhure Bozena scheint seinem Alltagsleben eine neue Dimension zu geben. Aber auch

die Beschäftigung mit den imaginären Zahlen der Mathematik oder das Erlebnis, das Rieseln in einer Mauer zu vernehmen, verweisen Törleß auf ein „zweites, geheimes, unbeachtetes Leben der Dinge“. Hinter den Begriffen und Regeln der äußeren Welt steht eine zweite Wirklichkeit, der gegenüber Worte „versagen“; erfahrbar ist sie nur in einem „halben Bewusstsein“. So entzieht sich ein Teil der Wirklichkeit dem Erkenntniswillen Törleß', als ob die „Dinge eine Sprache“ für sich hätten:

„Ich bin in der Aufregung eines Menschen, der einem Gelähmten die Worte von den Verzerrungen des Mundes ablesen soll und es nicht zuwege bringt. So, als ob ich einen Sinn mehr hätte als die Anderen, aber einen nicht fertig entwickelten, einen Sinn, der da ist, der sich bemerkbar macht, aber nicht funktioniert. Die Welt ist für mich voll lautloser Stimmen: bin ich daher ein Seher oder ein Halluzinierter?“

Aber er weiß nun, „dass es feine, leicht verlöschbare Grenzen rings um den Menschen gibt, dass fiebernde Träume um die Seele schleichen, die festen Mauern zernagen und unheimliche Gassen aufreißen“. Und: „Er konnte nicht viel davon erklären. Aber diese Wortlosigkeit fühlte sich köstlich an.“
Wie bei Lord Chandos führen diese neuen Erfahrungen zu einer Störung der Kommunikation: In einem Verhör durch das Lehrerkollegium über die Vorfälle in der Schule kann Törleß seine Gedanken nicht mehr verständlich äußern; folgerichtig wird er wegen seines „subjektiven Faktors“, d. h. seines gemeinschaftsschädlichen Bemühens um die abseitigen Aspekte der Wirklichkeit aus der Anstalt verwiesen.
Die Erzählung hält sich an das traditionelle Schema des Entwicklungsromans, den Weg eines jungen Menschen in der Auseinandersetzung mit der Umwelt und mit sich selbst darzustellen. Hier aber steht am Ende, anders als in der Tradition, nicht die Integration des Helden in die Gesellschaft, sondern seine endgültige Trennung von ihr. In dieser Umkehrung zeigt sich sowohl die Kritik Musils an den herkömmlichen Denk- und Verhaltensmustern der österreichischen Gesellschaft als auch seine neue Sicht der menschlichen Subjektivität, die sich jeglicher Anpassung an das äußere Leben entzieht.

5.2.3 Der innere Monolog – Schnitzler: „Fräulein Else“

In den achtziger Jahren arbeiteten Schnitzler, Nervenarzt und Kehlkopfspezialist, und Freud zusammen in der psychiatrischen Klinik des Gehirnanatomen Meynert. Zwar blieben trotz dieser Zusammenarbeit die Beziehungen zwischen Freud und Schnitzler nach dessen Hinwendung zur Literatur flüchtig. Dennoch stellte Freud viele Parallelen zwischen seinen Theorien und Schnitzlers Werken fest.

Schnitzlers Erzählung „Fräulein Else“ (1924) wirkte revolutionär durch den neuen Erzählstil, in dem ausschließlich die Wahrnehmungen und Gefühle der Heldin wiedergegeben werden. Sie schockierte dadurch, dass in ihr, wie in Freuds „Das Unbehagen in der Kultur“ (1930), neue Zusammenhänge zwischen dem erotischen Verlangen des Individuums und der gesellschaftlichen Moral hergestellt werden. Das Thema entnahm Schnitzler der Schlagzeile einer Zeitung: „Geheimnisvoller Selbstmord einer jungen Dame der Wiener Gesellschaft“.

Else, die 19-jährige Tochter eines Wiener Advokaten, verbringt in einem Kurort in den Dolomiten einige Ferientage. Dem Leser wird der Bewusstseinsstrom Elses lückenlos mitgeteilt, auch ihr geheimes Verlangen, sich der Gesellschaft nackt zur Schau zu stellen. Das auslösende Moment der sich immer mehr verwirrenden Gedanken Elses bildet ein Bittbrief ihres Vaters, der vor dem Bankrott steht: Else soll von dem Kunsthändler von Dorsday eine hohe Geldsumme erbitten. Dorsday knüpft jedoch an die Erfüllung ihrer Bitte die Bedingung, „eine Viertelstunde in Andacht ihrer Schönheit, die nur von Sternenlicht bekleidet sei“, verharren zu dürfen. Als ein weiterer Brief des Vaters eine noch höhere Summe erbittet, irrt Else auf der Suche nach Dorsday, nur mit ihrem Mantel bekleidet, durch das Hotel. Im Konzertsaal angelangt, in dem auch Dorsday und Elses Bekannte anwesend sind, entblößt sie sich vor der entsetzten Gesellschaft und erleidet einen Nervenzusammenbruch. Auf ihrem Zimmer nimmt sie eine Überdosis Veronal und stirbt, während die Umstehenden auf sie einreden.

Der Handlungsverlauf ist vom Leser nur mit Mühe zu erschließen, da sich die Technik des „inneren Monologs“ auf die Wiedergabe der subjektiven Sicht der Hauptfigur beschränkt. In dieser extremen Ausprägung der personalen Erzählhaltung erscheint Wirklichkeit grundsätzlich in der subjektiven Brechung durch die Wahrnehmung einer Person. Der Zusammenhalt der einzelnen Eindrücke – sogar Musiknoten werden in den Text eingerückt – ist aufgelöst. Ständige Umbrüche und Schauplatzwechsel offenbaren das Getriebensein der Hauptfigur, deren Identität sich aufzulösen droht. Eine gewisse Kontinuität entsteht jedoch durch eine Technik der Vorausdeutungen (Vorahnungen) und Assoziationen. Bestimmte wiederkehrende Motive (etwa der Spiegel, in dem Else sich betrachtet) verdichten sich gelegentlich zu einer symbolhaften Darstellung.
Sprachlich äußert sich die Wiedergabe des fließenden, sich der rationalen Kontrolle entziehenden Bewusstseins in der parataktischen Reihung oft unvollständiger, nur durch Konjunktionen wie „und“, „aber“ verbundener Sätze sowie in der rhythmischen Kurzatmigkeit des Erzählstils. Wortfetzen der Dialogpartner werden im Kursivdruck eingestreut:

„Hörst du mich, Else?“ – „Du siehst doch, Mama, dass sie ohnmächtig ist.“ – „Wir müssen sie auf ihr Zimmer bringen.“ – „Was ist denn da geschehen? Um Gottes willen!“ ... „Hände, Hände unter mir. Was wollen sie denn? Wie schwer bin ich. Pauls Hände. Fort, fort.“

Folgerichtig bricht die Erzählung beim Tod Elses mitten im Wort ab („El ...“ – „Ich fliege ... ich träume ... ich schlafe ... ich träu ... träu- ich flie ...“). So wird der innere Monolog formaler Ausdruck der grenzenlosen Einsamkeit der Heldin; er spiegelt ihre Isolation in einer äußerlich konventionellen, innerlich aber korrupten Gesellschaft wider, die einerseits individuelle Lebensbedürfnisse wie die Sexualität tabuisiert und sie andererseits an versteckter Stelle und mit zerstörerischer Wirkung hervortreten lässt. Indem Schamlosigkeit durch Geld käuflich wird, geht die menschliche Würde des Einzelnen zu Grunde und damit der Einzelne selbst, wenn er sich nicht verraten will.

Elses Skandal zeigt auf, was in der Novelle von Anfang an strukturell angelegt ist, nämlich den Bruch zwischen Individuum und Gesellschaft. Der künstlerische Rang der Novelle beruht unter anderem darauf, dass über psychologische Vorgänge hinaus soziale Zusammenhänge erscheinen, dass also, trotz der subjektiven Perspektive, Gesellschaftskritik möglich wird. Schnitzler hat die Technik des inneren Monologs zum ersten Mal in der deutschen Literatur in der Erzählung „Lieutenant Gustl“ (1900) angewandt. Hier kündigen sich neue Erzähltechniken der Weltliteratur an, wie sie in Döblins „Berlin Alexanderplatz“ (1929) oder im „Ulysses“ (1922) von James Joyce ausgearbeitet sind.

5.3 Krise der menschlichen Beziehungen und der Verständigung – Hofmannsthal: „Der Schwierige“

Hugo von Hofmannsthal: Der Rosenkavalier (1911)
Der Schwierige (1921)

Die Beziehungslosigkeit der Menschen spielt auch in Hofmannsthals Drama „Der Schwierige“ eine entscheidende Rolle. Dieses „Lustspiel“ kann als ein später Versuch Hofmannsthals bezeichnet werden, das moderne Bewusstsein der Sprachkrise in Verbindung mit einem traditionellen Kulturbewusstsein für die Entwicklung des 20. Jahrhunderts fruchtbar zu machen. Hofmannsthal stellt die Sprachohnmacht dar, die sich hinter dem Konversationsstil der Wiener Gesellschaft verbirgt. Er setzt hiermit die Tradition des Wiener Volksstücks (Johann Nestroy) fort. Und wie schon zuvor im Libretto zur Strauss-Oper „Der Rosenkavalier“ dient das Medium der Umgangssprache, der Dialekt der gehobenen Wiener Kreise, zur Darstellung feinster Regungen in den menschlichen Beziehungen.

Die Themen, die Hofmannsthal seit seiner frühen Lyrik beschäftigten, prägen auch dieses Drama: der Untergang der Kultur, der aristokratischen Welt, das Identitätsproblem, das Selbstverständnis des Dichters. Nun aber erscheinen sie in „anspruchsloser" gesellschaftlicher Plauderei. Gerade diese Konversation zugleich oberflächlicher und egozentrischer Figuren zeigt, wie wenig von dieser Gesellschaft eine die Zukunft gestaltende Kraft ausgeht.

Die Hauptfigur Hans Karl Graf Bühl, „Kari" genannt, hat sich, im Wissen um die Sinnleere und Oberflächlichkeit seiner Zeit, in eine selbst gewählte Einsamkeit zurückgezogen. Als er der Einladung zu einer Soiree folgt, verzichtet er deshalb auf die Teilnahme an den Gesprächen. Er ist ein „Mann ohne Absichten" (so der ursprüngliche Titel der Komödie), den seine Distanz zur Gesellschaft zum Verstummen geführt hat. Sein Verhalten wird von den anderen als „Konfusion" gedeutet. Allein Helene von Altenbühl, die ebenfalls die Sprachklischees und Denkmuster ihrer Kreise hinter sich gelassen hat, versteht Kari und kann mit ihm eine tiefere Beziehung eingehen. Während die übrigen Personen sich der veränderten Zeitlage anpassen, lebt Bühl, in dem Hofmannsthal wohl sich selbst gestaltet hat, in einer „magisch"-überzeitlichen Sphäre: Er weiß seit dem Kriegserlebnis des „Verschüttetwerdens", das ihn an den Rand des Todes und zu einer neuen Sicht seines Lebens geführt hat, dass er und Helene füreinander bestimmt sind. Das Liebesgeständnis Helenes am Ende ermöglicht beiden ein gemeinsames Leben der Wahrhaftigkeit zu führen.

Hier breitet sich als moderner Zug in einer traditionsverhafteten Dichtung eine Sprachskepsis aus, nach der nur mehr das Schweigen Wahrhaftigkeit ermöglicht, während die Umgangssprache und auch die offizielle Sprache der Politik längst der Scheinhaftigkeit verfallen sind.

Der „Brief" des Lords Chandos handelt diese Problematik theoretisch und monologisch ab, „Der Schwierige" entfaltet sie nun, 20 Jahre später, als Drama im gesellschaftlichen Raum Österreichs nach dem Ersten Weltkrieg. „Der Schwierige" verrät wiederum die tiefe Enttäuschung des Dichters über den Untergang der Habsburger Monarchie. Die Sprachkrise erweist sich als Zeichen der Gesellschaftskrise, die Hoffnung auf eine neue Sprache als Hoffnung auf eine neue Gestaltung des gesellschaftlichen Lebens. Das dichterische Bemühen um die Darstellung einer überzeitlichen „magischen" Existenz des Menschen aber zeigt, wie sich das Bewusstsein der geschichtlichen Krise mit der Wendung ins Außergeschichtliche zu helfen versucht. Damit blieb Hofmannsthal der kulturellen und religiösen Tradition des Habsburgerösterreichs verhaftet. Die Erkenntnis des Untergangs dieser Tradition einerseits und die Versuche zu ihrer Verlebendigung andererseits sind im Widerspruch miteinander verbunden.

6 Die weibliche Perspektive

6.1 Emanzipatorische Lebensentwürfe

Lou Andreas-Salomé: Henrik Ibsen in seinen Frauen-Gestalten (1892)
Friedrich Nietzsche in seinen Werken (1894)
Fenitschka (1898)
Eine Ausschweifung (1898)
Else Lasker-Schüler: Mein Herz. Ein Liebesroman mit Bildern und wirklich lebenden Menschen (1912)
Franziska zu Reventlow: Viragines oder Hetären (1899)
Von Paul zu Paul – Amouresken (1912)
Ricarda Huch: Erinnerungen von Ludolf Ursleu dem Jüngeren (1893)
Die Romantik (1899/1902)
Aus der Triumphgasse (1902)
Luthers Glaube (1916)
Michael Bakunin und die Anarchie (1923)

„Es war ganz merkwürdig, wie schwer es fiel, die Frauen in ihrer rein menschlichen Mannigfaltigkeit aufzufassen und nicht immer nur von der Geschlechtsnatur aus, nicht immer nur halb schematisch. Sei es, dass man sie idealisierte oder satanisierte, immer vereinfachte man sie durch eine vereinzelte Rückbeziehung auf den Mann. Vielleicht stammte vieles von der sogenannten Sphinxhaftigkeit des Weibes daher, dass seine volle, seine dem Mann um nichts nachstehende Menschlichkeit sich mit dieser gewaltsamen Vereinfachung nicht deckte."

Diese Gedanken formuliert der männliche (!) Ich-Erzähler Werner in *Lou Andreas-Salomés* Erzählung *„Fenitschka"* (1898). Aus diesem Blickwinkel erscheint Wedekinds „Femme fatale" Lulu als Männerfantasie: als Verkörperung der „satanisierten" Seite der Frau, die den Mann durch ihre sexuelle Verführungskraft bedroht und deshalb wie ein Tier gebändigt oder, bezeichnenderweise durch den sexuell gewalttätigen Mann, zerstört werden muss. Dass zur selben Zeit wie Wedekinds „Lulu" Andreas-Salomés „Fenitschka" erscheint, mag darauf hindeuten, dass das Bild der Femme fatale als eine männliche Reaktion auf den Feminismus der Jahrhundertwende entsteht. Dieser kann seinerseits als ein Zeichen des weiblichen Aufbegehrens gegen die traditionelle Unterdrückung der Frau verstanden werden.

Die Erzählung ist als kleiner Entwicklungsroman angelegt: Zunächst lernt der Ich-Erzähler in Paris die russische Studentin Fenia kennen, die ihr Studium als „Befreiung" von männlicher Bevormundung erlebt: „Für uns Frauen" bedeutet dieses „keine Askese und keine Schreibtischexistenz. [...] Wir treten ja damit nun grade mitten in den

Kampf hinein, – um unsere Freiheit, um unsere Rechte, – mitten hinein ins Leben!" Max Werner versteht denn auch die Unbefangenheit, mit der sich Fenia ihm gegenüber als gleichberechtigter Mensch verhält, falsch: Als sie ihm arglos allein auf sein Zimmer folgt, um einen Kaffee zu trinken, versucht er eine sexuelle Annäherung, die sie voller Selbstbewusstsein zurückweist: „Ihr Blick lief an ihm hinab, und ihre Lippen wölbten sich in einem unaussprechlich beredten Ausdruck des Ekels, – der Verachtung."

In Petersburg lernt Werner Fenia, die inzwischen auf eine Anstellung wartet, später als eine Frau kennen, die auf der Suche nach einer neuen Lebensform ist: „Wissen Sie, mit dem Fleiß ist es ganz vorbei. Ich lebe ja auch in einer solchen Übergangs- und Zwischenzeit [...], – da lebt man [...] passiver, lauschender, aufnehmender."

Im dritten Schritt vertraut Fenia Werner an, dass sie von einer heimlichen Liebe ganz erfüllt ist; und sie antwortet auf seine Frage, was Liebe geben könne, mit dem einen Wort: „Frieden". Doch auch diese Lebensstation muss sie hinter sich lassen. Fenia droht an der Heimlichkeit zu zerbrechen; dem Heiratswunsch ihres Geliebten aber kann sie nicht nachgeben. Voller Emphase spricht sie zu Werner: „Nein, ich kann es mir einfach nicht als Lebensziel vorstellen, – Heim, Familie, Hausfrau, Kinder, es ist mir fremd, fremd, fremd, fremd! [...] Liebe und Ehe ist eben nicht dasselbe." Werner ist verblüfft, denn das waren „Worte einer Frau, die ganz so sprach, als sei sie ein Mann". Andererseits erzählt Fenia Werner einen Traum, dessen Bezugspunkt ihre erste Begegnung in einem Pariser Nachtcafé darstellt: Sie sieht sich am Nachbartisch unter den Grisetten – den Prostituierten – sitzen. Ihre internalisierten Moralvorstellungen lassen es nicht zu, dass ihr die heimliche Liebe Friede bringt – was unweigerlich die Trennung vom Geliebten zur Folge hat.

Dieser letzte Schritt hat die Hauptperson in die Aporie geführt. Die große Liebe kann nicht wirklich gelebt werden: Einerseits wird für Fenia eine nicht eheliche Liebe zur Prostitution. Andererseits ist es ihr, weil die Frau die Ehe in der Regel als Abhängigkeit erlebt, unmöglich, eine Ehe einzugehen. Auch wenn ihr Geliebter vielleicht eine gleichberechtigte Partnerschaft zu führen fähig wäre –, die kollektiven Erfahrungen der Frauenvergangenheit sind stärker als der individuelle Glaube an eine solche Möglichkeit.

Mit ihrer Erzählung steht Lou Andreas-Salomé in einer doppelten Tradition. Zum einen erinnern die Formulierungen der „idealisierten" und „satanisierten" Frau an das Frauenbild des 19. Jahrhunderts, etwa in Eichendorffs Erzählung „Das Marmorbild", wo der Held Florio von der erotisch-zauberischen Venus zerstört zu werden droht, aber von der reinen Bianca gerettet wird. Im Hintergrund steht die vom Christentum geprägte Bewusstseinsgeschichte, die seit Augustin die Sexualität im wahrsten Sinn verteufelt, die Frau als Schuldige ausgemacht und im Gegenzug die geschlechtslose Liebe in der Gestalt Marias spiritualisiert hat. Zum anderen bedeutet der Rückverweis in die Romantik aber auch den Bezug zu den ersten emanzipatorischen Versuchen von Frauen. Dafür stehen die Schriftstellerinnen Karoline von Günderrode, Bettina von Arnim und die zentralen Frauengestalten der Berliner Salons Henriette Herz und Rahel Varnhagen.

Ein Zentrum der neuen Frauenbewegung um die Jahrhundertwende, für die „Fenitschka" als Beispiel steht, war Frankreich, und zwar mit einer Vielzahl von Spielformen bis hin zur Propagierung des Sapphismus, deren Reflex vielleicht die lesbische Gräfin Geschwitz in Wedekinds „Lulu" darstellt. Unter den Autorinnen deutscher Sprache sind neben Lou Andreas-Salomé (1861–1937) insbesondere *Franziska zu Reventlow* (1871–1918), *Else Lasker-Schüler* (1869–1945) und *Ricarda Huch* (1864–1947) hervorzuheben. Weitergehend als ihre Vorgängerinnen in der Romantik versuchten diese zumindest zeitweise, ihre Unabhängigkeit bewusst und gegen die moralischen Normen in der Lebenspraxis durchzusetzen.

Franziska zu Reventlow verließ am Tag ihrer Mündigkeit das Elternhaus und lebte später in München ein von Konventionen befreites Leben, dessen Ziel sie darin sah, „Männer zu lieben, Kinder zu bauen und an allen erfreulichen Dingen der Welt teilzunehmen" („Viragines und Hetären", 1899). Im Gegensatz zu den politisch orientierten Frauen forderte sie eine Frauenbewegung, die „die Frau als Geschlechtswesen befreit", „die uns das Hetärentum wiederbringt". Als Schriftstellerin konnte sich Reventlow finanziell mit ihrer literarischen Produktion über Wasser halten. Anders als für die ökonomisch oft abgesicherten männlichen Autoren bedeutete für sie das Leben als Schriftstellerin die einzige und darüber hinaus äußerst unsichere Erwerbsquelle.

Aus diesem Freiheitsstreben als Künstlerin und Frau gab auch Else Lasker-Schüler, die Lyrikerin des Expressionismus, ihre beiden Ehen auf. Sie lebte einerseits in sehr beengten materiellen Verhältnissen, andererseits fand sie in der Berliner Künstler-Boheme mit ihren spannungsreichen Beziehungen die Lebensform, die es ihr ermöglichte, sich auch in ihrer literarischen Produktion frei zu entfalten. Davon legt vor allem ihr stark autobiografischer „Liebesroman" „Mein Herz" Zeugnis ab.

Im Leben von Lou Andreas-Salomé verbindet sich sowohl die zeitgeschichtliche Thematik als auch die geschlechtsspezifische Problematik der Frau. Wie ihre Fenia stammte sie aus Russland und ähnlich wie sie verwirklichte sie verschiedene Lebensformen: Man vermutet, dass sich hinter der Darstellung der sexuellen Aggression des Ich-Erzählers Max Werner die biografische Erinnerung an ein ähnliches Verhalten Frank Wedekinds versteckt; mit dem Arzt Rée und Nietzsche erprobte Andreas-Salomé eine Dreierbeziehung, die sie dank ihres eigenen Studiums in Philosophie und Religionsgeschichte – wie ein Mann – als gleichberechtigte Partnerin und ohne alle Sexualität zu gestalten suchte; mit dem Gelehrten Andreas lebte sie eine gleichsam platonische Ehe, mit Rilke dagegen für einige Jahre die große Liebe; sie studierte bei Freud und arbeitete später selbst in psychoanalytischer Praxis.

Auch Ricarda Huch verließ – mit 22 Jahren – ihr Elternhaus. Sie ging wie Andreas-Salomé, die dort 1880 studiert hatte, 1887 nach Zürich, denn in Deutschland waren Frauen auf Universitäten noch nicht zugelassen. Sie promovierte und blieb bis 1896 in Zürich, bevor sie in Bremen als Lehrerin in ein Mädchengymnasium eintrat, das die Bremer Frauenbewegung durchgesetzt hatte. Gegen die Konvention verdiente sie als Frau selbst ihren Lebensunterhalt. Dass sie aber ihr Elternhaus verließ, lag vor allem an einer unglücklichen Liebe zu ihrem Vetter und Schwager Richard Huch. Für ihre Werke des Züricher Jahrzehnts blieb deshalb die schicksalhaft unerfüllbare Liebe das zentrale Thema („Erinnerungen von Ludolf Ursleu dem Jüngeren", Roman, 1893). Die Frage, wie überhaupt die Frau – und auch der Mann – trotz einengender oder bedrohlicher äußerer Faktoren sich selbst treu bleiben kann, die Frage nach dem Verhältnis des einzelnen Menschen zur historischen und „natürlichen" Ordnung – auch der Geschlechter – erwies sich als die immer wieder neu gewendete Thematik ihres schriftstellerischen Lebens. Dies gilt, z. B. in der Beschäftigung mit Caroline Schlegel, für das zweibändige Werk über die Epoche der Romantik (1899/1902), für die Biografien über Luther (1916) oder den Anarchisten Bakunin (1923) und auch für das nach 1945 geplante Gedenkbuch über die Widerstandskämpfer im Nationalsozialismus. Sie beschrieb sich in ihren Jugenderinnerungen (1944) selbst als geborenen „Protestant[en] mit einer Vorliebe für Revolutionen und Rebellionen". Und sie bewährte diese – traditionell „männliche" – Haltung, als sie 1933 nach der „Machtergreifung" der Nationalsozialisten im Gegensatz zu anpassungsbereiten männlichen Kollegen aus der „Akademie der Künste" austrat.

6.2 Emanzipation und Gesellschaft

Ida Hofmann-Oedenkoven:
Monte Veritá. Wahrheit ohne Dichtung (1906)
Helene Lange/Gertrud Bäumer:
Handbuch der Frauenbewegung (5 Bände, 1901 ff.)
Die Frau (Zeitschrift, 1893–1944)
Rosa Luxemburg:
Frauenwahlrecht und Klassenkampf. Stuttgart (1912)
Adelheid Popp:
Die Jugendgeschichte einer Arbeiterin (1909 anonym)
Erinnerungen (1915)

Ricarda Huch entwarf in ihrem Roman „Aus der Triumphgasse" (1902) mit der Hauptgestalt Farfalla eine Frau, die es vermag, selbst in äußerster Armut gegenüber den Männern ihre Individualität zu behaupten und gleichsam bürgerliche Werte – das „reine Zimmer" mit einer Blume zu schmücken oder lieber Hungers zu sterben als zu betteln – zu bewahren. Aber die sozialgeschichtlich bedingte Abhängigkeit der Frau wurde von zeitgenössischen Schriftstellerinnen nicht nur durch individuelle Gegenentwürfe in Frage gestellt. Einen gleichsam kollektiven Standpunkt nahmen Frauen ein, die sich wie Gertrud Bäumer (1873–1954) oder Helene Lange (1848–1930) – wie Huch aus dem Bürgertum stammend – für die Ziele der Frauenbewegung, v. a. die Mädchenbildung und das Frauenwahlrecht, einsetzten. Weniger spezifisch die Befreiung der Frau als eine umfassende Lebensreform in Naturnähe und Einfachheit forderte ihrerseits die seit 1900 auf dem – von ihr so genannten – Monte Verità bei Ascona lebende Gruppe um *Ida Hofmann* und Henri Oedenkoven. Sie wurde bald international bekannt und viel besucht, u. a. von Hermann Hesse, Stefan George und auch von Franziska zu Reventlow. Sie wendete sich in Anlehnung an Rousseau gegen die moderne Zivilisation und propagierte einerseits eine vegetarische Ernährung, die Freikörperkultur und freie Liebe, andererseits aber auch die Chancengleichheit in der Bildung und Berufstätigkeit der Frau.

In einer eindeutig politischen Gruppierung arbeiteten dagegen Frauen, die innerhalb der sozialistischen Bewegung für die Rechte der Frau eintraten, indem sie die rechtspolitischen Forderungen wie das Wahlrecht mit der revolutionären Zielsetzung der Überwindung des Kapitalismus und der patriarchalischen Gesellschaft verbanden. Dafür steht z. B. *Rosa Luxemburg,* die, aus Polen geflohen, zu derselben Zeit in Zürich studierte wie Ricarda Huch und bis zu ihrem gewaltsamen Tod 1919 eine überragende Rolle in der deutschen SPD und KPD spielte.

Das literarische Zeugnis der Hinwendung eines in größter Armut lebenden jungen Mädchens zum Sozialismus bildet die – autobiografische – „Jugendgeschichte einer Arbeiterin" (1909) von *Adelheid Popp* (1869–1939) in Wien. Einerseits ist das Arbeitsleben des Mädchens – ihr wird aus materieller Not die gesetzlich vorgeschriebene Schulbildung vorenthalten – seit dem zehnten Lebensjahr durch Unterernährung und physische Überforderung bis zum Zusammenbruch gekennzeichnet. Andererseits zeigt dieses Leben in seiner geistig-seelischen Dimension dennoch einen Weg zur Befreiung: Die Autorin löst sich von der tradierten Religiosität, die sich durch Gebete und Wallfahrten vergeblich eine *wunder*bare Verbesserung erhofft, und sie erreicht durch das Lesen einen Erkenntnisprozess. Popp beschreibt, wie sie vom Konsum der gängigen Heftchenliteratur über die Lektüre der klassischen bürgerlichen Literatur zu politischen Zeitschriften und historischen

Werken voranschreitet und schließlich in der Lektüre sozialistischer Texte ihr Lebensziel findet: „Darin lernte ich erst mein eigenes Schicksal verstehen und beurteilen. Ich lernte einsehen, dass alles, was ich erduldet hatte, keine göttliche Fügung, sondern von den ungerechten Gesellschaftseinrichtungen bedingt war." Wenn die Autorin sich die sozialistische Zeitung besorgte, zog sie ihr „schönstes Kleid an, so wie früher, wenn ich in die Kirche ging". Sie wird außerdem durch ihre Rednerbegabung eine äußerst erfolgreiche und bekannte Agitatorin. So schildert diese Autobiografie wie ein kleiner, aber real erlebter Entwicklungsroman (vgl. „Fenitschka"), dass die Selbstbefreiung der Frau auch aus größter Unterdrückung und Unmündigkeit dennoch möglich ist. Literarisch erinnert die Schrift auch an die Form der Legende: wie ein Mensch gegen alle Widerstände zur gleichsam göttlichen Wahrheit und Rettung seines Lebens gelangt und überdies für die anderen Menschen zum Vorbild wird. Nicht umsonst erlebte dieses Buch schon im ersten Jahr drei Auflagen.

Überdies zeigt Adelheid Popps Autobiografie einer Wiener Proletarierin gleichsam die Rückseite der gleichzeitigen, vom Fin de Siècle geprägten intellektuell bürgerlichen Literatur und Kunst der – männlichen – Wiener Moderne.

Aus der Perspektive der Frauenliteratur wird jedoch besonders deutlich, welchen Einschnitt die Herrschaft des Nationalsozialismus mit seiner Rückführung der Frau auf die Mutter- und Familienrolle für die Emanzipation der Frau bedeutete: Denn auch die frühe Bundesrepublik mit ihrer konservativen Werteorientierung orientierte sich in ihrem Frauenbild an traditionellen Rollenbildern. Erst als Folge des gesellschaftlichen Wandels Ende der sechziger Jahre konnte sich in den siebziger und achtziger Jahren eine neue Frauenbewegung und -literatur entwickeln.

Dritter Teil: Avantgarde und Expressionismus

1 Protest und Veränderung – die Kunst der europäischen Avantgarde

Im Jahr 1913 hieß es in der Ankündigung einer neuen Buchreihe moderner Autoren: „Der neue Dichter wird unbedingt sein, von vorn anfangen, für ihn gibt es keine Reminiszenz ...“ (Prospekt des Kurt Wolff Verlages, Leipzig, zur Reihe „Der jüngste Tag“). Mit diesem radikalen Anspruch des Traditionsbruchs und Neuanfangs trat in Deutschland etwa zwischen 1910 und 1925 eine Generation von Künstlern und Schriftstellern auf, die das – wie sie meinten – von den Naturalisten nicht eingelöste Versprechen einer kulturellen Revolution verwirklichen wollten. Nicht alle von ihnen waren erklärte Expressionisten, aber unter diesem Namen wurden sie etwa seit dem Weltkrieg begrüßt oder angefeindet. Unter dem Nationalsozialismus aus der Öffentlichkeit Deutschlands verbannt, erfuhren sie nach 1945 eine Wiederentdeckung, mit der ihre starke Wirkung auf die Moderne sich fortsetzte. Diese deutsche Avantgarde war jedoch nicht isoliert aufgetreten, sondern im Zusammenhang mit europäischen Entwicklungen.

1.1 Voraussetzungen der europäischen Avantgarde

Avantgardistisch werden Künstler oder Schriftsteller genannt, die nicht nur modern im Sinne von „zeitgemäß“ sind, sondern ihrer Zeit voraus sind oder sein wollen, indem sie Neues, künftig Wirksames schaffen. Sie stehen damit geradezu im Gegensatz zum herrschenden Zeitgeschmack, der sie entweder nicht beachtet oder über sie empört ist. Die Moderne des 20. Jahrhunderts ist durch immer neue Schübe solcher Avantgarden gekennzeichnet, deren erste und für die weitere Entwicklung besonders wichtige um und nach 1900 zu beobachten ist. Das Zukunftsweisende dieser Avantgarde lässt sich dabei in verschiedenen Ausprägungen feststellen: im gesellschaftlichen Selbstbewusstsein der Künstler, in der Ästhetik ihres Schaffens oder in der gewollten oder tatsächlichen Wirkung auf das Publikum.
Schon am Ende des 19. Jahrhunderts, also in der Zeit der Naturalisten, mischten sich Literaten in vielen europäischen Ländern selbstbewusst in die Auseinandersetzungen zwischen konservativen und fortschrittlichen Kräften der Gesellschaft ein, gerade auch zu Gunsten des Fortschritts. In Frank-

reich z. B., von wo wichtige Anregungen auf die spätere Avantgarde in Deutschland ausgingen, erwies sich während der skandalösen „Dreyfus-Affäre" die Literatur als wichtiger Faktor öffentlicher Auseinandersetzung, als der angesehene Romancier Émile Zola in dem berühmt gewordenen offenen Brief „J'accuse" (1898) Justiz, Regierung und herrschende Kreise kritisierte und sich für den Anspruch der Wahrheit und Moral auch in der Politik einsetzte. Sein Beispiel als engagierter Literat stand im Gegensatz zum Prinzip des „l'art pour l'art" (Victor Cousin, 1836), dem etwa die Symbolisten anhingen, und wirkte bis in die Gegenwart als Vorbild einer „littérature engagée" (Jean-Paul Sartre). In der deutschen Avantgarde vor dem Ersten Weltkrieg vertraten gesellschaftskritisches Engagement vor allem die Autoren, die der Zeitschrift „Die Aktion" (vgl. S. 95 f.) nahe standen.
Während engagierte Künstler sich auch traditioneller Kunstformen bedienten, begannen um die Jahrhundertwende die Künste, sich selbst, ihre Gegenstände, ihre Ausdrucksmittel und ihr Material zu „revolutionieren". Das international wirksamste Beispiel gab zunächst – wiederum in Frankreich – die Malerei, als die Gruppe der „Fauves" (Matisse, Derain, Vlaminck, Dufy, Braque u. a. m.) etwa seit 1905 im Gegensatz zur Tradition, aber auch zu den Impressionisten, ungemischte, intensive, ja aggressive Farben verwendete, die nicht dem natürlichen Eindruck entsprachen, und die „Kubisten" (seit 1907 Braque und Picasso, später Gris, Léger, Delaunay u. a. m.) natürliche Gegenstände deformiert darstellten und in geometrische Formen zerlegten, in „Collagen" das traditionelle Verhältnis zwischen Bild und Material ganz aufgaben. Schon diese Malerei wurde gelegentlich „expressionistisch" genannt und beeinflusste die deutschen expressionistischen Maler (Kandinsky, Marc und Macke; Kirchner, Heckel, Schmidt-Rottluff u. a. m.). Hier schien eine jahrhundertealte Auffassung von Kunst und vom Schönen radikal geleugnet zu sein, ja das Hässliche, Disharmonische und Deformierte Inhalt und Ausdruck der Kunst zu werden. Kunst bildete nicht ab, idealisierte nicht und gab nicht visuelle Eindrücke wieder, sondern schuf eine ganz neue Art ästhetischer Wahrnehmung. Der avantgardistische Künstler und Dichter *Guillaume Apollinaire* (1880–1918) fasste dies in einem Gedicht so:

[...] Il ya là des feux nouveaux des couleurs jamais vues
Mille phantasmes impondérables
Auxquels il faut donner la réalité.

[...] Es gibt da neue Feuer nie zuvor gesehener Farben/Tausend unwägbare Phantasmen/Denen man Wirklichkeit geben muss. („La jolie rosse". In: „Caligrammes", 1918; übersetzt von G. Henninger)

Auch die Literatur der Avantgarde „revolutionierte" ihre Ästhetik, indem sie ihr Material – Sprache und Vers – umformte und ganz unvertraute Erfahrun-

gen und Vorstellungen auszudrücken versuchte; letzteres rechtfertigte in Deutschland die Bezeichnung „expressionistisch".
Vom Künstler gewollt oder nicht gewollt, in der Wirkung auf das Publikum vereinten sich sehr oft ästhetische Innovation und gesellschaftliche Provokation: Avantgardistische Kunst schockiert. Im Jahr 1896 löste der Franzose *Alfred Jarry* (1873–1907) mit seiner Farce „Ubu Roi" in Paris einen Theaterskandal aus und gilt heute als wichtiger Anreger des modernen Theaters. Das Stück stellt mit derben, grotesken und surrealistischen Mitteln dar, wie ein Kleinbürger zum monströsen Tyrannen wird, und verhöhnt die gesamte bürgerliche Kunst, Lebensführung und Moral als Absurdität. Auch die avantgardistischen Künstler des 20. Jahrhunderts traten überwiegend antibürgerlich auf oder wirkten so. Bei politischem Engagement standen sie deshalb eher auf der Seite der Linken als der Rechten, auch wenn sie sich parteipolitisch nicht festlegten: Kommunisten wurden z. B. Louis Aragon, Pablo Picasso und Vladimir Majakowski und der deutsche Expressionist Johannes R. Becher, eine kleinere Gruppe wandte sich später dem Faschismus zu, z. B. Filippo Tommaso Marinetti, Ezra Pound, Arnolt Bronnen, Hanns Johst und zeitweise Gottfried Benn. In jedem Falle war das Motiv, dass die geistige wie die gesellschaftliche Welt nicht so bleiben sollte, wie sie war.

1.2 Futurismus – ein Programm der Avantgarde

Wirksamster Propagandist der europäischen Avantgarde im 20. Jahrhundert war der Italiener *Filippo Tommaso Marinetti* (1876–1944). In fast allen europäischen Kulturzentren verbreitete er mit seinen Freunden die Schocks der Avantgarde, hauptsächlich mit drei Methoden, die seither das moderne Kulturleben kennzeichnen: mit öffentlichen Deklarationen und Programmen, mit Wanderausstellungen und mit öffentlichen Demonstrationen, die man als Prototypen der späteren „Happenings" ansehen kann. In seinen „Manifesten" von 1909, 1912 und danach verkündete Marinetti das Programm des „Futurismus", einer neuen Kunst als Ausdruck eines neuen Lebensgefühls. Eine von Marinetti organisierte Ausstellung reiste 1912 von Paris nach London, Brüssel, Den Haag, Amsterdam und München; in Berlin zeigte sie der einflussreiche Förderer moderner Kunst, Herwarth Walden, in seiner Galerie „Sturm", mit starker Wirkung auf die Expressionisten, und in Dresden sah sie 1913 der Mitbegründer des späteren dadaistischen „Cabaret Voltaire" (Zürich), Hugo Ball. Ein wahrer Werbefeldzug durch halb Europa, der bis Russland und in die USA ausstrahlte! Der deutsche Expressionist Kasimir Edschmid hat nach dem Zweiten Weltkrieg geschildert, wie die Futuristen auf ihn und andere wirkten:

„[...] Mittlerweile hatten die Maler des ‚futurismo' noch einige weitere ‚pronunciamenti' herausgebracht. Gegen den guten Geschmack. Gegen den Begriff Harmonie. Gegen die Akademie. Gegen das Nackte, weil es durch die Akademie ekelhaft und langweilig geworden war. Und für das Närrische. Der Maler Boccioni schrieb, das Wort ‚verrückt' müsse ein Ehrentitel werden. [...] Als ich die Bilder dann in Paris sah, sprengten sie zuerst mein Weltgefühl in radikaler Weise auseinander. [...] Kein Wunder, dass diese Leute, die solche Manifeste unterschrieben, Literaten wie Maler, keineswegs nur das Kunstklima ändern wollten, sondern die Welt. Ihnen war alles widerlich, was es seither gab, außer Aeroplanen, raschen Maschinen, Krieg und Revolution. [...]"
(Kasimir Edschmid: „Lebendiger Expressionismus ...", 1964)

Der Futurismus wollte eine antibürgerliche Kulturrevolution sein, ihm fehlte aber eine klare kulturelle oder gesellschaftliche Theorie. An Nietzsche und Bergson erinnert seine Verherrlichung der Dynamik, der „Schnelligkeit" und der „Bewegung"; fortschrittlich erscheint die Begeisterung für Technik, reaktionär die für Patriotismus, Militarismus und Krieg sowie die „Verachtung des Weibes". Politisch war das ein verhängnisvolles Programm, wie Marinettis spätere Zuwendung zum Faschismus bewies. Der Kunst und Literatur dagegen gaben die Futuristen wirksame Impulse. Ihnen war Kunst – gemessen an der Tradition – eigentlich Anti-Kunst, und dieses Prinzip haben – ohne die futuristische Ideologie – dann die Dadaisten verwirklicht. Das vielleicht wirksamste Beispiel gab Marcel Duchamp (1887–1968) mit seinen „Ready Mades" (Fertigprodukten): 1913 stellte er ein Rad eines Fahrrads auf ein Podest, signierte es und machte es damit, wie er erklärte, zum Kunstwerk – ein Erfinder der modernen „Object Art"!

Futuristischer Literaturbegriff. Jede Kunst war für Marinetti vor allem „aggressive Bewegung", eine anarchistische Kulturrevolution:

„Kunst kann nichts anderes sein als Gewalt, Grausamkeit und Ungerechtigkeit."
(„Fondazione e Manifesto del Futurismo", Figaro, Paris, 20.2.1909)

Von der Literatur forderte Marinetti vor allem die Zerstörung der traditionellen Gebrauchs- und Dichtersprache:

„Distruzione della sintassi, Imaginazione senza fili, Parole in libertá". (Destruktion der Syntax, drahtlose Imagination, Befreiung des Wortes)"

Er meinte damit, die Grammatik oder eigentlich die Sprachkonventionen überhaupt seien eine Fesselung der Kreativität; in völlig freier Verwendung der Wörter könne der Dichter unmittelbar („drahtlos") die Gegenstände und Vorstellungen zum poetischen Bild verbinden. Damit haben die Futuristen fast alle Methoden der poetischen Avantgarde bis heute im Voraus verkündet: Wortmontagen, Wortneubildungen und Lautgedichte; die Sprache des

5 *Filippo Tommaso Marinetti (1876–1944): „Die Worte in futuristischer Freiheit", 1919. Privatsammlung Stuttgart.*

Stammelns, der Wortspiele und der freien Assoziation; die willkürliche oder dunkle Semantik der „Chiffren"-Dichtung; Sprachexperiment, Sprachkonstruktion und konkrete Poesie.

Im Gefolge des Futurismus schrieben Kubisten und Dadaisten Wörter oder Textbruchstücke in Bilder hinein (z. B. Kurt Schwitters), montierten Bilder aus Textfetzen, z. B. aus Zeitungsschnipseln, oder schrieben Texte als ästhetisch-grafische Gebilde (vgl. Apollinaires „Caligrammes" und die visuelle Poesie).

Für die Lyrik und Epik der Moderne symptomatisch war Marinettis Forderung, der sich persönlich aussprechende Dichter solle aus dem Gedicht verschwinden: „morte dell 'io letterario" (Tod des literarischen Ichs), und zwar zu Gunsten eines nicht individualpsychologischen Realitätsbewusstseins – hier kündigen sich moderne Formen des unbeteiligt registrierenden und reflektierenden Schreibens an (vgl. den Roman Nouveau). Da den Futuristen die etablierten Theater verschlossen blieben, wollten sie ein neues „Theater der Verblüffung" aus dem Varieté entwickeln und gaben damit Anstöße für das groteske Theater sowie für die Verwendung schaubudenartiger, kabarettistischer und verfremdender Theaterformen bis in die Gegenwart.

Die Bilderstürmerei der Futuristen stellte somit alles in Frage, was bisher in Kunst und Literatur galt. Aus ihrer Kunst der „distruzione" ergaben sich jedoch neue Formen und Ausdrucksmöglichkeiten, die sich für die Kunst und Literatur des 20. Jahrhunderts als wesentlich erwiesen.

2 Die expressionistische Avantgarde in Deutschland

Zeitschriften:
Der Sturm. Hrsg. von Herwarth Walden (Berlin, 1910–1932)
Die Aktion. Hrsg. von Franz Pfemfert (Berlin, 1911–1932)
Die weißen Blätter. Hrsg. von René Schickele (Leipzig, z.T. Zürich, 1913–1921)

Essays und Bekenntnisse:
Hugo Ball: Die Kunst unserer Tage (Vortrag, 1916)
Theodor Däubler:
Expressionismus. In: Die neue Rundschau (Zeitschrift, 1916)
Kasimir Edschmid: Über den dichterischen Expressionismus.
In: Die neue Rundschau (Zeitschrift, 1918)
Yvan Goll: Der Expressionismus stirbt. In: Zenit (Zeitschrift, 1921)
Paul Hatvani: Versuch über den Expressionismus. In: Die Aktion (Zeitschrift, 1917)
Kurt Hiller: Die Jüngst-Berliner. In: Literatur und Wissenschaft. Monatliche Beilage der Heidelberger Zeitung (1911)
Friedrich Markus Huebner:
Europas neue Kunst und Dichtung (Berlin, 1920)
Heinrich Mann: Geist und Tat. In: Das Ziel (Zeitschrift, 1910)
Ludwig Rubiner:
Der Dichter greift in die Politik. In: Die Aktion (Zeitschrift, 1912)
René Schickele: Wie verhält es sich mit dem Expressionismus?
In: Die weißen Blätter (Zeitschrift, 1920)
Stefan Zweig:
Das neue Pathos. In: Das literarische Echo (Zeitschrift, 1909)

2.1 Expressionismus – Mode, Stil oder Weltanschauung?

In den Jahren vor dem Weltkrieg kündigte sich die deutsche Avantgarde zuerst einmal in einer großen Zahl neuer Zeitschriften an, und noch in den zwanziger Jahren erklärten viele ihrer Gegner sie für eine bloße Tagesmode. Tatsächlich wurde sehr viel über die neue Kunst geredet und geschrieben, ehe sie mit größeren Werken in Erscheinung trat, wahrscheinlich aber muss man darin den notwendigen Prozess intellektueller Auseinandersetzung sehen, ohne den die moderne Literatur nicht entstehen konnte.

Als der Name „Expressionismus" 1911 von Kurt Hiller erstmals von der modernen Malerei auf die Literatur übertragen wurde, diente er zur Abgrenzung der Avantgarde gegen den Impressionismus, des Weiteren auch gegen Naturalismus, Realismus und Tradition. Eine Übersetzung mit „Ausdruckskunst" (gegen „Eindruckskunst" und „Abbildungskunst") wäre allerdings viel zu eng; denn jede Kunst drückt etwas aus, und den Expressionisten ging es nicht um einen neuen Stil, nicht einmal nur um eine neue Kunst:

„Der Impressionismus ist eine Stillehre, der Expressionismus eine Norm des Erlebens, des Handelns, umfassend also der Weltanschauung." (Friedrich Markus Huebner)

Deshalb waren den Expressionisten die neuen Kunstformen notwendig zur Äußerung eines neuen Lebensgefühls, das die Avantgarde verband; so sahen es die Veteranen des Expressionismus noch nach dem Zweiten Weltkrieg (vgl. auch Bd. 6, Kap. 2):

„Es ist schwierig, der heutigen literarischen Jugend […] deutlich zu machen, dass in jenen Jahren 1910–1922 die jungen Autoren in Prag, Berlin, München, Wien, Leipzig, über alle deutschsprachigen Länder, ja über ganz Europa hin, trotz vieler individueller Unterschiede in Gesinnung, Wollen und Ausdrucksform sich als eine Einheit, eine Gemeinschaft, eine Gemeinsamkeit fühlten – im Kampf gegen faulig absterbende Vergangenheit und zukunftshindernde Tradition, für neue Bewusstseinsinhalte, neue Ideen und Formen. […]" (Kurt Pinthus: „Nach 40 Jahren". Vorwort zur Neuauflage der Anthologie „Menschheitsdämmerung", 1959)

Dieser „Kampf" der expressionistischen Avantgarde richtete sich auch gegen die herrschenden gesellschaftlich-politischen Mächte:

„[…] sie waren gegen den Krieg, gegen den deutschen Militarismus, gegen die Verflechtung von Generalstab und Schwerindustrie, und für eine europäische Verständigung vom Herzen her […]." (Karl Otten: „Die expressionistische Generation". Vorwort zu: „Ahnung und Aufbruch. Expressionistische Prosa", 1957)

Zugleich aber empfanden die Expressionisten ihre Auseinandersetzung mit der Zeit als Auseinandersetzung mit einer existenziellen Krise des Geistes und der Erfahrung, der sie auf den Grund kommen wollten. Diesen Vorgang bezeichnete Gottfried Benn im Rückblick als „Wirklichkeitszertrümmerung, als rücksichtsloses An-die-Wurzel-der-Dinge-Gehen" (1955).

2.2 Diaspora der literarischen Avantgarde

Bildende Künstler formierten sich vor dem Weltkrieg zu Gruppen, die eng zusammenarbeiteten, ausländische Avantgarde bekannt machten und selbst im Wesentlichen die moderne Kunst in Deutschland prägten (vgl. S. 89 ff.). In Dresden war es die Künstlergruppe „Brücke" mit Heckel, Kirchner, Otto Müller, Pechstein und Schmidt-Rottluff 1905 bis 1913, der sich zeitweise andere anschlossen; in München „Der blaue Reiter" mit Jawlensky, Kandinsky, Klee, Macke, Marc und Gabriele Münter von 1906 bis etwa zum Ersten Weltkrieg. Manche Literaten erhofften sich eine ebensolche „Gemeinschaft" (Kurt Pinthus); aber eine geschlossene expressionistische Autorengruppe hat es nie gegeben. Bedeutende Dichter wie Georg Heym, Georg Trakl oder Gottfried Benn waren eher Einzelgänger. Im kulturellen Leben der Nation waren die Neuerer eine Minderheit, die sich bis zum Weltkrieg fast nur in Zeitschriften und kleinen Veröffentlichungen äußern konnten und sich in örtlichen Gruppen um fortschrittliche Herausgeber und Verleger wie Herwarth Walden und Franz Pfemfert in Berlin, Ernst Rowohlt und Kurt Wolff in Leipzig scharten. In diesem Rahmen allerdings ergoss sich etwa seit 1910 eine ganze Flut von Essays, Gedichten und literarischen Experimenten auf den Markt der Broschüren, ergänzt durch Matineen, Klubs und Kleinbühnen.

Von den über hundert Neugründungen avantgardistischer Zeitschriften verband Herwarth Waldens „Der Sturm" die Förderung der modernen Kunst mit der der modernen Literatur. „Die weißen Blätter" konnte ihr Herausgeber René Schickele im Weltkrieg von Zürich aus redigieren und so – trotz der Zensur in Deutschland – die Kontinuität dieses europäischen Forums der neuen deutschen Literatur wahren. Während diese beiden Zeitschriften vor allem ästhetisch-literarisch orientiert waren, vertrat Franz Pfemferts Blatt „Die Aktion" den politisch engagierten Expressionismus („Aktionismus") und trat „für die Idee der Großen Deutschen Linken ein". Der Name der „Aktion" steht für die politisch engagierte Strömung des Expressionismus, die Literatur als gesellschaftliches Handeln verstand.
Da die großen Theater sich lange den Neuerern verschlossen, warben Autoren und Verlage für diese mit Vortragsveranstaltungen, literarischen Klubs und Kabaretts; so in München das *„Überbrettl"* und *„Die elf Scharfrichter"*. Starke Wirkungen hatte das *„Neopathetische Cabaret"* des *„Neuen Clubs"* in Berlin und das *„Cabaret Voltaire"* der Dadaisten in Zürich.
Wie in Frankreich ergab sich an manchen Orten eine fruchtbare Zusammenarbeit zwischen verschiedenen Künsten, so in Berlin (um Herwarth Walden und seinen „Sturm") und in München. Der von Wassily Kandinsky und Franz Marc 1912 in München herausgegebene Almanach *„Der blaue Reiter"* verkündete eine „neue Offenbarung des Geistes" nicht nur der bildenden Kunst, sondern auch in der Musik (Schönberg, Webern, Berg); Maler schrieben Essays oder Theaterstücke im expressionistischen Stil (z. B. Macke, Kandinsky, Kokoschka). Arp, Barlach und Kokoschka waren ohnehin bilden-

de Künstler und Dichter zugleich. Eine Synthese der Künste strebte man auch in der Buchgestaltung an, z. B., als Ernst Ludwig Kirchner Georg Heyms Gedicht „Umbra vitae" – Text und Illustrationen – in Holz schnitt.

2.3 Das Selbstverständnis der expressionistischen Generation

Die Expressionisten sind ein Teil der Generation, die zwischen 1875 und 1895 geboren wurde – also in der Ära der Kaiserreiche. Nach der Jahrhundertwende war die gesellschaftliche und kulturelle Situation immer noch der ähnlich, die schon die Naturalisten kritisiert hatten.
Woher kam also die neue Bewegung?

2.3.1 Entfremdung vom Zeitgeist

Gerade dass sich so lange nichts geändert hatte und dass auch die einst so avantgardistisch erscheinenden Naturalisten nichts wesentlich Neues zu sagen wussten, mag die Heftigkeit der neuen Bewegung erklären. Es mag aber auch erklären, warum sie sich weniger gegen konkrete Missstände wandte als gegen die Unbeweglichkeit und Unproduktivität des Denkens und Handelns allgemein. Viele Expressionisten übten auch nicht eigentlich Kritik, sondern äußerten ihr Leiden an der Wirklichkeit und ihre Sehnsucht nach einer anderen – darin vergleichbar der wenig älteren Jugendbewegung des „Wandervogels". Die relative Stabilität der Verhältnisse empfanden sie als Sinnleere und Beziehungslosigkeit. Ihre Entfremdung vom Zeitgeist war eine existenzielle Krise, die zur Selbstreflexion, ja zur Selbstquälerei zwang; Vater-Sohn-Konflikt, Identitätsprobleme, Vereinsamung und Außenseitertum oder der Konflikt zwischen Enthusiasmus und Anpassung waren bevorzugte Themen dieser Generation, die sich im Bürgertum, dem sie entstammte, fremd fühlte. Nahezu die Hälfte der jungen Schriftsteller hatte zu Eltern wohlhabende Kaufleute, Fabrikanten, Bankiers, die übrigen meistens Beamte oder Akademiker. Sie selbst waren Gebildete, oft Studierte, und empfanden die geistige Unbeweglichkeit der Zeit als Krise des Intellektuellen bzw. des Künstlers und Dichters. Ihre Proteste und ihre Rufe nach Veränderung verlangten deshalb, dass Geist und Kunst die Wirklichkeit verändern sollten.

2.3.2 Dichter und Gesellschaft

Der Wiener Romancier und Essayist *Stefan Zweig* (1881–1942), der mit den avantgardistischen Literaten sympathisierte, stellte 1909 in einem Aufsatz *„Das neue Pathos"* dem Dichter die Aufgabe, das auszusprechen, was alle bewegt, und damit die geistigen und seelischen Kräfte der Menschen zu aktivieren. Man müsse die moderne Welt der Städte und der Massen akzeptieren als eine Möglichkeit zu neuen Gemeinschaften; aber auf die Gewalt der Umwelt müsse die Gewalt des Gefühls antworten. Der Dichter solle dabei der „Entfacher des heiligen Feuers“ sein, wenn nicht sogar der „geistige Führer der Zeit“. Und er rechtfertigte das Pathos in der Dichtung als Ausdruck der Lebensenergie. Damit sprach Zweig den Dichtern genau die Rolle und den Auftrag zu, die viele Expressionisten dann in Anspruch nahmen.

Andererseits hat man der expressionistischen Generation wiederholt und vor allem im Nachhinein ihre wirklichkeitsfremde Einstellung zur Politik vorgeworfen; der Marxist Georg Lukács tadelte z. B. 1934 ihre „abstrakte Antibürgerlichkeit“. Seine Kritik trifft auf viele Expressionisten zu. Einer aus dem Aktionskreis, *Ludwig Rubiner* (1881–1920), gab zwar einem berühmt gewordenen Artikel den Titel „Der Dichter greift in die Politik“ (1912), aber er meinte damit nur eine allgemeine Zivilisationskritik, mit der letzten Endes „der Geist“ freigesetzt werden sollte: „Die Zivilisation ist eine sehr partielle Angelegenheit der Welt. Im übrigen gibt es den Geist, den Geist, den Geist.“ Zweifellos war die Polarität zwischen Zivilisation, Gesellschaft, Wirklichkeit einerseits und Geist andererseits ein zentrales Thema der Expressionisten, die Überwindung des Gegensatzes oft beteuerter Wunsch. Aber die meisten von ihnen nahmen die Haltung ein, die der radikaldemokratische Schriftsteller *Heinrich Mann* (1871–1950) in seinem Essay *„Geist und Tat“* (1910) so darstellte: Die politische Aufgabe des Schriftstellers sei nicht, Macht auszuüben, sondern der Macht den Geist entgegenzustellen, dem Volk zu zeigen, was Wahrheit und Gerechtigkeit ist, und ihm so das für die politische Mündigkeit erforderliche Selbstvertrauen zu geben. Mit dieser aufklärerischen Bestimmung der politischen Funktion der Intellektuellen in der Gesellschaft war jedoch das Problem nicht gelöst, wie der „Geist“ real die Politik beeinflussen oder gar verändern konnte. Seine Ohnmacht erwies sich mit dem Ausbruch des Ersten Weltkrieges, den die Expressionisten nicht nur als politische Katastrophe erlebten, sondern als Zusammenbruch der Humanität überhaupt. Für viele war die Konsequenz aus diesem Erlebnis ein radikaler Pazifismus, für einige nach seinem Ende das aktive Engagement für die Revolution. Im politischen und kulturellen Pluralismus der Weimarer Republik jedoch drifteten die expressionistischen Gruppen nach links und rechts auseinander, ihre Ideen und ihre künstlerischen Neuerungen wurden von anderen übernommen und weiter entwickelt, aber zum Teil auch nicht mehr als neu und zeitgemäß anerkannt. Und schon 1921 stellte der leidenschaftliche Expressionist Yvan Goll bitter fest: „Der Expressionismus stirbt.“

2.3.3 Krise und Kreativität

Das Pathos des Geistes war im Grunde idealistisches, aufklärerisches, ja klassisches Erbe; in der modernen Realität erschien es vielen Intellektuellen und Künstlern brüchig. 1916 fasste der Dramatiker, Erzähler und Essayist *Hugo Ball* (1886–1927) dies in einem Vortrag – anknüpfend an Nietzsche – in drei lapidaren Sätzen zusammen:

„Gott ist tot. Eine Welt brach zusammen. Ich bin Dynamit."

Ball erklärte diese Erfahrung zugleich als Ergebnis der Geschichte und als Herausforderung zu einem Neuanfang:

„Drei Dinge sind es, die die Kunst unserer Tage bis ins Tiefste erschüttern, ihr ein neues Gesicht verleihen und sie vor einen gewaltigen Aufschwung stellen: Die von der kritischen Philosophie vollzogene Entgötterung der Welt; die Auflösung des Atoms in der Wissenschaft; und die Massenschichtung der Bevölkerung im heutigen Europa."

Ball sieht also ein Zusammenwirken geistiger und sozialer Veränderungen, die eine Auflösung des Glaubens, des traditionellen Denkens, der Naturanschauung und der gesellschaftlichen Wirklichkeit bewirken. Darin ist das „Ich", das Individuum von außen wie von innen bedroht, und dies wirkt sich im Leben und Schaffen der Künstler aus:

„Sie lösen sich ab von der Erscheinungswelt, in der sie nur Unordnung, Zufall, Disharmonie wahrnehmen." Und: „Ihr Leben ist ein Kampf mit dem Irrsinn. Sie sind zerrissen, zerstückt, zerhackt [...]."

Hier geht es um eine grundlegende Bewusstseinskrise. Die Wirklichkeit lässt sich nicht mehr als eine geordnete und sinnvolle „Welt" erfassen, und das Ich kann sich nicht mehr seiner Identität vergewissern. Der „Geist" selbst ist keine Gewissheit mehr. Die Opposition gegen den Zeitgeist ist auch der Kampf gegen eine Welt ohne Geist. Die Chance eines Neuanfangs sieht Ball darin, dass Dichter und Künstler das Chaos der Bewusstseins- und Erfahrungskrise gestalten und so einen neuen Geist und eine neue Wirklichkeit schaffen: „Sie sind Vorläufer, Propheten einer neuen Zeit."
Wie solch eine neue Dichtung beschaffen sein sollte, das hat *Kasimir Edschmid* (1890–1966) programmatisch so zusammengefasst:

„[...] Es kamen die Künstler der neuen Bewegung. Sie gaben nicht nur die leichte Erregung. Sie gaben nicht mehr die nackte Tatsache. [...] Sie waren nicht mehr unterworfen den Ideen, Nöten und persönlichen Tragödien bürgerlichen und kapitalistischen Denkens. Ihnen entfaltete das Gefühl sich maßlos. Sie sahen nicht. Sie schauten. Sie fotografierten nicht. Sie hatten Gesichte. [...]
Die Welt ist da. Es wäre sinnlos, sie zu wiederholen. Sie im letzten Zucken, im eigentlichen Kern aufzusuchen und neu zu schaffen, das ist die größte Aufgabe der Kunst.

6 *Karl Schmidt-Rottluff (1884–1976): Gang nach Emmaus, Holzschnitt. Blatt 3 aus „Neun Holzschnitte", 1918. Sprengel Museum Hannover. Foto: Michael Herling.*

[...] Hier wird der bürgerliche Weltgedanke endlich nicht mehr gedacht. [...] Durch alle diese Surrogate (ergänze: des bürgerlichen Denkens) greift die Hand des Künstlers grausam hindurch. Es zeigt sich, dass sie Fassaden waren. Aus Kulisse und Joch überlieferten, verfälschten Gefühls tritt nichts als der Mensch [...], der einfache, schlichte Mensch." (Kasimir Edschmid: „Expressionismus in der Dichtung", 1917)

Edschmid grenzt hier nicht nur anfangs den Expressionismus gegen Impressionismus und Naturalismus ab, er betont auch im Sinne der Avantgarde die Radikalität des künstlerischen Schaffens, das keine bürgerlichen Konventionen und keine Weltanschauung voraussetzt, sondern sie als Fassaden entlarvt und durchbricht. Was damit als neue Wirklichkeit und Erfahrung freigesetzt werden soll, entspricht allerdings traditionellen Ideen: im Schaffensprozess selbst ist es das ursprüngliche, spontane und schöpferische „Gefühl" des Künstlers; damit soll zugleich – für die Menschheit überhaupt – der Mensch in seinem ursprünglichen Wesen wiedererstehen. Das ist im Grunde der idealistische Gedanke, dass Kunst Humanität ermöglicht, indem sie das Wesen der „Welt" und der Existenz freilegt oder neu darstellt.

In den Werken der Expressionisten erkennt man immer wieder die Auseinandersetzung mit diesem Gegensatz zwischen der grundlegenden Erfahrungskrise, die alles in Frage stellt (Ball), und dem Enthusiasmus für den neuen Menschen (Edschmid). Seit dem Weltkrieg verband diese Auseinandersetzung sich verstärkt mit dem Problem der konkreten Verantwortung des Schriftstellers in Gesellschaft und Politik. Die ästhetische Auseinandersetzung mit der literarischen Tradition schuf radikal neue Ausdrucksmöglichkeiten, jedoch noch vorwiegend im Rahmen der alten Gattungsgrenzen, obwohl man gelegentlich die Aufhebung der Gattungen im „Gesamtkunstwerk“ (Ball) forderte.

Der Aufbruch der expressionistischen Generation zeigte sich zuerst in der Lyrik, ihre Auseinandersetzung mit der Gesellschaft am entschiedensten im Drama, und zwar vor allem seit dem Weltkrieg. Die Auseinandersetzung mit der Erfahrungskrise spiegelte sich in allen Gattungen, auf besondere und über den Expressionismus hinausreichende Weise in erzählender und gedanklicher Prosa.

3 Expressionistische Lyrik: Ich und Welt

Vorläufer:
Theodor Däubler: Das Nordlicht (Versepos, 1898–1910)
Richard Dehmel: Zwei Menschen (1903)
Alfred Mombert:
Der Glühende (1896)
Äon (1907–1911)
Friedrich Nietzsche: Dionysos-Dithyramben (1888)
Ernst Stadler: Präludien (1905)
Der Aufbruch (1914)

Bis zum Weltkrieg:
Gottfried Benn: Morgue (1912)
Söhne (1913)
Gesammelte Gedichte (1927)
Georg Heym: Der ewige Tag (1911)
Umbra vitae (postum 1912)
Jakob van Hoddis:
Weltende (1911)
Else Lasker-Schüler:
Styx (1902)
Meine Wunder (1911)
Hebräische Balladen (1913)
Die gesammelten Gedichte (1917)
Alfred Lichtenstein: Sonderheft der „Aktion" (1913)
August Stramm: Rudimentär (1914)
Du (1915)
Georg Trakl:
Gedichte (1913)
Sebastian im Traum (postum 1915)
Der Herbst des Einsamen (postum 1920)
Gesang der Abgeschiedenen (postum 1933)
Franz Werfel:
Der Weltfreund (1911)
Wir sind (1913)
Einander (1915)
Alfred Wolfenstein:
Die gottlosen Jahre (1914)
Die Freundschaft (1917)

Im Weltkrieg:
Johannes R. Becher: An Europa (1916)
Verbrüderung (1916)
Päan gegen die Zeit (1918)
Albert Ehrenstein: Die weiße Zeit (1914)
Der Mensch schreit (1916)
Die rote Zeit (1917)
Yvan Goll: Der Panamakanal (1912/18)
Requiem pour les morts de l'Europe (1916, dt. 1917)
Der Torso (1918)
Walter Hasenclever: Der Jüngling (1913)
Tod und Auferstehung (1917)

Reihen und Anthologien:
Lyrische Flugblätter. Hrsg. von A. R. Meyer (1907–1913)
Kameraden der Menschheit, Dichtungen zur Weltrevolution. Hrsg. von Ludwig Rubiner (1919)
Menschheitsdämmerung, Symphonie jüngster Dichtung. Hrsg. von Kurt Pinthus (1920)

3.1 „Menschheitsdämmerung": Untergang oder neue Menschheit?

In ein und demselben Jahr – 1911 – erschienen Franz Werfels Gedichtsammlung „Der Weltfreund" und das Gedicht „Weltende" von Jakob van Hoddis – ein charakteristischer Widerspruch! Der Welt-Enthusiasmus Werfels war in der Lyrik Nietzsches und einiger idealistischer Vorläufer des Expressionismus vorgeprägt, von denen Theodor Däubler und Ernst Stadler sich später ausdrücklich zum Expressionismus bekannten; das Bild eines absurden Weltuntergangs, das van Hoddis zeichnete, war neu in der Lyrik. Der Gegensatz zwischen beiden spiegelt sich auch in der Doppeldeutigkeit des Titels, den Kurt Pinthus 1920 seiner auf den Expressionismus zurückblickenden Lyrik-Anthologie gab: *„Menschheitsdämmerung"*.

Die Sammlung enthält 275 Gedichte von 23 Dichtern aus den Jahren 1903 bis 1919. Pinthus gab ihr eine thematische Gliederung und nannte die Teile: „Sturz und Schrei", „Erweckung des Herzens", „Aufruf und Empörung", „Liebe den Menschen". In seinem Vorwort erklärt Pinthus diesen Aufbau als den Weg der Generation von „Zweifel und Verzweiflung" angesichts einer entleerten und zerfallenden Welt zum Protest gegen diese und zur „sehnsüchtigen Vorbereitung und Forderung neuer besserer Menschheit". Dem entspräche als Doppelsinn des Anthologie-Titels: Wie in der germanischen

Vorstellung eines Weltendes als Götterdämmerung droht die Menschheit unterzugehen, zugleich aber regen sich seelische Kräfte in der Hoffnung auf die Morgendämmerung einer neuen Menschheit. (Dementsprechend ließ Pinthus schon 1921 eine zweite Anthologie folgen mit dem Titel „Verkündigung. Anthologie junger Lyrik".) Schon bei der Veröffentlichung der dritten Auflage (1922) musste Pinthus jedoch feststellen, dass diese Hoffnung wirkungslos geblieben sei. Die Aufbruchsstimmung schien nicht nur aus einer Untergangsstimmung hervorgegangen zu sein, sondern vielmehr wieder in ihr zu versinken. Pinthus verteidigte die expressionistischen Dichter in der Neuauflage der Anthologie 1959 als „enttäuschte Humanisten".

Während der Aufbau der Anthologie den Durchbruch eines neuen Menschheitsglaubens und Lebensvertrauens aus den Krisen der Zeit darstellt, bietet sich dem Rückblick von heute die innere Entwicklung der expressionistischen Generation eher umgekehrt dar: Das Menschheitspathos ist der Krisenerfahrung und Desillusionierung erlegen.

3.1.1 Idealistische und realistische Menschheitsdichtung: Werfel, Goll

Etwa ein Fünftel der Gedichte lebt vom Pathos der Zuversicht; es sind Hymnen auf den Menschen, die Menschheit, das Volk, die Brüderlichkeit, Liebe und Freundschaft, die Kraft der Seele und das Glück des Lebens. Unbestrittener Wortführer dieser Verkünder war *Franz Werfel* (1890–1945), der schon in *„Der Weltfreund"* (1911) den Menschen zugerufen hatte: „So gehöre ich dir und allen!" Er besingt in seinen Gedichten den „guten Menschen", den „schönen, strahlenden Menschen", den Menschen als „das Maß der Dinge"; aber seine Hymnen dröhnen „ins Allgemeine" oder münden in Sentenzen, wie in einem seiner berühmtesten Gedichte, *„Lächeln, Atmen, Schreiten"*:

> [...] Schwinge dich hin, schwinde ins Schreiten mit!
> Schreiten entführt
> Alles ins Reine, ins Allgemeine.
> Schreiten ist mehr als Lauf und Gang,
> Der sternenden Sphäre Hinauf und Entlang,
> Mehr als des Raumes tanzender Überschwang.
> Im Schreiten der Menschen wird die Bahn der Freiheit geboren. [...]

Ein Beispiel für den Gegensatz zwischen abstraktem Menschheitspathos und gleichsam realistischer Darstellung des Menschen in seinem Handeln und Leiden gab *Yvan Goll* (1891–1950) mit seinem Gedichtzyklus *„Der Panamakanal"*. Seit 1906 vollendeten die USA das jahrzehntealte und skandalumwitterte Kanalprojekt, das viele als Verwirklichung einer Utopie des 19. im 20. Jahrhundert ansahen. In der Erstfassung von 1912 schildert Goll poetisch, wie die paradiesische Natur zerstört wird, wie sie sich mit Klima und Krankheit an den Arbeitern rächt und wie schließlich im Gigantenkampf Technik und Arbeit siegen.

Hier ist bereits zeitgenössische Lebensrealität gesehen, freilich sehr pathetisch, vor allem im Schlussgedicht *„Die Weihe"*, in dem die Kanaleröffnung als Versöhnung der Erde mit der Zivilisation und gleichzeitig als Verbrüderung der Menschen gefeiert wird:

> [...] Ach, die Augen aller trinken Brüderschaft
> Aus der Weltliebe unendlich tiefer Schale:
> Denn hier liegt verschwistert alle Erdenkraft,
> Hier im Kanale.

Diese Hymne aber widerrief Goll, als er 1918 – im Endjahr des Weltkrieges und zwei Jahre nach der Eröffnung des Panamakanals – eine neue Fassung veröffentlichte. Formal hat er die metrischen und gereimten Verse aufgegeben zu Gunsten einer rhythmischen, allerdings im Original in Zeilen gegliederten Prosa. Inhaltlich drängen die Bilder der Arbeiter die der Natur und Technik zurück. Die Idee der Verbrüderung wird am Ende nur noch als vergänglicher Augenblick des Glücks beschworen:

„Über den schwarzen Arbeitertrupps schlugen die Wellen der Freiheit zusammen. Einen Tag lang waren auch sie Menschheit. Aber am nächsten Tag schon drohte neue Not. Die Handelsschiffe mit schwerem Korn und Öl ließen ihre Armut am Ufer stehn. Am nächsten Tag war wieder Elend und Hass. Neue Chefs schrien zu neuer Arbeit an. Neue Sklaven verdammten ihr tiefes Schicksal. Am andern Tag rang die Menschheit mit der alten Erde wieder."

Der zeitlos mythische Kampf zwischen Mensch und Natur wird hier entschiedener – auch in der Diktion – im Zusammenhang mit der konkreten und sozialen Arbeitswelt gesehen.

3.1.2 Gesellschaft – Protest und Aufruf: Becher

In der Auseinandersetzung mit dem Zeitgeist benennen die Expressionisten dieselben konkreten Zeiterscheinungen wie schon zwanzig Jahre vor ihnen die Naturalisten: Großstadt und Technik, Proletariat und Kapital, Staat und Militarismus. Der Protest in Gedichten solidarisiert sich mit dem Arbeiter gegen die Unternehmer, jedoch fast nie mit bestimmten politischen Parteien; die Sozialkritik erfasst die Probleme der Arbeiter weniger politisch als existenziell und irrational. Man beschwört und verkündet eine Revolution, aber fast immer nur als Aufbruchsvision oder Utopie. Stilistisch tendieren die Protestgedichte zu einer Mischung aus traditionellem poetischen Pathos und aktualisierendem Agitationspathos (z. B. in dem Gedicht „Arbeiter!" von *Karl Otten* [1889–1963]).

Selbst dem politischen Lyriker des Expressionismus geht es auch in der Politik um ein neues Lebensgefühl und seinen Ausdruck. Ein politisch besonders engagierter Expressionist, *Johannes R. Becher* (1891–1958), experimentierte deshalb mit der Sprache, um ihr neue, energische Wirkungen abzuringen:

An die Zwanzigjährigen

Zwanzigjährige! [...] Die Falte eueres Mantels hält
Die Straße auf in Abendrot vergangen.
Kasernen und das Warenhaus. Und streift zuend den Krieg.
Wird aus Asylen bald den Windstoß fangen,

Der Residenzen um ins Feuer biegt!
Der Dichter grüßt euch Zwanzigjährige mit Bombenfäusten,
Der Panzerbrust, drin Lava gleich die neue Marseillaise wiegt.

Das Sprachexperiment besteht darin, dass gewohnte Sprechweisen verkürzt, gebrochen und neu gefügt werden. So sind Bruchstücke einer konventionellen Agitationsadresse zu erkennen – Anrede, Gruß an das Kollektiv, schlagwortartig gebrauchte Topoi des Milieus, Absage an den Krieg, revolutionäre Zerstörung der „Residenzen". Ebenso finden sich Reste einer traditionellen Metaphorik, z. B. das Vergehen „in Abendrot" sowie Feuersturm und Vulkan als Bilder für Revolution. Aber erst bei genauem Lesen kann man formal die Mantelfalte als Subjekt der Verse 3 bis 5 identifizieren; und das versteht man nur, wenn man sich ein Denkmal vorstellt, in dem allegorisch der Faltenwurf einer Figur Straße, Krieg und revolutionäres Feuer umfängt. Die Wirkung des Gedichts beruht nicht darauf, dass man es versteht, sondern – irrational – auf der Monumentalität der Bilder und der Rhetorik des Redegestus. Während der Stil des Gedichts Konventionen durchbricht, sind Strophik, Metrum und Endreim traditionell. Das Gedicht ist so ein Beispiel dafür, dass viele Expressionisten trotz der Modernisierung der Dichtersprache bestimmte traditionelle Vorstellungen vom Gedicht als Kunstwerk noch nicht in Frage stellten.

3.1.3 Wirklichkeitsverfremdung und Selbstentfremdung: Wolfenstein

Die Verkündigungs- und Protestgedichte der Expressionisten hat *Alfred Wolfenstein* (1888–1945) einmal als „Brüderlichkeit, diese Tagesphrase" und als „Scheinrevolution" kritisiert und stattdessen in der Dichtung „wirkliche Stimmen" gefordert, also den echten Ausdruck der Erfahrung. Was er sich darunter wohl vorstellte, zeigt sein Gedicht *„Städter"*:

Nah wie Löcher eines Siebes stehn
Fenster beieinander, drängend fassen
Häuser sich so dicht an, dass die Straßen
Grau geschwollen wie Gewürgte stehn.

Ineinander dicht hineingehakt
Sitzen in den Trams die zwei Fassaden
Leute, wo die Blicke eng ausladen
Und Begierde ineinander ragt.

Unsre Wände sind so dünn wie Haut,
Dass ein jeder teilnimmt, wenn ich weine,
Flüstern dringt hinüber wie Gegröle:

Und wie stumm in abgeschlossner Höhle
Unberührt und ungeschaut
Steht doch jeder fern und fühlt: alleine.

Formal wirkt das Gedicht eher konservativ: Die Gattung des Sonetts wird verwendet, der Satzbau ist normal, Vergleich, Personifikation und Bild sind alte poetische Mittel. Auch der Inhalt besteht in gewohnter Weise aus Feststellungen äußerer Wirklichkeitswahrnehmungen und innerer Gefühle. Aber die Teile der Wirklichkeit reihen sich aneinander, ohne einen logischen, zeitlichen oder räumlichen Zusammenhang erkennen zu lassen. Die Bilder und Vergleiche verschieben die gewohnte Metaphorik; Dinge wirken wie Wesen (1. Strophe), die Menschen aber, nur noch kollektiv und unpersönlich wahrgenommen, wirken verdinglicht (2. Strophe). Wie die äußere, so ist die innere Erfahrung widersprüchlich geworden: Die Enge der Behausung wirkt zugleich transparent und undurchdringlich, der Mensch erlebt sich zugleich in seiner Einsamkeit isoliert und in der Vermassung preisgegeben (3. und 4. Strophe). Das ist die „wirkliche Stimme" einer Erfahrung, in der die äußere Wirklichkeit verfremdet und der Mensch sich selbst entfremdet wird.

3.1.4 Deformation, Groteske und Absurdität des Lebens: Lichtenstein, van Hoddis

Wolfensteins „Städter" lassen trotz der Verfremdung im Ausdruck noch Milieu, Situationen und Empfindungen deutlich erkennen. Andere Expressionisten gehen noch weiter, lösen jeden Sinnzusammenhang auf und verzerren die isolierten Wahrnehmungen ins Hässliche, Anormale oder Komische. Der Titel des Gedichts *„Die Dämmerung"* von *Alfred Lichtenstein* (1889–1914) lässt eigentlich ein Stimmungsbild erwarten, und so kann man die erste Strophe auch noch verstehen, etwa als Gang durch die Stadt am frühen Morgen. Dann aber folgt eine Serie unverbundener Einzelbilder, die immer unsinniger werden:

Ein dicker Junge spielt mit einem Teich.
Der Wind hat sich in einem Baum gefangen.
Der Himmel sieht verbummelt aus und bleich,
Als wäre ihm die Schminke ausgegangen.

Auf lange Krücken schief herab gebückt
Und schwatzend kriechend auf dem Feld zwei Lahme.
Ein blonder Dichter wird vielleicht verrückt.
Ein Pferdchen stolpert über eine Dame.

An einem Fenster klebt ein fetter Mann.
Ein Jüngling will ein weiches Weib besuchen.
Ein grauer Clown zieht sich die Stiefel an.
Ein Kinderwagen schreit und Hunde fluchen.

Man kann hier Satz für Satz beobachten, wie vorstellbare Wahrnehmungen durch die Formulierung ins Lächerliche, Verächtliche, Triste oder Ekelhafte verfremdet werden. Ihre Aufreihung ohne Zusammenhang, das Fehlen eines Ichs oder einer Perspektive und erst recht einer Pointe lässt sie sinnlos erscheinen – „vielleicht verrückt". Einheit gibt den Momentaufnahmen nur die durchgängige Verfremdung. Ähnliche Vorstellungen finden wir in expressionistischen Bildern, z. B. von Beckmann, Ensor, Grosz, Nolde (Figurenbilder) oder auch in den Abstraktionen von Picasso und Sutherland.
Auch das Gedicht *„Weltende"* von *Jakob van Hoddis* (1887–1942), mit dem die Anthologie „Menschheitsdämmerung" beginnt, gehört zu dieser Kunst der Deformation, allerdings mit dem Leitgedanken, dass die einzelnen Deformationen wie Vorzeichen einer Katastrophe wirken, des „Weltendes", demgegenüber der Mensch nur noch als lächerliche Banalität erscheint.

3.1.5 Tod, Lust, Ich-Begriff: Benn

Dass es sich bei der Deformation um wirklich Erlebtes handeln kann, legen die frühen Gedichte des Arztes *Gottfried Benn* (1886–1956) nahe, schon in seiner Sammlung *„Morgue"* (1912). Als junger Arzt sah Benn den Menschen ohne Illusion: „Die Krone der Schöpfung, das Schwein, der Mensch – ..." („Der Arzt", 1917). Die Verdinglichung des Menschen zum Körper, der – wie Benn spät noch dichtete – „das Gen des Todes und das Gen der Lust" in sich trägt („Kann keine Trauer sein", 1956), der dazu noch in der Krankheit denaturiert und in der Anatomie zerlegt wird, treibt die Desillusionierung bis zum Ekel – davon ist hier zum ersten Mal in Gedichten die Rede! (Vergl. besonders „Kleine Aster", 1912.) Benn hat selbst geäußert, dass er die Diskrepanz zwischen seinem Beruf als Arzt und als Dichter krass erlebte und darunter litt.
Er empfand dieses Leiden als Entfremdung zwischen Ich und Wirklichkeit und sah darin eine Folge der Intellektualität des modernen Menschen; seine „Gehirnlichkeit" hat ihn der ursprünglichen Lebendigkeit und Einheit mit der Wirklichkeit beraubt:

„[...] Ich bin gehirnlich heimgekehrt/aus Höhlen, Himmel, Dreck und Vieh.
[...] Es ringt kein Tod, es stinkt kein Staub/ ich, Ich-Begriff, zur Welt zurück.“
(„Synthese“, 1917)

Die Seele aber leidet unter dem Weltverlust, das Lebensgefühl kann sich im „Ich-Begriff“ nur negativ aussprechen, als Gefühl des Verlorenen und rückwärts gewandte Sehnsucht nach der ursprünglichen Einheit des Ichs mit der Natur:

„Gesänge 1“ (1913)

O dass wir unsere Ururahnen wären.
Ein Klümpchen Schleim in einem warmen Moor.
Leben und Tod, Befruchten und Gebären
Glitte aus unseren stummen Säften hervor.

Ein Algenblatt oder ein Dünenhügel,
Vom Wind Geformtes und nach unten schwer.
Schon ein Libellenkopf, ein Mövenflügel
wäre zu weit und litte schon zu sehr.

Benn widerspricht dem modernen Evolutions- und Fortschrittsoptimismus und blickt sehnsüchtig nach der verlorenen Lebendigkeit zurück. Mit ihr ist die Selbstverständlichkeit der Gefühle, ja des Glaubens, verloren; poetisch sagbar ist nur noch das Heimweh nach dem Verlorenen:

Wir sind so schmerzliche durchseuchte Götter
und dennoch denken wir des Gottes oft. („Gesänge 2“)

Der Gegensatz zwischen moderner Intellektualität und Sehnsucht nach der verlorenen Einheit mit dem Leben drückt sich in vielen Gedichten Benns im Nebeneinander zweier Sprachebenen aus. Der Klang der – oft traditionellen – Verse und die Bilder des Lebens sind dann, anders als in den „Morgue“-Gedichten, eigentlich „schön“; aber die Bilder sind eingebettet, und zwar oft als bloße Stichwörter, in den Redegestus des Denkens und Reflektierens. Neben Pathos, Aufruf, Aufschrei, deformierender Beschreibung und dem traumhaften Gefühlsbekenntnis zeichnet sich hier eine weitere Eigenart des dichterischen Sprechens in der Moderne ab: die Brechung und Verschränkung des Bildes mit dem Gedanken, des Ästhetischen mit der Reflexion.

3.1.6 Poesie als Eigenwelt des reinen Gefühls: Lasker-Schüler

Nur wenige mit dem Expressionismus verbundene Dichter haben sich der ungebrochenen Gefühlsaussprache und nicht verfremdeten Fantasie überlassen. *Else Lasker-Schüler* (1869–1945) tat dies nicht nur in ihren Gedichten, sondern auch im Leben. Als Jüdin aus reichem Hause wagte sie es, ein bohemehaftes Leben nach ihrer Fantasie zu führen:

„Ich bin in Theben (Ägypten) geboren, wenn ich auch in Elberfeld zur Welt kam im Rheinland. Ich ging bis 11 Jahre zur Schule, wurde Robinson, lebte fünf Jahre im Morgenlande, und seitdem vegetiere ich." (Lebenslauf für die Anthologie „Menschheitsdämmerung", hrsg. v. Kurt Pinthus, 1920)

1933 aber musste sie in die Schweiz emigrieren, wo ihr die Berufsangabe: Dichterin auf den amtlichen Dokumenten ihrer Aufenthaltsgenehmigung untersagt wurde; sie irrte dann zwischen Jerusalem, Ägypten und Zürich hin und her und starb 1945 in Jerusalem. Von ihren vielen Freunden, die sie wie sich selbst in Sagen- und Märchenfiguren umdeutete (darunter Theodor Däubler, Franz Marc, Georg Trakl, Franz Werfel, Herwarth Walden), hat Gottfried Benn, der so ganz anders war, sie am schönsten beschrieben:

„Es war 1912, als ich sie kennenlernte. […] Frau Lasker-Schüler wohnte damals in Halensee in einem möblierten Zimmer, und seitdem, bis zu ihrem Tode, hat sie nie mehr eine eigene Wohnung gehabt, immer nur enge Kammern, vollgestopft mit Spielzeug, Puppen, Tieren, lauter Krimskrams. Sie war klein, damals knabenhaft schlank, hatte pechschwarze Haare, kurz geschnitten, was zu der Zeit noch selten war, große rabenschwarze bewegliche Augen mit einem ausweichenden unerklärlichen Blick. Man konnte weder damals noch später mit ihr über die Straße gehen, ohne dass alle Welt stillstand und ihr nachsah: extravagante weite Röcke oder Hosen, unmögliche Obergewänder, Hals und Arme behängt mit auffallendem, unechtem Schmuck, Ketten, Ohrringen, Talmiringen an den Fingern […]. Sie schlief oft auf Bänken, und sie war immer arm in allen Lebenslagen und zu allen Zeiten. Das war der Prinz von Theben, Jussuf, Tino von Bagdad, der schwarze Schwan. Und dies war die größte Lyrikerin, die Deutschland je hatte."(„Rede auf Else Lasker-Schüler", 1952)

Um zu „leben" und nicht nur zu „vegetieren", um noch aufrichtig als Ich sprechen und ein Du anreden zu können, dichtete Else Lasker-Schüler sich eine Fantasiewelt, die freilich von ihrer realen Umwelt weit entfernt war, wie in dem Gedicht *„Ein alter Tibetteppich"*:

Deine Seele, die die meine liebet,
ist verwirkt mit ihr im Teppichtibet.

Strahl in Strahl, verliebte Farben,
Sterne, die sich himmellang umwarben.

Unsre Füße ruhen auf der Kostbarkeit
Maschentausendabertausendweit.

Süßer Lamasohn auf Moschuspflanzenthron,
Wie lange küsst dein Mund den meinen wohl
Und Wang die Wange bunt geknüpfte Zeiten schon?

Unmittelbare Wirklichkeit ist hier nur noch das Gefühl, das sich aus dem Gegenüber des Teppichbildes in der Imagination Sprachbilder heranzieht, wo es sie nur findet: im Kunstgebilde des Teppichs selbst, in der Natur, in der Vorstellung exotischer und sagenhafter Kulturen, aber auch in eigenwilligen Wortprägungen. Das Geflecht dieser Bilder beruht nicht auf Gedanken, sondern auf der assoziativen Wiederholung und Variation des Gewebe-Motivs, mit dem das Gefühl, die Liebe, sich eine imaginäre Welt gestaltet, in der die Liebe zum fernen wunderbaren Land – „Teppichtibet“ –, zum ineinander verschlungenen Sternenhimmel, zum endlosen Schmuck des Bodens unter den Füßen und zur Entgrenzung der Zeit in „buntgeknüpfte Zeiten“ wird. Die Dichterin, deren erster Gedichtband schon 1902 erschien, nimmt eine Sonderstellung im Umkreis des Expressionismus ein. Die Sprache und Bilder ihrer Lyrik haben nicht das Gewaltsame vieler Expressionisten an sich; die äußere Realität wird nicht als deformierte aufgezeigt, sondern ist gegen eine innere Welt eingetauscht, die den traumhaften Bildwelten einiger Symbolisten sowie Georg Heyms und Georg Trakls nicht fern steht. Mehr als viele Zeitgenossen hat sie auch den ganz unpathetischen Gefühlsausdruck in schlichten Alltagsworten, zwanglosen freien Rhythmen ohne Reim und sparsamer Bildlichkeit gefunden: „Seit du nicht da bist,/ist die Stadt dunkel […]“ („Ein Lied der Liebe“). Mit den Expressionisten verband sie nicht nur Freundschaft, sondern auch die Sehnsucht nach der Vereinigung des Ichs mit Du, Welt und All, der doch die Erfahrungen der Einsamkeit, Entfremdung und Abgründigkeit schon vorgegeben sind: „[…] Alles ist tot,/nur du und ich nicht“ („Dr. Benn“).

3.1.7 Der Krieg als Weltende: Stramm

Unter den ersten 82 Gedichten der Anthologie „Menschheitsdämmerung“ mit den Themen Weltende, Verfall, Großstadt, Verzweiflung, Tod usw. stehen zwölf Kriegsgedichte, fast alle aus dem ersten Weltkriegsjahr 1914/15, und nur eines davon – „Der Aufbruch“ von Ernst Stadler – spricht die Hoffnung aus, dass das Kriegserlebnis eine innere Erneuerung bringen werde. In allen anderen erscheint der Krieg als die exemplarische Katastrophe, in der das geahnte „Weltende“ als totale Verfremdung und Auflösung der Ich- und Welterfahrung erlebt wurde. Dieses Erlebnis notierte in seinen Briefen auch *August Stramm* (1874–1915), bevor er im Krieg fiel, und stellte dabei u. a. fest:

„[…] Unaufhörlich bullert der Tod in wahnwitzigsten und lächerlichsten Gestalten. *Alles Pathos verschwindet.* […]“

Damit war für ihn bestätigt, was er schon vorher empfunden hatte, dass nämlich die traditionellen Formen und Sprechweisen der Poesie für seine Erfahrung der Wirklichkeit als Ausdruck überhaupt ungeeignet waren. Infolge dessen löste er Strophe und Vers, Satzbau und Semantik aus ihrer Regelmäßigkeit, der Unterschied zwischen objektiver Wahrnehmung und subjektiver Empfindung, zwischen Gedanke und Bild verschwindet:

„Sturmangriff"

Aus allen Winkeln gellen Fürchte Wollen
Kreisch
Peitscht
Das Leben
Vor
Sich
Her
Den keuchen Tod
Die Himmel fetzen
Blinde schlächtert wildum das Entsetzen.

Von allen Lyrikern bis zum Weltkrieg geht Stramm mit der Deformation am weitesten, nämlich bis in das Sprachmaterial selbst. Die Kernzelle der dichterischen Sprache war ihm das einzelne Wort, sein Klang und seine Bedeutung; genauer: der Wortstamm (Kreisch). Wortart und grammatische Formen sind variabel: Ein Verb kann Substantiv (Fürchte) oder Adjektiv werden (den keuchen Tod), ein Substantiv Verb (schlächtert), neue Wörter entstehen aus den uns bekannten (wildum). Allerdings löst Stramm, im Unterschied zu den Dadaisten und späteren Sprachexperimentierern, die Grundmuster der normalen Sprache nicht ganz auf. Man versteht, was er ausdrücken will, empfindet vielleicht, welche intensiven Empfindungen er in den einzelnen Ausdrücken zusammenballt, und ist gleichzeitig irritiert durch die sprachlichen Deformationen – damit kann man die vom Dichter erlebte Deformation der Wirklichkeit, der Erfahrung und des Menschen nachvollziehen. Das entspricht formal den Prognosen des Futurismus (vgl. S. 91 ff.), inhaltlich gibt es die totale Erfahrungskrise wieder.

3.2 Exkurs: Dunkle Poesie und poetische Chiffre

Bild und Metapher sind alte Kunstmittel der Poesie. Die neuhochdeutsche Lyrik kennt seit der Barockepoche die „kühne Metapher"; das ist ein ungewöhnliches, manchmal paradoxes Sprachbild, mit dem Natürliches künstlich verfremdet wird, sei es ins Kunst-Schöne, ins Mystisch-Religiöse, sei es auch ins Hässliche der Satire oder als Zeichen der Vergänglichkeit. Aufklärung und Klassik vermieden die oft vernunftwidrige Semantik der „kühnen Metapher", aber die Romantiker entdeckten sie wieder als Ausdruck des Irrationalen oder der Transzendenz des Lebens und des Todes. „Dunkles" Sprechen in der Dichtung wurde Ausdruck seelischer Tiefe im Widerspruch zu einer Welt, in der Vernunft unsinnig gebraucht wird. So waren für den Romantiker *Novalis* (1772–1801) „Märchen und Gedichte“ die „wahren Weltgeschichten“; vor dem „geheimen Wort“ der Poesie sollte „das ganze verkehrte Wesen“ einer bis zur Sinnleere rationalisierten Welt weichen. Denn Wahrheit war diesen Romantikern nicht das Wissen der Ratio, sondern das, was die Seele als Sinn erfasst und was die „wunderbaren Sprachen“ (Wackenroder) des Gefühls, des Glaubens und der Künste aussprechen, als erlebte Wahrheit, in der Welt und Ich sich gegenseitig erschließen und vereinigen. Baudelaire und die französischen Symbolisten haben Traditionen der Romantik an die Moderne weitergegeben; was sie nicht weitergeben konnten, war das Vertrauen der Romantiker in einen Sinn der Welt und in das „heimliche“ Einverständnis der Seele mit der Welt. Je mehr die Vernunft die Welt erklärte und gestaltete, umso unverständlicher schien sie dem Gefühl zu werden. Inzwischen ist auch der Glaube an eine universale Poesie, in der sich alle verstehen, verloren gegangen. Wirklichkeit wird als etwas Unverständliches erlebt, das normale Sprechen darüber als sinnleer empfunden (Hofmannsthal). Kommunikation mit anderen erscheint fast unmöglich; das Ich kann nur noch versuchen, sich selbst auszusprechen und so vielleicht eine neue Wirklichkeit in Sprache zu entwerfen. Dazu schafft es sich eine eigene Sprache, die sich „hermetisch“ gegen die Gebrauchssprachen abschließt. Deshalb soll Dichtung „die entscheidenden Dinge in die Sprache des Unverständlichen erheben“ (Benn); das „geheime Wort“ wird zur „Chiffre“, zum Zeichen, das einen Text verschlüsselt (vgl. S. 73 f.).

Der Unterschied zwischen modernen poetischen Chiffren und traditionellen Metaphern, Symbolen oder Allegorien besteht darin, dass der Sinn der Chiffren nicht nach einem konventionellen Schlüssel zu verstehen ist; weder die Gewohnheiten der Sprache und Literatur noch die gewohnten Wirklichkeitsvorstellungen reichen dazu aus. An derart chiffrierte moderne Dichtungen darf der Leser nicht gewohnte Bedeutungen herantragen. Vielmehr muss er die inneren Bedeutungsbeziehungen der Texte erst aufspüren, indem er die „Selbstsprache“ (Novalis) des Textes lernt und damit erst seine besondere Bedeutung versteht. Das chiffrierte Gedicht erschließt sich nur aus sich selbst, die Chiffrensprache eines Dichters aus seinem Werk, und die Chiffren einer Epoche müsste man aus vielen Dokumenten verstehen lernen – sofern nach modernem Bewusstsein eine Epoche überhaupt noch gemeinsame Chiffren haben kann.

3.3 Georg Heym und Georg Trakl: Chiffren von Leben und Tod

Die beiden bekanntesten Lyriker der expressionistischen Periode, Georg Heym (1887–1912) und Georg Trakl (1887–1914), waren eigentlich Einzelgänger, wurden aber von den Expressionisten als ihresgleichen hoch geschätzt. Sie folgten jedoch weniger als andere Autoren expressionistischen Moden, sondern schufen sich, anknüpfend an literarische Traditionen, eine ganz eigene Bild- und Sprachwelt.

Lebenslinien. Auf den ersten Blick erscheinen ihre Persönlichkeiten und Lebensläufe gegensätzlich. Der Schlesier *Heym* war fasziniert von der Metropole Berlin, studierte an mehreren Universitäten Jura, mit Referendariat und Promotion, gewann Anschluss an die Literaten des „Neuen Clubs" in Berlin und starb 1912 durch einen Unfall beim Eislaufen. Nach eigenen Äußerungen liebte er das Leben und empfand Widerwillen gegen die „banale Zeit", in der er lebte; das Hässliche und Makabre fesselte ihn wegen seiner unbürgerlichen Ausdruckskraft.

Der Salzburger *Trakl* dagegen litt schon als Jugendlicher unter Schuldgefühlen, wurde rauschgiftsüchtig, studierte zwar Pharmazie und wurde Apotheker, hielt es aber an keiner Arbeitsstelle aus, wurde mit dem Leben nicht fertig und brach als Sanitäter unter dem Grauen der Schlachten des Ersten Weltkrieges in Galizien zusammen – sein Tod war erwartet, wenn nicht sogar gewollt.

Dennoch verbindet beide nicht nur ihre Gleichaltrigkeit. Ihr früher Tod trat jeweils ein, als sie erst wenige Gedichte veröffentlicht hatten; trotzdem wurden sie mit postumen Veröffentlichungen bald bekannt. Beide stammten aus wohlhabenden und gebildeten Bürgerfamilien, entfremdeten sich ihnen aber früh. Beide waren physisch kräftige Naturen, die ihre Vitalität verschwendeten. Der eine, Heym, schätzte ein exzentrisches Leben und den Alkohol, der andere, Trakl, verfiel der Droge. Trakl hielt es bei keiner Arbeit aus. Heym wechselte rasch die Wohn- und Studienorte und träumte von weiten Reisen. Beide versuchten, sich in das bürgerliche Leben zu finden, waren aber dazu innerlich unwillig (Heym) oder unfähig (Trakl). Und beide schöpften aus der Inkongruenz ihres inneren mit dem normalen Leben viele Bilder ihrer Dichtungen.

3.3.1 Georg Heym: Landschaften und Figuren des verlorenen Wesens

Georg Heym hat 1911 in einem Tagebucheintrag von sich selbst bekannt, was auf viele junge Dichter seiner Generation zutraf:

„Mein Gott – ich ersticke noch mit meinem brach liegenden Enthousiasmus in dieser banalen Zeit! Denn ich bedarf gewaltiger äußerer Emotionen, um glücklich zu sein. [... ich bin] krank genug, um mir selber nie genug zu sein, ich wäre mit einem Male gesund, ein Gott, erlöst, wenn ich irgendwo eine Sturmglocke hörte, wenn ich die Menschen herumrennen sähe mit angstzerfetzten Gesichtern, wenn das Volk auferstanden wäre und eine Straße hell wäre von Pieken, Säbeln, begeisterten Gesichtern und aufgerissenen ‚Hemden'."

Das Gefühl einer Krankheit, die aus der „banalen Zeit“ herrührt und die Sehnsucht nach einer alle Menschen begeisternden und erschütternden Revolution sind elementare Motive des Expressionismus. Heym ist jedoch kein politischer Revolutionär geworden, obwohl er in einigen Gedichten und der Erzählung „Der 5. Oktober“ der Französischen Revolution eindrucksvolle poetische Bilder gab. Nicht einmal seine Lyrik ist in jeder Hinsicht „revolutionär“; in der Gedichtform z. B. ist sie eher traditionell, formstreng und formenarm. Auch die Themen der Gedichte wirken zunächst vertraut: Es sind viele Natur- und Landschafts-, auch Großstadtgedichte, ferner Gedichte über menschliche oder allegorische Figuren. Darin scheint Heym Symbolisten wie George, Hofmannsthal oder Rilke nahe zu stehen (vgl. S. 62 ff.). Das Besondere und Neuartige sind diese Bilder selbst und ihr inneres Gefüge. Ihres Abstandes von den Symbolisten, den „Leuten des Innern“ war Heym sich aber bewusst, wie wiederum die seine Tagebuchnotiz zeigt:

„Alle diese [...] Leute des Innern können sich in diese Zeit eingewöhnen, [...] ich aber, der Mann der Dinge, ich ein zerrissenes Meer, ich immer Sturm, ich der Spiegel des Außen, ebenso wild und chaotisch wie die Welt [...].“

Vor allem in den Gedichten der einzigen zu Lebzeiten Heyms publizierten Sammlung, *„Der ewige Tag“* (1911), erscheint Heym als „Mann der Dinge“ und „Spiegel des Außen“:

Beteerte Fässer rollen von den Schwellen
Der dunklen Speicher auf die hohen Kähne.
Die Schlepper zogen an. Des Rauches Mähne
Hing rußig nieder auf die öligen Wellen [...] („Berlin I“)

Die Wahrnehmungen werden Satz für Satz beschrieben und drängen sich dem Leser farbig, griffig und räumlich auf. In ihrem parataktischen Nebeneinander lassen die Gegenstände aber keine innere Beziehung erkennen. Oft enden die Gedichte mit einem Ausblick ins Weite, aber die Weite gibt den Dingen keine Transzendenz:

[...] Wir ließen los und trieben im Kanale
An Gärten langsam hin. In dem Idylle
Sahn wir der Riesenschlote Nachtfanale. („Berlin I“)

Das die Idylle verfremdende Zeichen der Industrie und zugleich der Nacht wirkt eher wie eine konkrete Bedrohung, nicht wie ein Ausblick. Die Beziehungslosigkeit der Bilder wird dadurch verstärkt, dass die Menschen, die gezeigt werden, keine Individuen sind, sondern Typen oder gar die „Menge“ und „uraltes Volk“. Und das Ich des lyrischen Sprechers erscheint in den Gedichten Heyms nur selten, und wenn, dann ganz unbestimmt. Die menschlichen Figuren nun sind sehr oft Verkörperung einer schwachen, reduzierten oder gar deformierten Existenz: Kinder, Alte, Krüppel, Gefangene, Blinde z. B., immer wieder Tote. Sie werden anschaulich gezeichnet, aber nicht gedeutet; ein Lebenssinn oder eine Transzendenz ist ihnen unzugänglich. So wird z. B. in dem Gedicht *„Der Blinde"* der Himmel als ungeschaute Farbenwelt und Weite den „toten Augen", ja dem „Paar von weißen Knöpfen" gegenübergestellt, mit dem Schluss:

> [...] Der Himmel taucht in das erloschene Licht
> Und spiegelt in dem bleiernen Opal.

Prototypen des verlorenen Lebensbezuges sind die Toten, und so erscheinen z. B. in zwei Sonetten Louis Capet und Robespierre, der gestürzte König und der siegreiche Henker der Französischen Revolution, erst im Moment ihrer jeweiligen Hinrichtung; als Figurationen der Ohnmacht sind sie einander entsetzlich ähnlich geworden. Tote stellt Heym zwar nicht nur entstellt dar, sondern auch als mitten im Leben Ruhende oder Dahintreibende wie „Der Schläfer im Wald" oder mehrmals Ophelia. Aber gerade dieses Ineinander von Leben und Tod macht beide unverständlich, fremd; die so prall dargestellte Wirklichkeit hat kein inneres Leben.

Alle Lebensbilder sind im Grunde Lebensschatten. Und so kennzeichnet sie das postum veröffentlichte Gedicht *„Umbra vitae"*, welches in der Anthologie „Menschheitsdämmerung" (vgl. S. 104 ff.) an zweiter Stelle hinter „Weltende" von Jakob van Hoddis steht. In diesem Gedicht zeichnet sich ein zweiter Typ heymscher Gedichte ab: Die Wirklichkeit wird – grotesk oder pathetisch – zur verrätselten Allegorie verwandelt. In den mittleren Strophen des Gedichts werden die „Horden" der „Selbstmörder" geschildert, die nachts die Städte durchstreifen: „Die suchen vor sich ihr *verlorenes Wesen.*" Sie gleichen selbst schon den Toten und sind von einer Welt aus Töten und Sterben umgeben. Ein scheinbar auferstehender Toter verschwindet alsbald: „Auf einmal ist er fort, *wo ist sein Leben?*" Jedes positive Weltbild wird ausdrücklich in Frage gestellt. So beginnt „Umbra vitae" mit Bildern eines Himmels voller absurder „Himmelszeichen", nach denen groteske „Sternedeuter" und „Beschwörer", vergeblich forschend, ihre Fernrohre richten. Am Ende des Gedichts ist von Träumen die Rede – einer anderen Art, hinter das vordergründige Leben zu schauen. Aber auch die Träume sind wieder nur Lebensschatten, „die an stummen Türen schleifen". Ähnliche negative Chiffren-Allegorien oder, nach dem Titel einer Gedichtfolge gesagt, „schwarze Visionen" finden sich in den großen, noch deutlicher zeitkritisch wirkenden Gedichten „Der Gott der Stadt", „Die Dämonen der Städte", „Der Krieg" u. a. m. Sie alle erinnern an die Vanitas-Bilder der Barockdichter und an die Zwischenwelten von Traum und Tod einiger Romantiker. Expressionistisch

7 *Ernst Ludwig Kirchner (1880–1938): Holzschnitt zu „Umbra vitae", nachgelassene Gedichte von G. Heym, 1924. © (für Werke von E.L.Kirchner) by Ingeborg & Dr. Wolfgang Henze-Ketterer, Wichtrach/Bern. Foto: Bildarchiv Preußischer Kulturbesitz, Berlin.*

ist das deformierte, ja wahnhafte Wirklichkeitsbild entfremdeter Existenz. Es gibt allerdings noch einen dritten Heym, den des „Enthousiasmus", der Sehnsucht nach Glück und Erlösung. Zu ihm gehören Liebesgedichte, z. B. *„Deine Wimpern, die langen* [...]", und das Frühlingsgedicht *„Alle Landschaften haben/Sich mit Blau gefüllt* [...]". Sehnsucht und Resignation verschmelzen in den beiden Seefahrer-Elegien *„Mit den fahrenden Schiffen* [...]" und *„Die Seefahrer"*: Auch hier vergegenwärtigen sich die Weltreisenden im Rückblick die Vergeblichkeit der Suche nach einem „Du" oder den Untergang der Wirklichkeiten, aber weder apokalyptisch noch zynisch, sondern wehmütig und schön.
Nachträglich hat man Heym unterstellt, er habe in seinen „schwarzen Visionen" die Katastrophen des 20. Jahrhunderts prophetisch vorhergesagt. Der realgeschichtliche Bezug seiner Dichtungen besteht aber wohl nur im Widerwillen gegen die wilhelminisch-bürgerliche Situation vor dem Ersten Weltkrieg und im Verlangen nach revolutionärer Veränderung allgemein. Literaturgeschichtlich lässt Heyms Lyrik einen grundsätzlichen Traditionsbruch nicht erkennen, sondern lyrischer Traditionen die Entfaltung einer neuen Bilder- und Chiffrensprache als Ausdruck eines modernen Lebensgefühls.

3.3.2 Georg Trakl: Untergang und Versöhnung in Traum, Wahn und Mythen

„Alle Gedichte dieses Buches entquellen der Klage um die Menschheit, der Sehnsucht nach der Menschheit", schrieb Pinthus in seinem Vorwort zur „Menschheitsdämmerung" (vgl. S. 104). Das trifft ganz besonders auf Trakl zu. Und was Hugo Ball über die expressionistischen Dichter sagte: „Ihr Leben ist ein Kampf mit dem Irrsinn" ergab sich für Trakl aus seiner Biografie: aus Kindheitserlebnissen, dem Gefühl der Einsamkeit inmitten einer schönen Umwelt, aus einer qualvoll intimen Beziehung zur Schwester und aus der Flucht in die Droge. Während viele seiner Generation die existenzielle Entfremdung in einer entarteten Umwelt bemerkten, sah Trakl sie in seiner eigentlich schönen Umwelt als umso krasseren Widerspruch; denn immer wieder in Trakls Gedichten erwächst aus einem idyllischen Bild plötzlich oder unmerklich das Gefühl des Verfalls, des Schmerzes, des Grauens:

> [...] Bald nisten Sterne in des Müden Brauen;
> In kühle Stuben kehrt ein still Bescheiden
> Und Engel treten leise aus den blauen
> Augen der Liebenden, die sanfter leiden.
> Es rauscht das Rohr; anfällt ein knöchern Grauen,
> Wenn schwarz der Tau tropft von den kahlen Weiden.
> („Der Herbst des Einsamen")

Trakls Lyrik ist „dunkler", „hermetischer" als die Heyms und vieler Expressionisten, weil sie ohne Rücksicht auf Logik und Kausalität ganz persönliche Bilder und Lieblingswörter Trakls aneinander reiht oder miteinander verflicht. Trakl hat dies selbst als ein traumhaftes Sprechen gekennzeichnet, z. B., wenn er eine Gedichtfolge „Sebastian im Traum" nannte. Und er hat schon in einem frühen Gedicht die inneren Erfahrungen in Beziehung zum Wahnsinn gesetzt:

> [...] Stirne Gottes Farben träumt,
> Spürt des Wahnsinns sanfte Flügel.
> Schatten drehen sich am Hügel
> Von Verwesung schwarz umsäumt.
> („In den Nachmittag geflüstert")

In der traum- oder wahnhaften Entrückung dieser Verse, die ihr suggestiver Strom verstärkt, halten sich Schönes und Hässliches, Leben und Verfall, Grauen und Trost gegenseitig in einer eigenartigen Schwebe. Das erinnert an die Fortsetzung des Ausspruchs von Hugo Ball:

> „Ihr Leben ist ein Kampf mit dem Irrsinn [...], falls es ihnen nicht glückt, für einen Moment in ihrem Werk das Gleichgewicht, die Balance, die Notwendigkeit und Harmonie zu finden." (Vgl. S. 99 ff.)

Wie Heym lässt Trakl Einflüsse der Symbolisten und Impressionisten erkennen, vor allem in den frühen Gedichten. Mehr und mehr aber entwickelte er eine eigene und schwer verständliche Vorstellungswelt aus ganz persönlichen Chiffren, z. B. aus tatsächlichen und imaginären Kindheitserinnerungen in den freien Rhythmen der Gedichtfolge *„Sebastian im Traum"*. Persönlich begründet ist sicherlich die immer wieder beschworene Figur der „Schwester", die zugleich rein, tröstlich und unnahbar erscheint. Gerade diese Figur zeigt aber auch, dass Trakl biografische Elemente in rational nicht erklärbare Chiffren verwandelt:

> [...] Wieder nachtet die Stirne in mondenem Gestein;
> Ein strahlender Jüngling
> Erscheint die Schwester in Herbst und schwarzer Verwesung.
> („Ruh und Schweigen")

Das Gefüge dieser Bilderchiffren – wenn z. B. die strahlenden Gegen-Bilder zur schwarzen Verwesung, Jüngling und Schwester, in einer Figur zu verschmelzen scheinen – bildet so etwas wie einen nur diesem Dichter eigenen Mythos. Als Mythos ist dabei eine erzählte, geschilderte oder beschworene Vorstellungswelt zu verstehen, mit einem viele Lebenserscheinungen umfassenden Beziehungsgeflecht, welches diese Lebenserscheinungen als exis-

tenzielle Grunderfahrungen deutet. So verschieden die großen Mythen der Menschheit auch sind, solche Grunderfahrungen sind ihnen allen gemeinsam. Dementsprechend kann Trakl seine ganz persönlichen Chiffren – z. B. Schwester, Jüngling, Amsel, Verfall – mit denen mythischer Traditionen verflechten. Ähnlich wie Hölderlin und manchmal geradezu in hölderlinscher Diktion wirkt er biblische Zeichen, z. B. den himmlischen Bräutigam, Hirten, Dornstrauch und Engel (vgl. „De Profundis") und antike Zeichen, z. B. Ölbaum, Pan, Hain (vgl. „Sebastian im Traum") mit seinen persönlichen Zeichen ineinander. Von Hölderlin direkt übernommen scheint das Motiv „Brot und Wein". Und wie in Hölderlins Lyrik scheint das Grundthema Trakls zu sein, dem Leiden an einer Welt, die Unschuld und Glück einer kindlichen und idyllischen Existenz verloren hat, die Sehnsucht nach Erlösung in den Bildern des Schönen, Reinen oder Heiligen entgegenzuhalten. Modern bzw. expressionistisch sind bei Trakl dabei vor allem die Motive des Verfalls, der Verwesung, des Todes und die irrational chiffrierte Sprechweise.
Haben diese imaginären Mythen noch irgendetwas mit der historischen Erfahrung Trakls zu tun? In seinen späten Gedichten bemerken wir den Zusammenprall seiner persönlichen und poetischen Traumwelt mit der Erfahrung des Weltkriegs – die Traumwelt schien zu erliegen. Wahrscheinlich hat Trakl den Tod gesucht, weil er als Sanitäter die Leiden der Verletzten und Sterbenden nach der Schlacht bei Grodek in Galizien nicht ertragen konnte. „Verfall" und „Untergang", die er bisher als etwas eher Stilles in der Natur und seinen Träumen empfunden hatte, waren hier überwältigende äußere Realität geworden. In Trakls letzten Gedichten nun durchsetzt sich das Seelenbild mit den konkreten Wahrnehmungen des Tötens und Sterbens im Krieg. Und während etwa ein Kriegsgedicht aus dem Jahre 1913 das Kriegsgrauen noch mit den Bildern des Abendmahls und der Jünger Christi auffängt („Menschheit vor Feuerschlünden aufgestellt [...]"), wohnt im Gedicht *„Grodek"* über dem Schlachtfeld „ein zürnender Gott". In einem anderen dieser letzten Gedichte sind selbst einige Lieblingschiffren Trakls wie Silber, Baum, Mond und Tier dem Grauen des Krieges unterworfen:

Im Osten

Den wilden Orgeln des Wintersturms
Gleicht des Volkes finstrer Zorn,
Die purpurne Woge der Schlacht,
Entlaubter Sterne.

Mit zerbrochenen Brauen, silbernen Armen
Winkt sterbenden Soldaten die Nacht.
Im Schatten der herbstlichen Esche
Seufzen die Geister der Erschlagenen.

Dornige Wildnis umgürtet die Stadt.
Von blutenden Stufen jagt der Mond
Die erschrockenen Frauen.
Wilde Wölfe brachen durchs Tor.

4 DADA – Anti-Kunst und Un-Sinn

Zeitschriften und Sammelpublikationen:
Cabaret Voltaire (Zürich, 1916)
Dada (Zürich, 1917)
Der Dada (Berlin, 1919 f.)
Dada-Almanach. Hrsg. von Richard Huelsenbeck (Berlin, 1920)
MERZ. Hrsg. von Kurt Schwitters (1923–1932)

Einzelpublikationen:
Hans Arp: Gedichte (seit 1911)
Der Vogel selbdritt (1920)
Die Wolkenpumpe (1920)
Hugo Ball: Lautgedichte (1916)
Die Flucht aus der Zeit (Tagebuch, 1927)
Raoul Hausmann: fmsbwtözäu (Plakatgedicht, 1918)
Synthetisches Cino der Malerei (1918)
Hurra! Hurra! Hurra! (12 Satiren, 1920)
Richard Huelsenbeck: Schalaben, Schalomai, Schalamezomai (1916)
Phantastische Gebete (1918)
Dadaistisches Manifest (1918)
En avant Dada. Eine Geschichte des Dadaismus (1920)
Dada siegt (1920)
Kurt Schwitters: Anna Blume. Dichtungen (1919)
Die Blume Anna (1923)
Tristan Tzara: Vingtcinq poèms: La Première aventure céleste de Monsieur Antipyrine. In: Collection Dada. Hrsg. von Tristan Tzara (1916)
Sept manifestes dada (1924)

4.1 Der Nonkonformismus des „Cabaret Voltaire“ und seine Wirkungen

Während ringsum der Weltkrieg sich in den Schützengräben festkrallte, konnten in der neutralen Schweiz Avantgardisten die Kunstrevolution im Frieden fortsetzen: die Gruppe der Dadaisten. Im Februar 1916 trafen sich in Zürich einige Künstler und Literaten, darunter deutsche Emigranten, und gründeten das „Cabaret Voltaire“, dem dann 1917 eine Galerie hinzugefügt wurde. Zum Kern der Gruppe gehörten Hans Arp (1887–1966), Hugo Ball (1886–1927), Richard Huelsenbeck (1892–1974) und Tristan Tzara (1896–1963). Gemeinsam war ihnen ihr entschiedener Individualismus und ihr Überdruss an Europa und seinen Traditionen, ja sogar am Expressionismus, und ihr Bestreben, in der Kunst alles anders zu machen als bisher. Aus den anfänglichen Kabarett-Späßen ergab sich bald eine bewusste Anti-Kunst des Un-Sinns: „Die Kunst ist eine Anmaßung“ (Tzara). Was der zufällig gefundene Name „DADA“ bedeuten sollte, blieb unklar – wahrscheinlich eben nichts; aber er klingt, hat Rhythmus, erinnert an die Sprachen der Kinder, der Primitiven, auch der Geistesgestörten, und ist jeder Deutung offen. Die Dadaisten hatten durchaus Vorbilder – man denke an den Futurismus, die „Brettl“-Kleinkunst der Vorkriegszeit (z. B. Wedekind), Christian Morgensterns „Galgenlieder“, Alfred Jarrys „Ubu Roi“ (vgl. S. 91). Ihre historische Bedeutung bestand darin, dass sie aus dem Un-Sinn ein Prinzip machten und als Gruppe eine öffentliche und weit reichende Wirkung hatten.

Huelsenbeck ging 1917 nach Berlin und wirkte seit 1918 mit *George Grosz*, den Brüdern *Herzfeld, Raoul Hausmann, Walter Mehring* und anderen weiter im dortigen „Club Dada“. Der Nonkonformismus politisierte sich zum Kampf gegen den „Geist von Weimar“, womit gleichzeitig das Festhalten an der klassisch-idealistischen Tradition und die Republik gemeint war – eine folgenschwere Doppeldeutigkeit. Provokationen des Parlaments und der Reichswehr führten 1920 zu einem Prozess, in dessen Verlauf die Gruppe zu zerfallen begann. *Kurt Schwitters* (1887–1948), der sich ihr vergeblich anzuschließen versucht hatte, kritisierte die Politisierung und schuf seinen eigenen Dadaismus, den er MERZ nannte und mit Texten, Collagen und Konstruktionen in Hannover weiter betrieb, bis er 1933 nach Norwegen und England emigrierte.
Auch in Köln entstand, vermittelt durch *Hans Arp*, eine Gruppe, der der Maler *Max Ernst* angehörte. In Paris gründete *Tristan Tzara* 1919 eine neue Dada-Gruppe, u. a. mit *Louis Aragon, André Breton* und *Francis Picabia*, aus deren innerem Zerfall 1923/24 der „Surrealismus“ unter der Führung Bretons hervorging. Kontakte amerikanischer Avantgardisten mit den Parisern ließen seit 1920 sogar einen Dada-New York entstehen, mit *Man Ray, Marcel Duchamp* und *Francis Picabia.*
So schnell die Gruppen entstanden und zerfielen, ihre Ausstrahlung wirkte noch über den Zweiten Weltkrieg hinweg, in den USA etwa auf die Pop-Art, im deutschen Sprachraum auf die konkrete Poesie, die „Wiener Gruppe“ (*Hans Carl Artmann, Gerhard Rühm, Konrad Bayer*) oder *Ernst Jandl.* (Vgl. Bd. 6, Kap. 5.5 u. 5.6.)

4.2 Negation des Sinns

Die Dadaisten wandten sich gegen alle Bestehende, sogar gegen den Expressionismus, der ihnen zu „innerlich“ und zu „metaphysisch“ schien. Sie waren davon überzeugt, dass „der Bankrott der Ideen das Menschenbild bis in die innersten Schichten zerblättert hat“ (H. Ball), und leugneten jede Weltanschauung; anders als viele Expressionisten wollten sie weder den Zerfall beklagen noch neue Ideen verkünden. DADA will vielmehr den Normenzerfall als solchen kreativ nutzen und darstellen, was den Spaß am Unsinn und

am Schockieren nicht ausschließt. Dazu ist ihnen jedes Kunstmittel recht, wenn es nur neu ist, also gerade auch das, was nicht als Kunst gilt. Grundsätzlich gibt es für sie deshalb keine scharfe Grenze zwischen den Künsten; manche von ihnen, wie Arp und Schwitters, waren in verschiedenen Künsten produktiv. Die Verschmelzung von Textproduktion, Vortrag, Bild, Plakat, Show usw., Mischformen aus Kabarett, Dichterlesung, Ausstellung und Revue sind die eigentlich dadaistischen Produktionsformen. In den Gemeinschaftsproduktionen ist das Prinzip des individuellen Künstlers oft aufgegeben. Denn: „Dada ist die schöpferische Aktion in sich selbst" (Dada-Almanach).
So weit Dadaisten sich politisch engagierten, muss man ihre Tendenz als unbestimmt anarchistisch bezeichnen. Letztlich äußert sich im Dadaismus die Verweigerung von Sinn:

8 *Dada-Annonce, aus: „Der Dada" Nr. 2, Berlin 1919.*

Sinnlosigkeit ist dabei nicht pessimistisch verstanden; sie wird als Grundbefindlichkeit der Realität akzeptiert und als Freiheit von Konventionen und Präformationen genutzt:

„Das Leben erscheint als ein simultanes Gewirr von Geräuschen, Farben und geistigen Rhythmen, das in die dadaistische Kunst unbeirrt mit allen sensationellen Schreien und Fiebern seiner verwegensten Alltagspsyche und in seiner gesamten brutalen

Realität übernommen wird. [...] Der Dadaismus steht zum ersten Mal dem Leben nicht mehr ästhetisch gegenüber, indem er alle Schlagworte von Ethik, Kultur und Innerlichkeit, die nur Mäntel für schwache Muskeln sind, in seine Bestandteile zerfetzt. [...] Der Dadaismus führt zu unerhörten neuen Möglichkeiten und Ausdrucksformen aller Künste."
(Dadaistisches Manifest, 1919, redigiert von Richard Huelsenbeck, unterschrieben von den meisten Züricher und Berliner Dadaisten)

4.3 Dadaistische Poesie

4.3.1 Parodie und Groteske

Am Anfang dadaistischer Kabarettveranstaltungen standen vor allem Parodien und Grotesken. So schrieb *Richard Huelsenbeck* (1892–1974) u. a. balladenhafte Texte im Stil mancher Expressionisten, um sie plötzlich mit einer banalen Wendung zu veralbern, z. B. in *„Kaum hatten wir"* (man beachte den unsinnigen Titel!):

„[...] Und wir nahmen uns die Freiheit und wir sprachen zu ihm, während die Jünger herum standen und das allgemeine Los der Menschheit beklagten. Und eine Frau zog Brötchen aus ihrem Korb und sagte: ‚Aha'. Und wir alle sagten: ‚Aha'. [...]"

Das berühmteste Gedicht der Dadaisten ist das „Merzgedicht 1": *„An Anna Blume"* von *Kurt Schwitters* (1887–1948). Schwitters persiflierte den Kulturbetrieb, indem er in loser Folge seine Nonsens-Zeitschrift „MERZ" herausgab, „MERZ"-Matineen veranstaltete, „MERZ"-Gedichte durchnummerierte. „An Anna Blume" liest sich zunächst wie ein poetischer Ulk, in dem sehr unterschiedliche Sprechweisen parodiert werden:

„O du, Geliebte meiner siebenundzwanzig Sinne, ich liebe dir! – Du deiner dich dir, ich dir, du mir. – Wir?
Das gehört (beiläufig) nicht hierher.
Wer bist du, ungezähltes Frauenzimmer? Du bist – – bist du? – Die Leute sagen, du wärest, – lass sie sagen, sie wissen nicht, wie der Kirchturm steht.
Du trägst den Hut auf deinen Füßen und wanderst auf die Hände, auf den Händen wanderst du. [...]"

Der scheinbare Jux erweist sich jedoch bei genauem Hinhören als ein raffiniertes Spiel mit der Sprache: mit verschiedenen Stilebenen, mit formalen und inhaltlichen Klischees, die ins Absurde gezogen werden, mit dem Rhythmus des Satzbaus und der Redewendungen und mit dem Klang der Wörter. Vielleicht ist Anna Blume gar kein Charakter, sondern nur aus Grammatik, aus Sprache gemacht. Man muss das Gedicht vortragen, um zu spüren, wie menschliches Sprechen hier seine Ausdrucksmöglichkeiten, abgelöst von einer sinnvollen Botschaft, entfaltet und zugleich ironisiert.

4.3.2 Sprachexperimente

Eine grundlegende Entdeckung der Dadaisten war, dass Sprache nicht nur dazu dient, etwas Gemeintes mitzuteilen, sondern – wie die Materialien aller Künste – ein eigenständiges ästhetisches Potenzial hat. Sie pflegten den lauten Vortrag von Texten, weil nur geschriebene Literatur die sinnlichen Qualitäten der Sprache verkümmern lässt. Und sie fanden, dass gesprochene Sprache nicht nur Klang und Rhythmus hat, sondern auch ein motorischer, mimisch-gestischer, ja szenischer Vorgang ist. So machten sie aus Rezitationen mit Masken, Verkleidungen und Bewegungen kleine Auftritte.
Hinzu kam der Einfluss zweier Wiederentdeckungen, die für die moderne Kunst Bedeutung hatten. Seit dem Buch „Das Jahrhundert des Kindes“ (1900, dt. 1902) der Schwedin Ellen Key (1849–1926) begann man, in kindlichen Äußerungen den Ausdruck einer eigenen Kultur zu sehen. Und mit seinem Werk über „Negerplastik“ (1915) verstärkte Carl Einstein (vgl. S. 160 f.) das Interesse für die Ästhetik exotischer und primitiver Kunst, vor allem Afrikas und der Südsee. Beide Entdeckungen beeinflussten die expressionistische Malerei und Skulptur. Im Umkreis der Dadaisten trat vor allem *Hans Arp* (s. u.) nachdrücklich für das „Primitive“ in der Kunst ein und verwendete Motive und Sprechweisen kindlicher Poesie. *Tristan Tzara* (1896–1963), der deutsch und französisch sprach, übersetzte und imitierte „Negerlieder“. In ihnen kommt es weniger auf eine inhaltliche Aussage an als auf das Singen, Sprechen und Tanzen alltäglicher Vorgänge oder magischer Rituale. Das imitierte Tzara z. B. in seinem *„Lied der Sotho-Neger“*:

> Gesang beim Bauen
>
> a ee ea ea ee ee ea ee eaee, a ee
> ea ee ee, ea ee
> Stangen des Hofes wir bauen für den Häuptling
> wir bauen für den Häuptling.

Solche und andere „Negerlieder“ trug man in Kutten gekleidet und mit Trommelbegleitung vor.
Eine eigene Erfindung der Dadaisten, auf die sie sehr stolz waren, war das *„Poème simultan“*, das von mehreren gemeinsam verfasst und als eine Art Sprechmotette vorgetragen wurde. Die Texte der Simultangedichte sind absurd, ihre Aufführung beschrieb und deutete Hugo Ball so:

„Es ist ein kontrapunktisches Rezitativ, in dem drei oder mehrere Stimmen gleichzeitig sprechen, singen, pfeifen oder dergleichen [...]. Die Geräusche (ein minutenlang gezogenes rrr, oder Polterstöße oder Sirenengeheul und dergleichen) haben eine der Menschenstimme an Energie überlegene Existenz. – Das ‚Poème simultan‘ handelt vom Wert der Stimme. Das menschliche Organ vertritt die Seele, die Individualität in ihrer Irrfahrt zwischen dämonischen Begleitern. Die Geräusche stellen den Hintergrund dar; das Unartikulierte, Fatale, Bestimmende. Das Gedicht will die Verschlungenheit des Menschen in den mechanischen Prozess verdeutlichen. In typischer Verkürzung zeigt es den Widerstreit der vox humana mit einer sie bedrohenden, verstrickenden und zerstörenden Welt, deren Takt und Geräuschablauf unentrinnbar sind." (Tagebuch)

Balls Kommentar macht deutlich, dass sich die Dadaisten beim Un-Sinn ihrer Texte durchaus etwas dachten, und zwar Ähnliches wie manche Expressionisten; aber sie brachten es nicht als Reflexion oder Symbolik in den Text hinein. Sie waren auch keineswegs antiintellektuell eingestellt, sondern nannten im Gegenteil ihre Produkte „abstrakt"; verpönt waren „Sentiment" und „Weltanschauung", aber nicht der Intellekt. „Cabaret Voltaire" nannten sie sich in Zürich, um sich als Erben der Aufklärung zu kennzeichnen. Künstlerisch aber sollten Intellekt und Kreativität unmittelbar in den Operationen mit dem Material wirken.

Alle diese Ansätze führten manche weiter bis zum artistischen Spiel mit den kleinsten, auch den nicht Beudeutung tragenden Sprachelementen: Laut und Klang, Silbe und künstliches Wort, Buchstabe, Ziffer und grafisches Zeichen. „Lautgedicht" und Vorform visueller Poesie ist z. B. Hugo Balls Gedicht *„Karawane"* mit dem Anfang: „jolifanto bambla ô falli Bambla […]". Unabhängig von Ball erfand Raoul Hausmann (1886–1971) in Berlin die „optophonetische Poesie" und das *„Plakatgedicht"*:

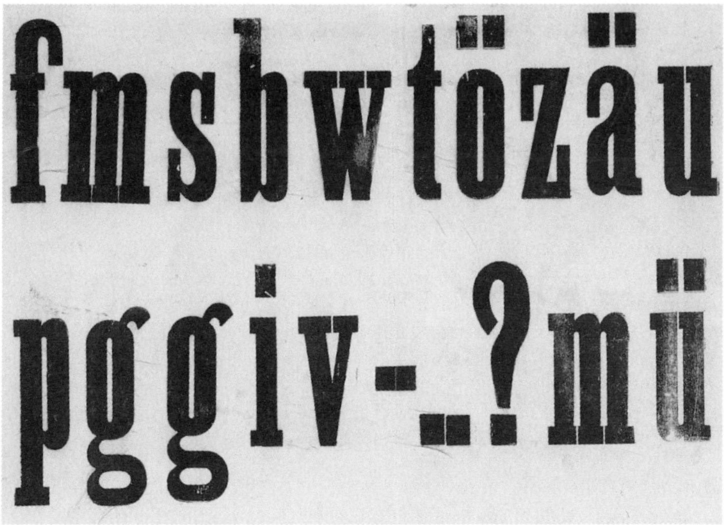

9 Raoul Hausmann (1886–1971): „Plakatgedicht". Centre Pompidou-MNAM CCI, Paris. © Photo CNAC/MNAM Dist. RMN. © VG Bild-Kunst, Bonn 2001.

Kurt Schwitters arbeitete jahrelang an der Komposition seiner phonetischen *„Urlautsonate“*, produzierte Collagen aus Abfallgegenständen und Schnipseln gedruckter Texte und konstruierte Texte sogar aus einzelnen Buchstaben oder Zahlen, die er in grafischen Gebilden anordnete, z. B. ein Opus mit dem Titel *„Gedicht 25, elementar“*.
Mögen die Dadaisten geglaubt haben, mit ihren Sprachexperimenten eine neue Wirklichkeit zu erzeugen –, jedenfalls haben sie mit einer Radikalität wie nie zuvor Wirklichkeit und Wirkungsmöglichkeiten der Sprache als solcher erprobt.

4.3.3 Hans Arp: Sprachautomat und Fantasie des Zufalls

Hans Arp (1887–1966) dichtete schon vor Gründung des „Cabaret Voltaire“ und noch lange nach Ende des formierten Dadaismus seine Sprachspieltexte. Er zerkleinert die Sprache nicht in ihre kleinsten Teile, sondern hält sich daran, dass Sprache in der Kommunikation an syntaktische Regeln und Wörter mit Bedeutungen gebunden ist. Wenn er auf die „primitiven“, das heißt ursprünglichen Wirkungen der Sprache zurückgehen will, überlässt er sich dem spontanen Sprachgefühl. Dabei bleibt der Satzbau weithin formal intakt; denn er ist die Automatik mit der sich Wörter zu Sätzen fügen. Auch die Wörter stammen meistens aus dem deutschen Wortschatz oder sind aus bekannten Wörtern zusammengesetzt, können allerdings auch in ihre Silben zerfallen. Stehende Wendungen des Sprachgebrauchs sind automatisierter Wortschatz, z. B. „gang und gäbe“, „kommen und gehen“. Aber darin, wie Wörter sich im Satz und Text einander fügen, löst sich Arp von den Konventionen der Alltagsverständigung und Logik; da lässt er den Zufall bzw. den assoziativen Einfall gelten und schlägt so der normalen Logik ein Schnippchen nach dem anderen; so z. B. in einem der vier Prosa-Abschnitte von *„klum bum bussine“*:

„Die große nymphe aber hat keinen sockel oder doppelten boden
in einer eventuellen arche wird sie bestimmt mitgeführt werden
sie heißt klum bum bussine und kommt auf einem blitzend vernickelten Meervelo dahergefahren
an jedem ihrer schwänze deren sie zahllose ihr eigen nennt hat sie eine poltertrommelrumpeltreppenschleppe befestigt und an der rosigen mündung ihres darmes trillern kolibris
ich kenne meine pen papa ei endeckel ei ei eimer papa pappendeckeleimer und warne euch in euerem herzen das uhrwerk der spaßfische und trauervögel aufzuziehen“

Trotz allem „Unsinn“ dieses Textes entsteht doch so etwas wie eine Erzählung von der „großen nymphe“ und zuletzt sogar eine augenzwinkernde Kommunikation mit dem Leser oder Hörer. Die Erzählerrede hüpft jedoch von Einfall zu Einfall und spielt auch einmal mit Wort, Silbe oder Klang –

ganz ähnlich wie kindliche Sprachspielereien. Nicht die Auflösung der Sprache, sondern das irreguläre Spiel mit ihren Regularitäten setzt die Fantasie frei.

Prinzipiell haben Dichter wie Stramm, van Hoddis, Lichtenstein oder Lasker-Schüler Ähnliches gemacht, nur nicht so spielerisch. Und wie deren Gedichte sind diejenigen Arps eigentlich nicht bedeutungsfrei, sie spielen nur mit Bedeutung irrational. So entstehe eine Fantasiewelt, in der die „spaßfische" unmittelbar neben den „trauervögeln" schwimmen (oder fliegen?). Spüren wir bei nicht wenigen Expressionisten die Gleichzeitigkeit von Qual und Groteske, so bei Arp oft die Gleichzeitigkeit von Trauer und Freude am Spiel, wie in der Elegie auf den toten Kaspar, die so anfängt:

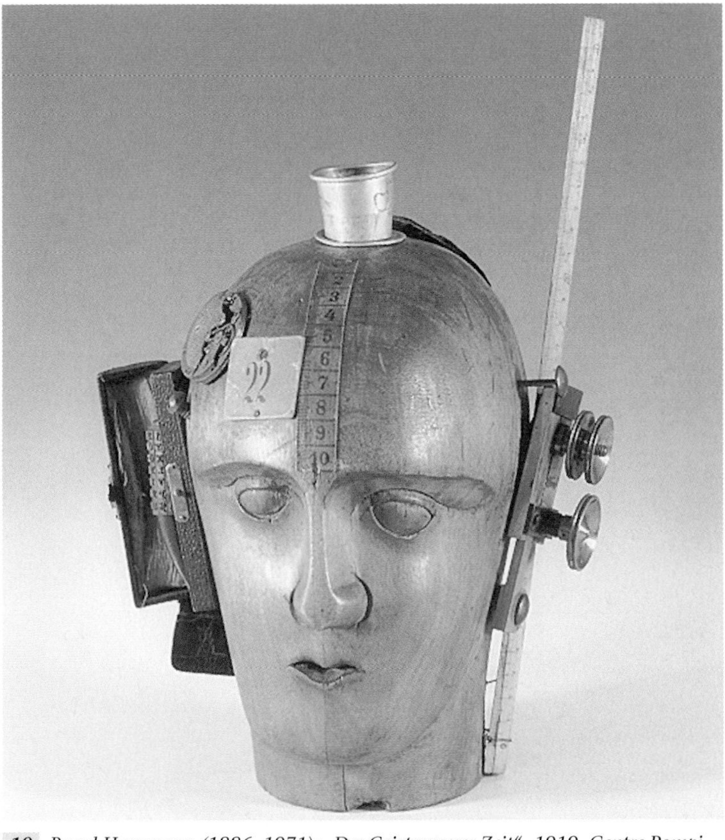

10 *Raoul Hausmann (1886–1971): „Der Geist unserer Zeit", 1919. Centre Pompidou-MNAM-CCI, Paris. ©VG Bild-Kunst, Bonn 2001.*

„weh unser guter kaspar ist tot
wer trägt nun die brennende fahne im zopf wer dreht die kaffeemühle
wer lockt das idyllische reh
auf dem meer verwirrte er die schiffe mit dem wörtchen parapluie und die winde nannte er bienenvater
weh weh weh unser guter kaspar ist tot heiliger bimbam kaspar ist tot [...]"
(„Die Schwalbenhode")

4.4 Epilog zu DADA

Wieweit die Kunstübungen der Dadaisten Auseinandersetzungen mit den Realitäten ihrer Zeit gewesen sind, diese Frage stellte sich ihr Chronist Hugo Ball in einem Tagebucheintrag am 7.6.1917:

„Seltsame Begebnisse: Während wir in Zürich, Spiegelgasse 1, das Kabarett hatten, wohnte uns gegenüber in derselben Spiegelgasse Nr. 6, wenn ich nicht irre, Herr Ulianow-Lenin. Er musste jeden Abend unsere Musiken und Tiraden hören, ich weiß nicht, ob mit Lust und Gewinn. Und während wir in der Bahnhofstraße die Galerie eröffneten, reisten die Russen nach Petersburg, um die Revolution auf die Beine zu stellen. Ist der Dadaismus wohl als Zeichen und Geste das Gegenspiel zum Bolschewismus? Stellt er der Destruktion und vollendeten Berechnung die völlig donquichottische, zweckwidrige und unfassbare Seite der Welt gegenüber? Es wird interessant sein zu beobachten, was dort und was hier geschieht."

5 Anfänge des modernen Theaters im Umkreis des Expressionismus

5.1 Auflösung des mimetischen Theaters im europäischen Symbolismus

Maurice Maeterlinck:
L'intruse (Der Eindringling). Drama (1890)
Les aveugles (Die Blinden). Drama (1890)
Pelléas et Mélisande (Pelleas und Melisande). Drama (1892)
Johan August Strindberg:
Naturalistische Problemtragödien:
Fadren (Der Vater) (1887)
Fröken Julie (Fräulein Julie) (1888)
Symbolische Stationendramen:
Till Damaskus (Nach Damaskus) (3 Teile, 1898–1904)
Dödsdansen (Todestanz) (2 Teile, 1901)
Ett drömspel (Das Traumspiel) (1902)
Kammerspiel:
Spöksonaten (Gespenstersonate) (1907)

Das naturalistische „mimetische" Theater bildete mit Bühne, Personen und Geschehen Wirklichkeit ab. Je mehr sich jedoch der Zweifel am sinnvollen Zusammenhang der Wirklichkeit ausbreitete, umso mehr drangen auch auf dem Theater verfremdende Ausdrucksmittel vor.
Ein seinerzeit in ganz Europa wirksames Beispiel gab der französisch schreibende Flame *Maurice Maeterlinck* (1862–1949), Essayist, Lyriker und Dramatiker. In seinen „statischen Dramen" (drames statiques) stellte er Figurationen der „Seele" auf die Bühne, in handlungsarmen, aber meist von düsteren Stimmungen und Einsamkeit gesättigten Situationen, in die das Schicksal eindringt, z. B. in der Begegnung mit dem „Eindringling" Tod („L'intruse", 1890). So löste er die dramatische Handlung auf zu Gunsten einer Entfaltung innerer Zustände. Die Personen abstrahierte er zu allgemein gültigen Typen, z. B. die Blinden, ein Greis, ein Fremder, und die irrationale Transzendierung verdeutlichte er in Symbolen wie Naturerscheinungen, Personifikationen sowie in Lichtwirkungen und Geräuschen. Maeterlinck beeinflusste direkt die impressionistisch-symbolistischen Dichter in Deutschland, indirekt aber auch die Expressionisten.
Er beeinflusste auch den bedeutendsten Anreger des modernen Theaters: den Schweden *Johan August Strindberg* (1849–1912), der jedoch die sozialen

und geistigen Entwicklungen der Zeit viel bewusster aufnahm. Nach eindrucksvollen naturalistischen Problemtragödien über das spannungsvolle Verhältnis zwischen Mann und Frau und nach einer inneren Krise orientierte Strindberg sich an Mustern alter religiöser Dichtung, z. B. der Legende und des Mysterienspiels; so erinnert der Titel *„Todestanz"* (1901) an mittelalterliche Totentanz-Stücke. Die eher tiefenpsychologisch zu deutende Handlung des *„Traumspiels"* (1902) rahmte der Dichter mit einer indischen Legende ein. Der Titel der Trilogie *„Nach Damaskus"* (1898–1904) deutet auf die Bekehrung des Apostels Paulus hin. Jedoch gelangt die Mittelpunktsfigur des Stückes, der „Unbekannte", nicht zur Erlösung im Glauben; vielmehr wandert er wie ein suchender Pilger rastlos durch das Leben, in dem er immer wieder scheitert, bis er nur die Erlösung von sich selbst in Resignation und Tod findet. Dieser Lebensweg, der den Menschen in Kreisen immer wieder zu sich selbst und seinem Unglück zurückführt, wird in symbolischen Einzelbildern, in Stationen, dargestellt, die als Lebenssituationen zwar realistisch vorgeführt, aber durch hintergründige Bedeutungen der Orte, der Personen und der Reden symbolisch transzendiert werden. So ist das Asyl – das Altersheim, Krankenhaus oder Obdachlosenasyl – ein altes Gleichnis für die Hinfälligkeit des Lebens. Die Zentralfigur des „Unbekannten" entspricht dem „Jedermann" des mittelalterlichen geistlichen Theaters; viele andere Figuren verkörpern das Gute und das Böse, den Glauben, die Liebe usw. Wie im Mysterienspiel und Welttheater gibt es keine dramatisch zugespitzte Handlung, sondern nur die Folge gleichnishafter Lebensstationen.

Wie Maeterlinck bahnte Strindberg die *Auflösung der traditionellen Dramenformen* an. „Fräulein Julie" ist ein Einakter, ein konzentrierter Dialog; „Nach Damaskus" ein Stationendrama, das heißt, eine nicht gegliederte Reihe von Bildern. Im „Traumspiel", das in Akte gegliedert ist, zerfallen diese in viele symbolisch einander verbundene Szenen. Auch die deutschen Autoren der Moderne wandten sich z. T. von den traditionellen Dramenformen ab. Ein-Bild-Szenen sind Hofmannsthals kleine lyrische Dramen. Arthur Schnitzlers Szenenfolge „Anatol" und der Szenenzyklus „Reigen" verdanken ihre Formen der Konzentration auf Situationen und einzelne Dialoge, ebenso seine frühen Einakter. In Wedekinds „Frühlingserwachen" löst die Szenenfolge die Akte fast auf (vgl. S. 56 f., 66–72). Einakter verfassten Paul Ernst, Otto Erich Hartleben, Rainer Maria Rilke und Clara Viebig, aber auch Expressionisten wie Becher, Benn, Goll, Hasenclever, Kaiser, Werfel. Barlach, in manchem den Symbolisten nahe, ersetzte Akte durch Folgen von Bildern, „Stücken" oder „Teilen". Als moderne Dramenformen setzten sich also durch: Einakter, Szenenfolgen, ungegliederte Sprechstücke und Bühnenexperimente.

5.2 Expressionistische Experimente und Weltanschauungsdramen

Experimente:
Wassily Kandinsky: Der gelbe Klang. Bühnenkompositionen (1909/1912)
Oskar Kokoschka: Mörder Hoffnung der Frauen. Schauspiel (1907–1913)
August Stramm:
Sancta Susanna. Rudimentär. Die Haidebraut (1912/1914)
Erwachen. Kräfte (1914/1915)

Weltanschauungsdramen:
Ernst Barlach: Der tote Tag. Drama (1907/1912)
Der arme Vetter. Drama (1918)
Die echten Sedemunds. Drama (1920)
Der blaue Boll. Drama (1926)
Walter Hasenclever: Der Sohn. Drama (1913/1914)
Der Retter. Dramatische Dichtung (1915/1919)
Die Menschen. Schauspiel (1918)
Hanns Johst: Der junge Mensch. Ein ekstatisches Szenarium (1916)
Der Einsame. Eine Menschwerdung (1917)
Georg Kaiser: Hölle, Weg, Erde. Stück in drei Teilen (1919)
Reinhard Johannes Sorge:
Der Bettler. Eine dramatische Sendung (1912)
Fritz von Unruh: Ein Geschlecht. Tragödie (1916/1917)
Friedrich Wolf: Der Unbedingte. Ein Weg in drei Windungen und einer Überwindung (1919)

Das expressionistische Theater gewann seine Impulse hauptsächlich aus drei Quellen: dem Symbolismus, den Formexperimenten der künstlerischen Avantgarde und den Krisenerfahrungen vor und im Weltkrieg. Die Letzteren drängten viele der jungen Dichter zu dramatischen Bekenntnissen und weltanschaulichen Auseinandersetzungen im Drama, wozu sie sich weitgehend symbolistischer Stilmittel bedienten. Daneben experimentierten sie aber auch mit den künstlerischen Möglichkeiten des Theaters, und davon ging auf Dauer die stärkere Wirkung des expressionistischen Theaters aus.

5.2.1 Experimente der Bühnenkunst

Solche Experimente führten in besonders radikaler Form auch Außenseiter durch. Der expressionistische und später abstrakte Maler *Wassily Kandinsky* (1866–1944) entwarf eine „Bühnenkomposition“ aus Figuren, Klängen,

Farben und nur wenigen Sprachteilen, *„Der gelbe Klang“* (1909), eine Art abstraktes und synästhetisches Ballett, in dem bereits viele ästhetische Wirkungen einer absoluten szenischen Kunst vorweggenommen sind. Vergleichbare Versuche mit dem Bühnenraum wurden in Berlin an Herwarth Waldens „Sturm“-Bühne angestellt, unter anderem mit gestisch-abstrakten Texten von August Stramm (vgl. S. 112f.), und am Bauhaus in Weimar, später Dessau, mit Oskar Schlemmers Kreation „Triadisches Ballett“ (1914–1922), bei der die Körper der Tänzer in Figurinen aus geometrischen Formen und Farbmustern verwandelt wurden. Ganz frühe Erprobungen einer Synthese aus Symbolismus, ekstatischem Expressionismus und archaisch stilisierender Dramaturgie sind die Einakter des Wiener Malers *Oskar Kokoschka* (1886–1980), z. B. „Mörder Hoffnung der Frauen“ (mehrere Fassungen von 1907–1913), in denen er das Verhältnis der Geschlechter als eine Grundform des Lebens darstellt.

5.2.2 Expressionistische Verkündigungsdramen

Der Schwerpunkt der expressionistischen Dramenproduktion lag zunächst aber im symbolistisch-weltanschaulichen Bereich. Eine neue „Bühne für Kunst, Politik und Philosophie“ versprach 1916 Walter Hasenclever in einem Aufsatz mit dem Titel „Das Theater von morgen“ (Die Schaubühne, Jg. XII, S. 476f., 501). Die Philosophie war ihm das umfassende Geistige, das sich im menschlichen Handeln, in Kunst und Politik, „aktivierte“. Dem Theater kam die Aufgabe der Vermittlung zu: „Hier tritt die Bühne als Medium zwischen Philosophie und Leben.“ Die Leitideen des programmatischen Expressionismus – Geist und Leben, kreative und politische Aktivität – sollten in einem Theater menschlicher Totalität verwirklicht werden. Diese Idee hatte schon vorher im Drama selbst *Reinhard Johannes Sorge* (1892–1916) dargestellt, in seinem Bekenntnis zum missionarischen Auftrag des Dichters: *„Der Bettler. Eine dramatische Sendung“* (1912). Nach dem Muster des strindbergschen Stationendramas macht hier der junge Mensch als Dichter, Sohn, Freund, Liebender und wiederum opferbereiter Dichter seinen Weg durch exemplarische Stationen des Lebens, damit zugleich einen Weg der „Wandlungen“, der „Opfer“ und der „Läuterung“; anders als Strindbergs Unbekannter vervollkommnet er sich dabei zum Vorbild und Verkünder der „Ewigkeit“. Das Theater wird im Stück selbst gedeutet als „Heilende Stätte zur Heiligung“ für alle Schichten des Volkes; das Ziel ist die Erlösung des Menschen durch die Kunst. Neben epigonalen Zügen zeigt das Stück stellenweise eine erstaunliche moderne Verwendung dramaturgischer Mittel, z. B. ineinander montierte Szenen, eine funktional flexible Simultanbühne als Stufenbühne, die Verengung und Erweiterung des Bühnenraums durch Vorhänge, Farb- und Lichtregie und eine stilisierte Figurenchoreografie.

Die meisten expressionistischen Dramen wurden erst nach dem Weltkrieg aufgeführt. In den ersten Aufbruchsjahren der Weimarer Republik hatten sie eine starke Wirkung; in ihnen sah man den Ausdruck einer neuen Weltanschauung und der Abrechnung mit der alten Welt. Der erste große Theatererfolg in diesem Sinne war *„Der Sohn"* (1913/14, Uraufführung 1918) von *Walter Hasenclever* (1890–1940). Eigentlich kein politisches Stück, erschien seine Handlung vom moralischen Sieg eines Jünglings über seinen bürgerlichen Vater dem Publikum wie ein Gleichnis revolutionärer Befreiung. Dazu trug vor allem eine Szene im 3. Akt bei, in der der Sohn eine Versammlung junger Männer zur Gründung eines revoltierenden Jugendbundes begeistert:

„[...] Er ruft zum Kampf gegen die Väter – er predigt die Freiheit –!
[...] Er hat den Bund gegründet der Jungen gegen die Welt!"

Hasenclever selbst betonte in einem Aufsatz zwar den Primat der „philosophischen" Deutung des Stücks, schloss aber die politische damit nicht aus. Tatsächlich stellt das Stück die Leiden eines im bürgerlichen Vaterhaus eingeschlossenen Sohnes und seine schrittweise erfolgende Emanzipation bis hin zur Bereitschaft zum Vatermord dar. Am Ende stirbt das Alte von selbst, und die Jugend ist erlöst. Dramaturgisch ist das Stück eher traditionell angelegt, jedoch sind die realistischen Szenen durchsetzt von expressiven und lyrischen Reden.
Mit „Der Sohn" von Hasenclever öffneten sich die Bühnen für eine ganze Welle expressionistisch-weltanschaulicher Dramen bis in die frühen zwanziger Jahre, von Hasenclever, Johst, Unruh und anderen. Generationenkonflikt, Selbstfindung und der Protest ideeller Ethik gegen eine unsittliche oder in Konventionen erstarrte Welt sind bevorzugte Themen; neben allgemein idealistischen und religiösen Bekenntnissen gibt es solche zum Pazifismus und zur sozialen oder nationalen Verantwortung. Eigentlich politische Dramen sind zunächst selten; die gesellschaftliche Realität erscheint fast nur als stilisierte oder satirisch dargestellte Gegenwelt zu Geist, Lebenssinn und Menschlichkeit.

5.2.3 Barlachs Dramen von Zweifel und Wandlung

Eine Sonderstellung nimmt *Ernst Barlach* (1870–1938) ein. Er schöpfte aus der Religiosität eines zweiflerischen Protestantismus. Seine Titelfiguren spüren meist von Anfang an ihre Entfremdung von den Menschen, von sich selbst und von Gott; schwerfällig und grüblerisch ringen sie dann um ihre Selbstüberwindung zu einem wesentlichen Sein, meist ohne endgültige Erlösung am Ende, jedoch mit einem Fortschritt an Erkenntnis. Barlach stellt sie entweder in eine legendenhafte Zeichenwelt (*„Der tote Tag"*, 1912) oder aber in das ländlich-kleinstädtische Milieu seiner mecklenburgischen Heimat. Die handfeste und alltägliche Wirklichkeit dieses Milieus, der der innere Mensch eigentlich entrinnen will, wird dabei hintergründig, brüchig und durchsichtig für die religiöse Thematik. So ergeht es den Kleinbürgern in dem Drama *„Der arme Vetter"* (1918).

Ein Fremder in ihrer versippten Gemeinschaft, Hans Iver, begeht an einem Ostersonntag einen vergeblichen Selbstmordversuch; damit konfrontiert, reagieren viele überhaupt nicht, manche betroffen, aber mit Versuchen der Beschwichtigung, und nur ein Fräulein begreift, worum es geht: darum, ob der Mensch sich wandeln und von seiner sündhaften Existenz befreien kann. Darin besteht der Zusammenhang zwischen dem Fall Iver und dem Sinn des Ostern. Als Iver den Selbstmord schließlich doch noch vollendet, erscheint er, wenigstens für das Fräulein, als Opfertod (Karfreitag), der sie zum Aufbruch in ein anderes Leben veranlasst. Diese religiöse Deutung wird aber nicht verkündet, sondern nur angedeutet. Die Transzendenz der teilweise recht derb gezeichneten Realität erscheint nur als Doppeldeutigkeit der Vorgänge und Personenreden, die aus den Reflexionen der Menschen über sich und die anderen aufscheint:
„Du monologisierst, solange wir unterwegs sind; mir ist dabei, als sprächest du mit einem Dritten, der aus Luft ist, aber er hält Schritt mit uns" (Bild I).

Anders als die meisten Expressionisten überlässt Barlach sich fast nie dem rhetorischen Pathos oder dem Sprachexperiment. Die Bildlichkeit seiner Sprache entsteht unmittelbar aus der Normalprosa, ja dem konventionellen oder volkstümlichen Reden, manchmal sogar aus Mutterwitz und Humor. Da sprechen wirkliche Menschen, die allerdings ein innerer Zwang zum Reden bringt – bei einzelnen der Zwang, sich zu wandeln und zu transzendieren, bei vielen der Zwang, sich in ihrem gewohnten Sein zu verteidigen oder herauszureden.
Auch in Barlachs späteren Dramen, z. B. *„Die echten Sedemunds"* (1920) und *„Der blaue Boll"* (1926), geht es um diese Auseinandersetzung zwischen vordergründiger Selbstsicherheit und einer inneren Verunsicherung, die zu einer neuen Selbstvergewisserung drängt. Sie durchsetzt die Alltagskommunikation mit einer – immer wieder in Sprachnot geratenden – existenziellen Kommunikation. Die expressionistische Thematik der Wandlung zum wesentlichen Menschen wird hier nicht plakativ verkündet, sondern in den Gesprächen und Selbstgesprächen gewöhnlicher Menschen als Problem ihres Lebens entfaltet.

5.3 Einzelgänger der Gesellschaftskritik: Sternheim und Kraus

Carl Sternheim: Die Hose. Komödie (1911)
Die Kassette. Komödie (1912)
Bürger Schippel. Komödie (1913)
Der Snob. Komödie (1914)
1913. Komödie (1915)
Tabula rasa. Drama (1916)
Das Fossil. Drama (1922)
Karl Kraus: Die letzten Tage der Menschheit. Tragödie (1918–1922)

Gesellschaftskritik blieb in den expressionistischen Weltanschauungsdramen allgemein ethisch. Abgesehen von den Expressionisten Kaiser und Toller füllten die Lücke zwischen den gesellschaftskritisch engagierten Dramen des Naturalismus und Wedekinds und dem politischen Theater der Weimarer Republik nur Sternheim und Kraus, Autoren, die keine Wortführer des symbolischen Expressionismus waren.

5.3.1 Doppeldeutigkeit der Bürgersatire: Carl Sternheim

Von den seit etwa 1910 produzierenden Dramatikern ist Carl Sternheim (1878–1942) der einzige bis heute auf dem Theater erfolgreich gebliebene. Einige seiner Stücke fasste er 1918 unter dem Titel *„Aus dem bürgerlichen Heldenleben"* zusammen. Auf den ersten Blick scheinen sie den Bürger der wilhelminischen Ära satirisch zu entlarven, auf den zweiten Blick allerdings scheint Sternheim mit diesem Bürger zu sympathisieren.
So scheint seine Komödie *„Bürger Schippel"* (1913) zunächst Heinrich Manns Roman „Der Untertan" vorwegzunehmen: Die Bürger bewegen sich mit ihren menschlichen Schwächen in den gesellschaftlichen Konventionen und Ideologien, suchen so Erfolg und Selbstbestätigung und kaschieren auch ihre Seitensprünge mit Anpassung.

Einem kleinbürgerlichen Männerquartett ist der Tenor weggestorben, der mit der Tochter des Chefs, des Goldschmieds Hicketier, verlobt war. Damit gerät der erhoffte Sieg im Gesangwettstreit vor dem Fürsten in Gefahr. Als Nachfolger kommt wegen seiner schönen Stimme nur Schippel in Frage, der aber ein „dreckiger Prolet" und ein uneheliches Kind ist. Trotz schwerer Bedenken nimmt man Schippel auf, nachdem er versprochen hat, sich wie ein anständiger Bürger zu benehmen. Das Quartett siegt, und Schippel darf sogar die Goldschmiedstochter Thekla heiraten, derer sich gerade der Fürst in einem Rendezvous angenommen hat. Zuvor allerdings muss Schippel in einem Duell seinen bürgerlichen Nebenbuhler ausschalten; erst damit hat er bewiesen, dass er „der höheren Segnungen des Bürgertums voll und ganz würdig" ist. Eine doppelbödige Moral verhilft dem Proleten zum Aufstieg ins Bürgertum, den kunstliebenden Bürgern zur Anerkennung durch den Monarchen und Thekla zu einem Mann.

Man erkennt hier die Versatzstücke sowohl einer schwankhaften Komödie als auch einer sozialen und ideologischen Satire; Kernstück der letzteren ist der Männergesang, Pseudokunst des deutschen Spießers.
Sternheim hat den Bogen des „bürgerlichen Heldenlebens" noch weiter gespannt. In vier Stücken der Sammlung lösen sich die Generationen einer Familie ab, in denen sich die Stadien des wirtschaftlichen und gesellschaftlichen Aufstiegsstrebens des Bürgertums spiegeln: zuerst vom kleinbürgerlichen Beamten Theobald Maske im Erotik-Schwank „Die Hose" (1911), der einen pikanten Unfall seiner Frau zu seinem Vorteil nutzt, zu seinem Sohn Christian Maske in der Komödie „Der Snob" (1914), der mit allerlei Machenschaften die Tochter eines Grafen ergattert und in die Aristokratie aufsteigt. In dem Schauspiel „1913" (1915) ist der alt gewordene Maske Kapitalist und Großunternehmer, muss sich aber nun der hart auf hart ausgetragenen Geschäftskonkurrenz seiner Tochter Sofie von Beeskow erwehren, was ihm mit einem schlauen Coup gelingt, den er allerdings nicht überlebt. Nach dem Weltkrieg fügte Sternheim der Serie noch „Das Fossil" (1922) hinzu, in dem Sofies Schwiegervater, General a. D. von Beeskow, als Fossil der monarchischen Ära fremd in der demokratischen Nachkriegsgesellschaft steht.
Die Stücke zeigen so Aufstieg und Verfall des Bürgertums in der Wilhelminischen Gesellschaft, neben deren Stützen Sternheim auch Sozialdemokraten und Revoluzzer nicht schont. Anders als Wedekind in seinen Dramen oder Heinrich Mann in seinem „Untertan" geißelt Sternheim aber den sozialen Egoismus nicht nur, sondern er verteidigt ihn auch als Recht des einzelnen, sich gegenüber gesellschaftlichen Zwängen mit der „eigenen Nüance" zu behaupten und mit „einmaliger, unvergleichlicher Natur zu leben". Theobald Maske erklärt deutlich genug:

„Meine Unscheinbarkeit ist eine Tarnkappe, unter der ich meinen Neigungen, meiner innersten Natur ungehindert frönen kann."

Anpassung ist die „Maske" der Selbstverwirklichung. Der Machttrieb des Unternehmers Christian Maske in „1913" erscheint zwar in seiner Gefährlichkeit, aber auch als Ausdruck individueller Souveränität. Sternheim hat damit die Doppeldeutigkeit seiner Zeit und ihrer Werte freigelegt, zugleich aber nicht aus ihr hinausgefunden –, dass er letzteres kaum versucht hat, trennt ihn von den Expressionisten. Das Bedeutende ist Sternheims konsequente Ideologiekritik. Er lehnte es ab, „den Deutschen weiter mit Ideologie zu mästen". Im Gegensatz zu den meisten Zeitgenossen wollte er „keinen kategorischen Imperativ", „keine metaphysische Sehnsucht", sondern verschrieb sich allein dem „Zugriff in Wirklichkeit“. Die Rolle des Dichters als „Arzt am Leibe seiner Zeit“ beschränkt sich auf die Diagnose, obwohl Sternheim das nicht immer wahrhaben wollte. (Zu Sternheims Stil vgl. S. 151 f.)

5.3.2 Panorama des politischen und geistigen Bankrotts: „Die letzten Tage der Menschheit“ von Karl Kraus

Dieses zeitkritische Stück, das den Auseinandersetzungen der Expressionisten nahe stand, hatte eine starke Wirkung auf die Literatur nach dem Weltkrieg, obwohl es – als Ganzes unspielbar – erst 1964 gekürzt aufgeführt wurde. Es beruht auf den unermüdlichen und scharfsinnigen Beobachtungen des kulturellen, gesellschaftlichen und politischen Lebens vor und während des Weltkriegs, die Kraus als Journalist und Kritiker der öffentlichen Meinung und Sprache in seiner Zeitschrift „Die Fackel“ angriffslustig mitteilte.

Karl Kraus (1874–1936) lebte fast sein ganzes Leben in Wien als Journalist und Kritiker, schrieb Lyrik, Dramen und Essays und war sowohl mit der traditionellen wie auch mit der modernen Literatur vertraut; so kannte er alle Literaten der Wiener Moderne und förderte die Lasker-Schüler, Trakl, Werfel und Kokoschka. Große Wirkung über Wien hinaus hatte er mit Vortragsreisen, auf denen er Dramen der Weltliteratur vortrug und so dem üblichen Theater eine Art Ein-Mann-Lesetheater entgegensetzte. Sein umfangreichstes Lebenswerk ist die Zeitschrift „Die Fackel“, die er 1899 gründete, als er mit der etablierten Presse und dem Caféhaus-Literatentum verfeindet war, und die er seit 1911 alleine schrieb, bis 1936.

Kraus’ Lebensberuf war die Sprachkritik als Gesellschafts- und Ideologiekritik. Sie ist auch die Grundlage seines Monumentalwerks vom Untergang der Menschheit im Weltkrieg.

In 220 Szenen mit mehreren hundert Figuren entfaltet sich ein Panoptikum des Ersten Weltkriegs. Es sind aneinander gereihte Momentaufnahmen und Dialoge in den Straßen der Städte – vor allem Wiens –, in Ministerien, Dienststellen, Redaktionen, Lokalen, Wohnungen und Hinterhöfen sowie an verschiedenen Kriegsschauplätzen. Es treten historische Personen und gesellschaftliche Typen aller Schichten auf, aber auch die Kommentar-Figuren des „Nörglers“ und des „Optimisten“ und allegorische Figuren. Politische und Kriegsereignisse erscheinen vor allem gespiegelt in den Denk- und Verhaltensweisen der Menschen; die Schuld an der Katastrophe gibt Kraus der Dummheit und dem Egoismus der Menschen, ihren Gewohnheiten und Vorurteilen. Vom „Vorspiel“ an, das die Stimmung in Wien vor Kriegsbeginn zeigt, entwickeln sich in fünf Akten die Phasen des Krieges mit zunehmendem Wahnsinn des Tötens oder Elend des Sterbens. Als Letzter bittet der „ungeborene Sohn“, nicht geboren zu werden! Danach: „Völlige Finsternis. Dann steigt am Horizont die Flammenwand empor. Draußen Todesschreie“ – eine Andeutung des Jüngsten Tages, der dann im „Epilog“ in weiteren Vers-Allegorien mit Bildern des Krieges vergegenwärtigt wird. In das letzte Schweigen fällt der berüchtigte Satz Kaiser Wilhelms II. aus seiner Kriegserklärung:„Ich habe es nicht gewollt“ – aber als „Stimme Gottes“!

Ein großer Teil des Werks ist dokumentarisches Theater; etwa ein Drittel ist aus authentischen Zitaten montiert, nach Kraus sind es gerade „die unwahrscheinlichsten Gespräche". Fast naturalistisch wiedergegebene Dialoge, in denen Kraus die Mentalität der Zeitgenossen entlarvt, werden verbunden mit den typisierenden, grotesken oder allegorischen Formen des Expressionismus. Die Todesbilder am Schluss der eigentlichen Tragödie sind auf winzige pantomimische Szenen reduziert:

„Ein Ulanenoberleutnant lässt einen Popen an den Steigbügel eines Ulanen binden.
Man zieht ihm den Mantel aus.
(Oberleutnant:) Sie werden Ihren Mantel kaum mehr brauchen.
Der Reiter entfernt sich in leichtem Trabe. (Die Erscheinung verschwindet.)"

Bedient sich Kraus hier der Dramaturgie des Films, so in den Allegorien traditioneller poetischer Formen, welche er aber, ähnlich wie später u. a. auch Brecht, zynisch verfremdet:

„Zwei Kriegshunde, vor ein Maschinengewehr gespannt:

Wir ziehen unrecht Gut. Und doch, wir ziehn.
Denn wir sind treu bis in die Todesstund.
Wie war es schön, als Gottes Sonne schien!
Der Teufel rief, da folgte ihm der Hund."

Gemeinsam ist allen Formen das Moment der Satire – sogar noch in den trauernden und anklagenden Stellen. Der Wahnsinn des Krieges wird als Auswuchs des inhumanen Ungeistes gedeutet. Und das ist nicht nur als Zeitkritik gemeint, sondern – wie schon der expressionistische Titel anzeigt – als apokalyptisches Menschheitsbild.

5.4 Das politische Drama des Expressionismus

Hanns Johst: Die Stunde der Sterbenden (1914)
Reinhard Goering: Seeschlacht. Tragödie (1917)
Georg Kaiser:
Von morgens bis mitternachts. Stück in zwei Teilen (1912/1916)
Die Bürger von Calais. Bühnenspiel (1912–1923)
Die Koralle. Schauspiel (1917)
Gas. Schauspiel (1918)
Gas Zweiter Teil. Schauspiel (1919)
Ernst Toller: Die Wandlung. Das Ringen eines Menschen (1917)
Masse-Mensch. Ein Stück aus der sozialen Revolution des Zwanzigsten Jahrhunderts (1919)
Die Maschinenstürmer. Ein Drama aus der Zeit der Ludditenbewegung in England (1921)
Hinkemann. Eine Tragödie (1923)

Der Weltkrieg und die Novemberrevolution von 1918 politisierten den weltanschaulichen Expressionismus. Der Krieg gab der allgemeinen Idee von Menschlichkeit das extreme und empirische Gegenbild der Unmenschlichkeit, der Idealismus äußerte sich im Pazifismus. Schwieriger war es für die Expressionisten, die soziale Realität zu gestalten. Zwei für ihre Menschheitsthematik wesentliche Erfahrungen brachten sie auf die Bühne: die Vermassung und die Verlorenheit des Einzelnen in der Masse sowie das aktivistische Ideal der Revolution.

5.4.1 Das Anti-Kriegsstück: Reinhard Goering

Die Anfänge des pazifistischen Dramas waren noch dem pathetischen Weltanschauungsexpressionismus verpflichtet, so Hanns Johsts „Die Stunde der Sterbenden" (1914) und die symbolistische Tragödie „Ein Geschlecht" (1916) von Fritz von Unruh. Großes Aufsehen erregten noch vor dem Kriegsende 1918 Aufführungen der einaktigen Tragödie *„Seeschlacht"* (1917) von *Reinhard Goering* (1887–1936).
Hier wird das Grauen des Krieges in strenger Form thematisiert, mit konsequenter Einheit des Ortes und der Zeit. Einziger Schauplatz ist ein geschlossener Raum, die Akteure sind äußerlich kaum zu unterscheidende Figuren; in der szenischen Vorbemerkung heißt es:

„Die Handelnden sind sieben Matrosen, die im Panzerturm eines Kriegsschiffs in die Schlacht fahren. [...] Das Stück beginnt mit einem Schrei."

Das Sujet ist realistisch und aktuell: die Skagerrakschlacht, ein modernes Kriegsschiff, in dem die Männer eingeschlossen sind. Das Geschehen spielt sich also in einer isolierten Innenwelt ab, in den Reden der Matrosen, die teils wachend, teils im Traum vom Leben und über die Schlacht sprechen. Mit der beginnenden Schlacht dringt die Außenwelt verfinsternd und tödlich ein: Explosionen erschüttern den Raum, Rauch und Gas vergiften ihn, Gasmasken, die hereingeworfen werden, entindividualisieren und entmenschen die uniformierten Männer vollends. Nach und nach sterben die meisten; als das Stück endet, ist die Schlacht noch nicht zu Ende. In den Reden konfrontiert Goering die verschiedenen menschlichen Einstellungen: Gläubigkeit und Zweifel, Gehorsam und Meuterei, Patriotismus und Pazifismus. Der fünfte Matrose hat die Sinnlosigkeit des Krieges erkannt und fordert die Meuterei; aber er kann die anderen nicht ganz überzeugen, und als die Schlacht beginnt, reißt der Kampfesrausch auch den Meuterer mit – er stirbt, und mit ihm unterliegt der Friedenswille:

„Ich habe gut geschossen, wie?
Ich hätt' auch gut gemeutert! Wie?"

In „Seeschlacht" wird der Krieg nicht politisch analysiert, aber die Anti-Kriegs-Symbolik und der Zweifel am Patriotismus sind deutlich genug. Trotzdem macht Goering als Expressionist eine allgemein menschliche Aussage: Die in der Realität des modernen Lebens eingeschlossene Menschlichkeit vermag sich nicht zu befreien, weil die Menschen sich nicht wandeln können. Das rhythmisierte expressionistische Pathos ist in der Diktion verknappt, weniger rhetorisch-lyrisch als plakativ:

„Komm mit uns, Bruder! / Komm, lebe! – / Komm mit uns, Bruder! / Komm! Siege! – / Komm einfach mit uns sterben, Junge!"

So werden im Modell des geschlossenen Raumes verschiedene Möglichkeiten des Verhaltens durchprobiert und zugleich mit einer Kritik herausfordernden Überzeichnung dem Zuschauer präsentiert. Das ist schon eine Vorform des späteren Lehr- und Parabeltheaters.

5.4.2 Mensch – Gemeinschaft – Masse: Georg Kaiser

Die Entwicklung der expressionistischen Dramatik insgesamt und in ihrem Verhältnis zur gesellschaftlichen und politischen Realität lässt sich beispielhaft am Lebenswerk von *Georg Kaiser* (1878–1945) ablesen.

Kaiser schrieb insgesamt ca. 70 Theaterstücke, darunter auch Tragödien und Komödien, und hatte zwischen 1918 und 1933 als *der* expressionistische Dramatiker den größten Einfluss auf die deutschen Bühnen, unter anderem auch auf den jungen Brecht. 1933 verhängten die Nationalsozialisten über seine Stücke ein Aufführungsverbot; Kaiser emigrierte in die Schweiz, wo er kurz nach dem Ende des Zweiten Weltkrieges als ein nahezu Vergessener starb.

In Kaisers expressionistischen Stücken zeichnen sich zwei Entwicklungen ab: die der Parabel aus dem symbolistischen Stationendrama und die der Darstellung der Menschen als Kollektivwesen. Sein frühes Stück „Von morgens bis mitternachts“ (geschrieben 1912, veröffentlicht 1916) stellt in strindbergscher Stationendramaturgie dar, wie ein Bankkassierer sich aus seiner anonymen und sinnleeren Existenz als Angestellter und Kleinbürger zu befreien versucht, indem er eine hohe Geldsumme entwendet, um sich damit das wahre Leben zu erkaufen – sei es als Ausbruch in die große Welt, sei es als Macht über Massen, als Sinnengenuss, als Teilhabe an einer Gesinnungsgemeinschaft oder als kameradschaftliche Liebe. Alle Versuche scheitern, denn alle erstrebten Werte erweisen sich als Trug, und der Kassierer nimmt sich das Leben. Das ist das alte Thema der „Eitelkeit“ der Welt; und dementsprechend verwendet Kaiser, mitten im modernen Milieu, mittelalterlich-barocke Vanitas-Allegorien wie das Totengerippe, die geschminkte Hure, die eigentlich ein Invalide ist, das Leben als Rennbahn, Tanz oder Bußstätte usw. Diese Züge eines symbolistischen Welttheaters sind durchsetzt mit solchen der Gesellschafts- und Ideologiekritik. So bedeutet das Leitmotiv „Geld“ gesellschaftskritisch die Grundlage der Macht und der Käuflichkeit; stärker noch erweist sich allerdings in einer Episode die Autorität des Fürsten. Geld und Macht werden dabei in Beziehung gesetzt zur Masse, und zwar in der eindrucksvollen Mauerschau-Szene des Sechstagerennens, in welcher der reich gewordene Kassierer mit hohen Preisspenden das Showgeschäft des Sports belebt, die Sportler bis zur Erschöpfung anspornt und vor allem die Zuschauermassen bis zur Ekstase aufpeitscht. Dem Geld erliegen sogar die Frommen der Heilsarmee, deren Bekehrungserfolge Kaiser ideologiekritisch als Praktiken der Demagogie entlarvt, und auch die Liebe als Glaube an den guten Menschen. Das kreuzigungsähnliche Ende des Kassierers lässt ihn als Opfer nicht seines Fehltritts, sondern der durch und durch verderbten Welt erscheinen.
Kaiser geht es nicht wie Strindberg und den meisten frühen Expressionisten um Seelisches, das in die Welt projiziert wird, sondern um den objektiven Bestand der Welt, einschließlich ihrer gesellschaftlichen Mechanismen. Diese Wirklichkeit wird allerdings eingegliedert in eine überzeitliche Sinngebung des Lebens und der Werte; die Konsequenzen, die sich ergeben, sind primär ethisch, weniger politisch oder sozial.
Ein Kritiker hat Kaisers Stücke „Denkspiele“ genannt. Ein Beispiel dafür ist sein erfolgreichstes Stück *„Die Bürger von Calais“* (geschrieben 1912/1913, bis 1923 mehrmals umgearbeitet; Uraufführung 1917).

Angeregt von Auguste Rodins Skulptur „Die Bürger von Calais“, dramatisierte Kaiser hier, nach einer alten Chronik, ein historisches Ereignis, nämlich die Kapitulation der Stadt Calais im Hundertjährigen Krieg (1339–1453) zwischen England und Frankreich. Als die Niederlage der belagerten Stadt nicht mehr abzuwenden ist, macht der englische König das Angebot, die Stadt zu verschonen, wenn sechs angesehene Bürger sich den Engländern als Opfer auslieferten. Im Streit um die Frage, ob bewaffneter Widerstand bis zum Letzten oder das Opfer, mit dem die Stadt zu retten wäre, die sittlichere Handlungsweise sei, überzeugt Eustache Saint-Pierre die Bürger vom Sinn des Opfers. Der englische König, beglückt über die Geburt eines Sohnes und beeindruckt von der Haltung der Freiwilligen, begnadigt diese und verschont die Stadt. Zuvor hat Saint-Pierre die schwierige Entscheidung, welcher überzählige Freiwillige nicht zu sterben braucht, mit seinem Freitod den anderen abgenommen.

Kaiser stellt nicht nur den Sieg des Friedens über den Krieg dar, sondern auch die Gemeinschaftsethik der Opferbereitschaft. Saint-Pierre bringt das eigentliche Opfer, mit dem er die anderen zur Opferbereitschaft zwingt, also die Menschen innerlich verwandelt. Der historische Fall dient als zeitloses Modell für einen Diskurs über ein ethisches Thema. Dementsprechend vollzieht sich der Wandlungs- und Läuterungsprozess der Bürger nicht nur in streng aufgebauten Situationen, sondern in verästelten Dialogen und Reden; seine sozialethische Bedeutung wird dadurch hervorgehoben, dass der Schauplatz – der Marktplatz vor der Kirche – öffentlich ist und das in ekstatischer Choreografie bewegte Volk am Geschehen teilnimmt. Der politisch-gesellschaftliche Gehalt des historischen Stoffes geht dabei allerdings auf in die abstrakte Ethik der Gemeinschaft und deren hochstilisierte ästhetische Gestaltung.
Sozialpolitischer Thematik am nächsten kommt Kaiser in den Stücken *„Gas“* (1918) und *„Gas Zweiter Teil“* (1919), die mit dem auch inhaltlich vorangehenden Stück „Die Koralle“ (1917) dadurch verbunden sind, dass nacheinander drei Generationen einer Milliardärsfamilie auftreten. Während im ersten Stück die soziale Problematik der Ausbeutung noch von den individualethischen Konflikten des aus sozialem Elend aufgestiegenen Konzernherrn zurückgedrängt wird, hat Kaiser in den beiden „Gas“-Stücken mehr und mehr kollektive Prozesse entfaltet, sowohl inhaltlich als auch in der Theaterform.

In einer Art Science-Fiction-Perspektive ist zunächst das Gas die neue Energiequelle, mit der man die Industrieproduktion vervielfachen kann, aber damit erscheint der technische Fortschritt zugleich in seiner Gefährlichkeit. In „Gas I“ explodiert das Gas, und die Fabrik wird zerstört. Die Entscheidung, ob man die Gasproduktion – von der die ganze Industrie im Lande abhängt – aufgeben oder das Werk wieder aufbauen soll, wird dadurch erschwert, dass es keine technische oder chemische Möglichkeit gibt, das Gas sicher zu machen, obwohl „die Formel stimmt“. Wie die Entscheidung auch fällt, in jedem Falle hat sie verheerende soziale Folgen. Mit der Person des Milliardärssohns – also eines Vertreters der zweiten Unternehmergeneration – und der seines

Ingenieurs – also des Technokraten – führt Kaiser einen weiteren Konflikt ein: Der philanthropisch gesinnte Unternehmer will die industrielle Expansion überhaupt aufgeben und die Arbeiter statt dessen zu Siedlern im „Grünen“ machen; die Rückkehr zum einfachen Leben soll die versklavten und physisch wie psychisch ausgebeuteten Arbeiter wieder Menschen in einem natürlichen und humanen Leben werden lassen. Damit stößt er aber nicht nur auf den Widerstand des Ingenieurs, sondern auch auf den der Industriemagnaten und sogar derjenigen, deren Glück er sucht, der Arbeiter selbst. Sie wollen kein Schrebergärtnerdasein führen, sondern Geld verdienen, und sie glauben, dies zu müssen. Die Labilität ihrer Haltung zeigt sich, als sie nun den Ingenieur zum Führer beim Wiederaufbau der Fabrik wählen, den sie zuvor als für die Explosion Verantwortlichen hatten vertreiben wollen. Der Milliardärssohn sieht sich von allen im Stich gelassen. Zuletzt greift der Staat ein, dem nur an der Wiederaufnahme der Produktion liegt; seine Repräsentanten entmachten den Milliardärssohn und übernehmen das Werk in ihre Regie.
In der Fortsetzung „Gas II“ wird dieser Ansatz weitergedacht. Der Staat als Unternehmer benutzt die Energie im politischen Machtkampf, also im Krieg. Die Arbeiter, die der gesteigerten Ausbeutung nicht gewachsen sind, revoltieren. Ein Versuch, den Krieg zu beenden, misslingt, die Feinde bemächtigen sich der Fabrik – und setzen die Produktion fort. Noch einmal erheben sich die Arbeiter, im Vertrauen auf eine neue Erfindung des „Großingenieurs“: das Giftgas. Im Kampf zwischen Arbeitern und Besatzungssoldaten zerstören beide Seiten die Fabrik und sich gegenseitig – die Geschichte endet mit der apokalyptischen und totalen Selbstvernichtung aller.

Die Handlung der beiden Stücke zeigt, mit welchem geradezu beklemmenden Scharfsinn Kaiser Probleme und Mechanismen der modernen Industrie-, Macht- und Massengesellschaft gesehen hat. Konsequent entwickelt das „Denkspiel“ die Leitfrage: Wohin kann, unter dem Aspekt der Humanität, auf technologischen Fortschritt gegründete Macht im Wechselspiel mit der Proletarisierung führen? Für die Anonymität und Kollektivität der Prozesse fand Kaiser, z. T. unter Verwendung expressionistischer Stilmittel, völlig neue Ausdrucksformen. In „Gas I“ wechseln noch Dialoge zwischen Individuen, Auftritte von Typen und choreografisch arrangierte Massenszenen ab. In „Gas II“ treten nur noch Typen und Ideenträger – wie der Milliardärsarbeiter und der Großingenieur – auf, vor allem aber anonyme Figuren und Massen. Die Funktionäre der technischen und militärischen Macht erscheinen nur noch puppenhaft als „Blaufiguren“ und „Gelbfiguren“; die Meldeapparaturen und Schalttafeln, die von ihnen bedient werden, führen die eigentlichen Entscheidungen herbei. Die Schauplätze mit verschiedenen geometrischen Formen verkörpern den industriellen, familiären oder sozialen Bereich. Durch die Beteiligung der Technik wirkt das Geschehen aus den Innenräumen hinaus in die Umwelt oder umgekehrt aus der Umwelt in den Innenraum herein. Sicherlich hat Kaiser hier Entdeckungen des Films genutzt oder vorweggenommen; auffallend ist z. B. die Ähnlichkeit des Films „Metropolis“ (1926) von Fritz Lang mit Kaisers „Gas“-Stücken. Das Streben nach monumentalen Effekten überlagert aber auch deren Realitätsbezug. Wenn „Gas II“ endet, ist man eher Zeuge einer groß angelegten Show mit religiöser Untermalung als der betroffene Zeuge einer realen gesellschaftlichen Katastrophe. Zum anderen sind die geistigen Gegenpositionen, die Kaiser mit den sozialen Prozessen konfrontiert, kaum überzeugend; ganz schwach wirkt der Appell des Milliardärsarbeiters in „Gas II“, die Menschen sollten die äußere Unfreiheit duldend hinnehmen und ein Reich der Innerlichkeit errichten. Aber auch die Idee seines Vorgängers in „Gas I“, die Sozialgeschichte wieder zu einer Idylle des einfachen Lebens zurückzubiegen, wird kaum diskutiert und erscheint nur als persönliches Wunschbild des Philanthropen. Bertolt Brecht, der von Kaiser sehr beeindruckt war, hat 1928 dessen „Idealismus“ kritisiert und dann in seinen sozialpolitischen Lehrstücken verworfen.

5.4.3 Revolution als Idee und Erfahrung: Ernst Toller

Der einzige politisch wirklich aktive Revolutionär unter den expressionistischen Dramatikern war der jüngste von ihnen, *Ernst Toller* (1893–1939). In seinen Werken durchdringen sich Biografie, dichterisches Bekenntnis und politische Erfahrung; ein eindrucksvolles Dokument dafür ist seine Autobiografie „Eine Jugend in Deutschland“ (1933). Zugleich lassen Tollers Bühnenwerke erkennen, wie sich das expressionistische Theater in der Weimarer Republik in die Politik einließ, damit aber auch als besondere Kunstform auflöste.

Toller wuchs im damals preußischen Westpolen auf, als Kind jüdischer Kleinbürger. Mitgerissen von der nationalen Begeisterung, meldete sich 1914 der Student aus der Schweiz zum Kriegsdienst, aus dem er aber 1916 nach einem schweren Zusammenbruch an der Front zum Studium nach München dispensiert wurde. Begegnungen mit Max Weber, Gustav Landauer und Kurt Eisner führten Toller zur Politik. Als Mitglied der bayerischen USPD schloss er sich 1919 der Münchener Räterepublik an, nahm in ihr eine führende Stellung ein und geriet in schwere Konflikte mit Sozialdemokraten und Kommunisten. Nach dem Sturz der Räterepublik wurde er zu fünf Jahren Festungshaft verurteilt. Nach der Entlassung 1924 war Toller durch die Theaterstücke, die er in der Haft geschrieben hatte und die auch inzwischen aufgeführt worden waren, als Autor bekannt. Neben seiner Arbeit als Schriftsteller, an Theatern, auf Vortrags-, Lese- und Redereisen im In- und Ausland beteiligte er sich nun als Parteiloser an Schriftstellerkongressen und pazifistischen oder sozialistischen Veranstaltungen. Dabei geriet er zunehmend in die Konfrontation mit den Nationalsozialisten, die ihn bald nach der Machtergreifung 1933 aus Deutschland ausbürgerten. Auch in der Emigration rastlos politisch und literarisch tätig, allerdings mit vielen Misserfolgen, zermürbte sich Toller. 1939 nahm er sich in New York das Leben.

Seinen Erstling schrieb Toller aus der Erschütterung über das Kriegserlebnis 1917: *„Die Wandlung. Das Ringen eines Menschen“*. In der Form des Stationendramas (vgl. S. 132) demonstriert es die „Wandlung“ eines jungen Mannes vom Juden, der seinem Glauben entfremdet ist, zum Kriegsfreiwilligen und todesmutigen Soldaten, der aber die Sinnlosigkeit des Krieges begreift, dann auch den Patriotismus verwirft, auf seinem Lebensweg Leid und Unmenschlichkeit wahrnimmt und schließlich seine Berufung findet: die Menschen zur Menschlichkeit zu bekehren. Das typisch expressionistische Werk mit autobiografischen Zügen führt ein neues technisches Medium ein, das dann im politischen Theater viel verwendet wurde: die Bildprojektion auf eine Leinwand. Trotzdem wurden Tollers Dramen erst nach der Revolution eindeutiger politisch.

In der Festungshaft schrieb Toller jedes Jahr mindestens ein Bühnenstück, daneben u. a. auch Lyrik. Das erste große Drama, *„Masse-Mensch"* (1919), thematisiert die inzwischen gescheiterte Revolution in Deutschland, zugleich damit zwei Konflikte, die Toller selbst während der Kämpfe um die Räterepublik in Bayern erfahren hat: das Verhältnis zwischen dem bürgerlichen Einzelnen und der proletarischen Masse und das Dilemma zwischen Gewalt und Pazifismus im Klassenkampf. Toller bekennt sich zum konsequenten Gewaltverzicht, auch im Klassenkampf, und lässt die militante Revolution als tragischen und verhängnisvollen Irrweg erscheinen. Wie in der „Wandlung" wechseln Real- und Traumszenen miteinander ab; in ihnen sieht sich das vernünftig denkende und menschlich fühlende Individuum den typisierten Repräsentanten gegensätzlicher gesellschaftlicher Instanzen sowie der Masse gegenübergestellt – und scheitert.

Rezensionen veranlassten Toller, sich 1921 gegen den Vorwurf des „Leitartikel"-Theaters zu verteidigen. Dabei vertrat er einen Standpunkt, der deutlich die Nahtstelle zwischen politischem Engagement und expressionistischer Weltanschauung erkennen lässt. Er nimmt in Anspruch, dass er „aus der seelischen und geistigen Welt des proletarischen Volkes heraus schafft", und schließt mit der Grundsatzerklärung: „Dass auch proletarische Kunst im Menschlichen münden muss [...]." Toller merkte, dass die Darstellung des Menschlichen nicht auf den expressionistischen Stil angewiesen ist, und begann, sich vom Expressionismus zu lösen. In der Gestaltung eines sozialgeschichtlichen Stoffes aus dem frühen 19. Jahrhundert, dem Drama *„Die Maschinenstürmer"* (1921), näherte er sich der Milieurealistik und Thematik der „Weber" von Gerhart Hauptmann und verwendete neben expressionistischen auch traditionelle Stilmittel.

Das letzte große Drama aus der Festungszeit war *„Hinkemann"* (ursprünglich „Der deutsche Hinkemann", 1923).

Der Proletarier Hinkemann wird im Krieg impotent geschossen; und nach dem Krieg ist er arbeitslos. Sein Selbstvertrauen ist untergraben, sein einziger Halt ist seine Frau Grete, der er sexuell kein Mann mehr sein kann. Während er die entwürdigende Gelegenheitsarbeit ausführt, auf dem Jahrmarkt Ratten und Mäusen die Kehle zu durchbeißen, sucht Grete Trost bei einem anderen Mann, was Hinkemann schließlich bemerkt. In einem Zustand verzweifelten Aufbegehrens will Hinkemann Grete töten, bringt es aber nicht fertig, als er ihr in die Augen schaut. Beide sehen keinen Ausweg für ein sinnvolles gemeinsames Leben, Grete tötet sich, und Hinkemann folgt ihr.

Inhaltlich hat Toller hier seine Grundsätze befolgt: Das Allgemeinmenschliche entwickelt sich als auswegloses Schicksal aus dem „proletarischen Seelenleben". Die zeit- und sozialkritischen Bestandteile sind zugleich symbolisch-allegorisch gemeint; so die Namen einiger Nebenfiguren und vor allem der des Protagonisten, der gleichzeitig die körperliche, soziale und seelisch-geistige Invalidität des Menschen anzeigt und überdies auf den tragischen Ödipus anspielt. Dialoge und Reden bewegen sich zwischen naturalistisch wiedergegebener Alltagssprache und politischen oder weltanschaulichen Verallgemeinerungen, die sich zu Verkündigungen steigern; das Ineinander der verschiedenen Sprechweisen lässt sich deutlich an einer Stelle kurz vor dem Schluss erkennen:

„HINKEMANN nach einigen Sekunden: Was ... was starrst du mich so an? Wie blicken deine Augen drein? ... Ich will kein Mensch heißen, wenn in deinen Augen ein Falsch ist! ... Die Augen kenne ich! ... Die Augen habe ich gesehen in der Fabrik ... die Augen habe ich gesehen in der Kaserne ... die Augen habe ich gesehen im Lazarett ... die Augen habe ich gesehen im Gefängnis. Dieselben Augen. Die Augen der gehetzten, der geschlagenen, der gepeinigten, der gemarterten Kreatur ..."

Toller steht hier nicht mehr im Gegensatz zum Naturalismus, sondern versucht, ihn mit expressionistischer Symbolik und Rhetorik zu verschmelzen. Politisch ist dieses Drama nur noch in der zeitkritisch-sozialen Grundierung der proletarischen Schicksalstragödie.
Während der Festungshaft schrieb Toller auch Bühnenstücke unmittelbar für die politische Praxis, nämlich Festspiele mit Massenszenen für die Gewerkschaftstage 1922, 1923 und 1924, die auch aufgeführt wurden. Nach der Festungshaft suchte er, gleichzeitig mit seiner regen politischen Tätigkeit, den Anschluss an die Theaterpraxis. Damit war das expressionistische Verkündigungsdrama, aber auch das artistische Denkspiel Georg Kaisers vom pragmatischen, aktuellen und politischen Theater der Weimarer Republik abgelöst. (Vgl. Bd. 5.)

6 Erzählte Krisen – Krise des Erzählens

In der literarischen Prosa nach 1900 ist scheinbar die „expressionistische Revolution" ausgeblieben. Als bis in die Gegenwart wirksame große Erzähler der Periode betrachtet man Autoren, die nur entfernt oder gar nicht mit dem Expressionismus in Verbindung standen, wie Heinrich und Thomas Mann, Robert Musil, Hermann Hesse, Hermann Broch, Alfred Döblin oder Franz Kafka; als Begründer des modernen Romans gelten ausländische Autoren wie John Dos Passos, James Joyce oder Marcel Proust. Tatsächlich aber zeichneten sich die radikalen Veränderungen des Bewusstseins und der Literatur auch in der deutschen Prosaliteratur seit etwa 1910 ab: inhaltlich mit der Thematisierung gesellschaftlicher oder psychischer Krisen, formal in der Auflösung der tradierten realistischen Erzählweise. Als besonderes Merkmal der Moderne erscheint die Tendenz, das Erzählen selbst zu reflektieren und zu problematisieren, bis zu seiner Verwandlung in eine aphoristisch-essayistische Denk-Prosa.

6.1 Erzählte Krisen

Psychologische und satirische Zeitkritik in Novellen und Romanen:
Hermann Hesse: Peter Camenzind. Roman (1904)
Unterm Rad. Roman (1906)
Heinrich Mann (Romane und Novellen seit 1893):
Professor Unrat. Roman (1905)
Stürmischer Morgen. Novellen (1906)
Die kleine Stadt. Roman (1909)
Der Untertan. Roman (1914/18)
Bunte Gesellschaft. Novellen (1917)
Thomas Mann: Der kleine Herr Friedemann. Erzählungen (1898)
Buddenbrooks. Roman (1901)
Tonio Kröger. Novelle (1903)
Der Tod in Venedig. Novelle (1911)
Franziska Gräfin zu Reventlow:
Herrn Dames Aufzeichnungen (Roman, 1913)
Carl Sternheim: Busekow. Novelle (1914)
Chronik von des 20. Jahrhunderts Beginn. Novellen (1918, erw. 1926–1928)
Jakob Wassermann:
Caspar Hauser oder Die Trägheit des Herzens. Roman (1908)
Das Gänsemännchen. Roman (1911–1913/1915)

Arnold Zweig: Die Novellen um Claudia (1912)
Geschichtenbuch. Novellen (1916)
Stefan Zweig: Erstes Erlebnis. Erzählungen (1911)
(Zu Arthur Schnitzler und Robert Musil vgl. S. 76 ff.)

Expressionismus und Kurzgeschichte:
Johannes R. Becher:
Verfall und Triumph. Band 2: Versuche in Prosa (1914)
Martin Beradt: Der Neurastheniker. Erzählung (1913)
Max Brod: Notwehr. Novellen (1913)
Alfred Döblin: Die Ermordung der Butterblume. Erzählungen (1913)
Kasimir Edschmid: Die sechs Mündungen. Novellen (1915)
Das rasende Leben. Novellen (1916)
Timur. Novellen (1916)
Leonhard Frank: Die Räuberbande. Roman (1914)
Der Mensch ist gut. Novellen (1918)
Georg Heym: Der Dieb, ein Novellenbuch. (postum 1913)
Alfred Lemm: Mord. Band 2: Versuche (1918)
Fritz von Unruh: Opfergang. Erzählung (1916/1919)
Franz Werfel: Nicht der Mörder, der Ermordete ist schuldig. Erzählungen (1920)

6.1.1 Psychologische und satirische Zeitkritik in Novellen und Romanen

Die großen zeitkritischen Erzähler der Periode knüpften noch an die europäischen Roman- und Novellentraditionen an. Krisen der Vorkriegsgesellschaft und ihrer Kultur wurden zunächst vorwiegend in psychologischen Krisen realistisch dargestellt, so z. B. von Arthur Schnitzler (1862–1931), Heinrich Mann (1871–1950), Thomas Mann (1875–1955), Hermann Hesse (1877–1962), Robert Musil (1880–1942), Stefan Zweig (1881–1942) und Arnold Zweig (1887–1968). Psychische und soziale Krisenerscheinungen verbinden sich hier z. B. in den Schicksalen Jugendlicher, der Künstler, problematischer Liebes- und Ehebeziehungen oder einer ganzen Familie. Der kritische Abstand vieler Intellektueller, Künstler und Autoren von der bürgerlichen Gesellschaft fand seinen Ausdruck auch in autobiografisch begründeten Büchern wie z. B. Hermann Hesses Darstellung einer Jugendkrise „Unterm Rad“ oder – ganz anders – dem Schlüsselroman „Herrn Dames Aufzeichnungen“ von Franziska zu Reventlow, einer satirischen Schilderung der Münchener Gesellschaft einschließlich der Intellektuellen. Einen ausgeprägten Sinn für kollektive Bewusstseinshaltungen hatte *Jakob Wassermann* (1873–1934), der in

seinen historischen Romanen ideologische Gründe menschlichen Verhaltens, insbesondere der Deutschen gegenüber Juden und anderen Außenseitern, analysierte. In manchen der Erzählungen dieser Gruppierung geben die Krisenthematik oder aber Ironie und Symbolik dem Wirklichkeitsbild etwas Hintergründiges, das den Bestand der Wirklichkeit unsicher erscheinen lässt: „Ihm war, als lasse nicht alles sich ganz gewöhnlich an, als beginne eine träumerische Entfremdung, eine Entstellung der Welt ins Sonderbare ..." (Thomas Mann: „Der Tod in Venedig"). Auch in der Zuspitzung zur Satire kündigt sich eine Ablösung vom psychologisch-realistischen Erzählen an. So demaskiert *Heinrich Mann* in seinen Romanen „Professor Unrat" (1905, unter dem Titel „Der blaue Engel" 1931 verfilmt) und „Der Untertan" (1914; wegen eines Verbots der Veröffentlichung erst 1918 erschienen) das Bürgertum, den Staat und die Ideologien der wilhelminischen Ära. Die Satire überzeichnet das Individuelle zum Exemplarischen und verfremdet die Realität in der Komik.
Andere Mittel, um das Exemplarische der Zeit darzustellen, sind typisierte Figuren, extreme Situationen oder ein distanziert-verfremdender Stil. Sie benutzt *Carl Sternheim* (1878–1942) in den seit 1913 geschriebenen Novellen, die er 1918 unter dem Titel *„Chronik von des 20. Jahrhunderts Beginn"* publizierte (erweitert 1926–1928), ein Gegenstück zu den Komödien „Aus dem bürgerlichen Heldenleben" (vgl. S. 137 f.). Damit erhob er den Anspruch, ein Zeitbild zu geben, das allerdings nicht als umfassendes episches Panorama, sondern als Reihe novellistischer Figuren-Biografien ausgeführt ist. Die Figuren entstammen unterschiedlichen sozialen Schichten – adeliges Fräulein, Rentier und Spekulant, Bürger, Aufsteiger, erfolgloser Künstler, Polizist, Hausgehilfin –, und die Zeitgeschichte vom Kaiserreich bis zum Ersten Weltkrieg ist in den sozialen Typen und dem Milieu entweder angedeutet oder ausdrücklich in die Handlung einbezogen. Aber auch Sternheim setzt die Tradition realistischer Zeitkritik nicht fort, sondern verfremdet sie in einem manieristisch pointierten Stil:

„[...] Aller Mahlzeit Beginn und Schluss hieß Gebet. Brot Schwein und Kartoffel lag inmitten. Das und die Familie war protestantisch. Preuße der liebe Gott. Evangelisch war Magd Knecht Vieh und alles in den Herrn gekehrt. Über der Gemüter fader Landschaft lag des Hausherrn Zufriedenheit in Kindern und Gesinde als Licht, als Sturm und Gewitter sein Unwille. Auf seine Person war alles Begreifen gedrillt, der Hosen Sitz, des Bartes Schmiss früh allemal Symbol." („Ulrike")

Sternheim verband mit seinem Stil eine sprach- und gesellschaftskritische Intention:

„Alle deutsche Revolution hat mit der Revolutionierung der deutschen Sprache zu beginnen. Solange wir noch des Bürgers betrügerisches Idiom sprechen, sind wir es selbst (erg.: Bürger) ..." („Das Arbeiter-Abc", 1922)

Auffällige Merkmale dieses Stils sind weggelassene Artikel und adjektivische Attribute – deshalb der Eindruck eines Nominalstils – sowie eine auffällige Wortstellung im Satz, durch die das Subjekt oft in die Mitte rückt (s. Zitat aus „Ulrike"). Sternheim glaubte damit Wortfülle und Nebensächlichkeiten des bürgerlichen „Idioms" zu vermeiden, „das Wort" zu retten und zu erreichen:

„dass [...] aus monumentaler Klarheit sein (erg. des Wortes) verloren gegangenes Essentielles für die Welt wieder gerettet und überflüssige, klischierte [...] Zutat entfernt wird." („Expressionismus und Sprachwissen", 1919)

Das beruht zwar auf unwissenschaftlicher Sprachtheorie, kennzeichnet aber Sternheims Verhältnis zum Expressionismus: Anders als z. B. August Stramm (vgl. S. 112 f.) geht es Sternheim nicht um Gefühlsausdruck, Appell und Irrationales, sondern um rationale und anti-ideologische Klarheit. (vgl. S. 137 f.)

6.1.2 Kurzgeschichte und Kinostil als Ausdruck der neuen Zeit

Einen neuen Ausdruck fanden die Krisenerfahrungen der Vorkriegsgeneration vor allem in zahlreichen Kurzerzählungen: als Angst und Ich-Schwäche junger Menschen in einer übermächtigen Umgebung (Alfred Lichtenstein: „Der Selbstmord des Zöglings Müller", 1919); als Vereinsamung des Individuums in der Großstadt (Alfred Lemm: „Weltflucht", 1918) oder in der Isolation des Untermieters (Martin Beradt: „Der Neurastheniker", 1913); als Situation des verachteten Juden in einem Europa, das ihm wie ein Warenhaus, eine Maschinenhalle, ein Lazarett oder ein Irrensaal vorkommt (Arnold Zweig: „Quartettsatz von Schönberg op. 7 d-moll", 1915); schließlich als die Entfesselung anonymer Gewalten im Weltkrieg (Fritz von Unruh: „Opfergang", 1916/19) oder als Leiden der sozialen Unterschichten (Leonhard Frank: „Der Mensch ist gut", 1918). Krisenhafte Grenzsituationen werden aber umgekehrt auch als Momente gesehen, in denen das Individuum sich steigert und entgrenzt, so immer wieder in den Erzählungen von Kasimir Edschmid, z. B. im Sammelband mit dem bezeichnenden Titel „Das rasende Leben" (1916).

Die Breite des Romans und die Geschlossenheit der Novelle schienen diesen Erfahrungen nicht zu entsprechen. Zwar nannten die Autoren ihre Erzählungen oft noch „Novellen", aber mehr und mehr drang die für das 20. Jahrhundert so charakteristische offene Kurzgeschichte vor. Man sah in ihr auch das literarische Pendant zu einem neuen Medium, für das gerade moderne Autoren sich interessierten, nämlich zum Kinofilm, vor dem Weltkrieg fast nur bekannt als hastig ablaufender Kurzfilm. Nach Döblin war der „Kintopp" das „Theater der kleinen Leute" und nach Loerke „diese Fülle Leben, dennoch grotesk". Und Georg Lukács beschrieb 1913 die „Weltanschauung" des Kinos, als ginge es dabei um den Expressionismus:

„Es gibt keine Kausalität [...], oder genauer: ihre Kausalität ist von keiner Inhaltlichkeit gehemmt oder gebunden. ‚Alles ist möglich': das ist die Weltanschauung des ‚Kino', und weil seine Technik in jedem einzelnen Moment die absolute [...] Wirklichkeit dieses Moments ausdrückt, wird das Gelten der ‚Möglichkeit' als einer der ‚Wirklichkeit' entgegengesetzten Kategorie aufgehoben." („Gedanken zur Ästhetik des Kinos", „Frankfurter Zeitung" Nr. 251 vom 10.9.1913)

Absage an positivistische Kausalität, dafür Intensität, ja Verabsolutierung des erlebten Moments und Aufhebung der Grenze zwischen Wirklichem und Möglichem – das ist expressionistisch. Deshalb nannte Kurt Pinthus „die short-story, das gedruckte Kinostück" neben Glosse und Aphorismus, als Ausdrucksform einer schnelllebigen Zeit (in: „März", Jg. VII, 1913). Und Döblin forderte selbst für den Roman einen „Kinostil", in dem die Wirklichkeit „in höchster Gedrängtheit und Präzision", vor allem aber in ihrer „Kinetik" am Leser vorbeizieht: „Rapide Abläufe, Durcheinander in bloßen Stichworten" „An die Romanautoren und ihre Kritiker", in: Der Sturm, 1913). Dem entspricht als Gattung ganz besonders die Kurzgeschichte, mit der Erfahrungen in Grenzsituationen und transitorischen Momenten intensiv dargestellt werden können.

6.1.3 Außenseiter: Geballte und zerfallende Wirklichkeit

Exemplarisch für die Erfahrung von Grenzsituationen ist der Menschentyp des Außenseiters in Momenten der Lebens- oder Persönlichkeitskrise. Ludwig Rubiner verstand darunter die sozial oder psychisch Abseitigen, die entweder in der Gesellschaft keinen Platz finden oder sich ihr selbst verweigern:

„Wer sind die Kameraden? Prostituierte, Dichter, Zuhälter, Sammler von verlorenen Gegenständen, Gelegenheitsdiebe, Nichtstuer, Liebespaare mitten in der Umarmung, religiös Irrsinnige, Säufer, Kettenraucher, Arbeitslose, Pennbrüder, Erpresser, Kritiker, Schlafsüchtige, Gesindel. Und für Momente alle Frauen der Welt. Wir sind der Auswurf, der Abhub der Verachtung. [...] Wir sind der heilige Mob." („Der Dichter greift in die Politik". In: „Die Aktion", 1912)

Positiv gesehen, sind nach Rubiner diese Menschen die „Ungeduldigen", die es drängt, „herauszustoßen die Selbstverständlichkeit und Sicherheit des Getragenwerdens von der Umwelt; einen schnellen Augenblick die Intensität ins Menschenleben zu bringen" (s.o.). Negativ gesehen, sind sie nach Döblin „Unzeitliche aus Not: Sie sind innerlich gefesselt, ihr Organismus erschöpft sich in Störungen, Reibungen. Sie kommen nicht zu sich, geschweige denn zu anderen." („Von der Freiheit eines Dichtermenschen". In: „Die neue Rundschau", 1918).

Ein Musterbeispiel dafür gibt *Johannes R. Becher* (1891–1958) in seiner Kurzgeschichte *„Der Dragoner"* (1914). Hier wird eine Prostituierte von dem Dragoner, den sie als Freier mitgenommen hat, erstochen. Das Milieu der kasernierten Soldaten ist wie das der Freudenmädchen unbürgerlich und abseitig. Becher gestaltet aber keine Milieustudie, sondern den „rapiden Ablauf" äußerer, gegenständlicher Eindrücke und innerer, fast halluzinatorischer Vorstellungen des Mädchens, dem im Dragoner entfesselte Gewalt begegnet. Wirklichkeit zerfällt in ein Durcheinander von Innen und Außen, Selbstwahrnehmung und Fremdwahrnehmung, Vergangenheit und Gegenwart. Der sexuelle Akt wird ersetzt durch den Todesstoß mit dem Dragonersäbel, der allerdings eine schon in der Angst Entseelte trifft:

„Sie erstarrte. Ward zur Puppe. Haftete. Zerbrochen. In die Knie geknickt. Schon vorher durchbohrt."

Der inkohärente Stichwortstil spiegelt eine Erfahrung, in der Wirklichkeit sich zugleich im Detail zusammenballt und als Ganzes zerfällt, und ebenso die Atemlosigkeit höchster Erregung, in der Raserei und Entsetzen zusammenfallen.

Prototyp der Außenseiter ist der Psychopath. In ihm sehen wir nicht nur den Zerfall der Persönlichkeit; sondern in seinen defekten Wirklichkeitsvorstellungen spüren wir den Zerfall rationaler Wirklichkeitsbilder überhaupt, in seiner Unfähigkeit zur Kommunikation den Zerfall zwischenmenschlicher Solidarität. So schrieb *Franz Werfel* (1890–1945) die Rede eines Irren an seine imaginären Besucher (*„Blasphemie eines Irren"*, 1918), lässt ihn aber so verständig sprechen, dass nicht er, sondern seine normale Umwelt irre erscheint. Der Ich-Zerfall des Irren äußert sich in der blasphemischen Idee, von der er besessen ist. Diese kann man als religiösen Wahn verstehen, aber auch als Kritik am Individualismus; der Irre identifiziert sich nämlich mit dem Gott, der seine Zehn Gebote mit dem Wort „Ich" begonnen hat und das als Fehler oder Schuld erkennt: „Ich zu sagen ist immer ein Versprechen, das man nicht halten kann" – die Krise des Individuums als Folge einer Verabsolutierung des Ichs.

Ganz anders behandelt *Georg Heym* (1887–1912) dieselbe Rolle in der Erzählung *„Der Irre"*; sie steht in einer Reihe mit Porträts anderer Außenseiter-Typen: des Kindes („Ein Nachmittag"), des Krüppels („Jonathan") und des Diebes (in: „Der Dieb, ein Novellenbuch", postum 1913). Der Irre ist aus der Anstalt entlassen. Er erlebt den Glücksrausch der Freiheit und den Blutrausch der Rache an denen, die ihn eingesperrt haben, an deren Stelle er aber vier harmlose Personen umbringt. Am Ende wird er selbst gejagt und erschossen. Heym erzählt dies aus der Perspektive des Irren, in der objektivierenden dritten Person, aber durchsetzt mit erlebter Rede. Scheinbar setzt die Identität des Irren sich aus Paradoxen zusammen, aus Sentimentalität und Brutalität, Angst und Wut, Scharfsinn und Wahn, Beziehungslosigkeit und Fixiertheit auf bestimmte Personen. Jedoch kann man sich in diese schizophrene Identität hineindenken, ihre Erfahrungen und Regungen als solche empfinden, die jedem Menschen möglich sind: Die „irre" Wirklichkeit ist der normalen unheimlich ähnlich – das macht die Erzählung so beklemmend.

6.2 Krise des realistischen Erzählens

Fantastik, Groteske und Vieldeutigkeit:
Alfred Döblin: Die Ermordung einer Butterblume. Erzählung (1910)
Alfred Lichtenstein: Gedichte und Geschichten (postum 1919)
Gustav Meyrink: Der Golem. Roman (1915)
Mynona (Salomo Friedländer):
Rosa, die schöne Schutzmannsfrau. Grotesken (1913)
Kurt Schwitters: Die Zwiebel. Merzgedicht 8 (1919)

Reflexion und Denunziation des Erzählens:
Hermann Broch: Methodologische Novelle (1918)
Ferdinand Hardekopf: Lesestücke (1916)

Der Zweifel an einer „normalen" Wirklichkeitserkenntnis stellt realistisches Erzählen von Grund auf in Frage, in dem so getan wird, als gäbe es eine normale Wirklichkeit und könne man normal darüber sprechen. Erzähler können daraus unterschiedliche Konsequenzen ziehen, wie sich in der modernen Literatur zeigt: Sie können auf die Fiktion von Wirklichkeitswiedergabe verzichten und die Fantasie verabsolutieren; sie können mit dem Erzählgestus rein artistisch spielen; sie können aber auch den Zweifel thematisieren und reflektieren – schließlich können sie das Erzählen auch aufgeben. Anders als in der Lyrik scheint für den Erzähler jedoch die Möglichkeit, den Zweifel auf die Sprache zu richten und ihre Formen zu sprengen, begrenzt zu sein, weil dadurch die narrative Kommunikation mit Lesern überhaupt aufzuhören droht.

6.2.1 Fantastik und Groteske

Fantastische Geschichten über Geister und Wunder, über Genie, Wahnsinn und Verbrechen, über Okkultismus, Kabbalistik und Parapsychologie gibt es seit der Romantik in Fülle; teilweise gehört dazu auch die Science-Fiction-Literatur. Geschichten, die an die Stelle der gewöhnlichen Wirklichkeit die Möglichkeiten des Ungewöhnlichen setzen, befriedigen irrationale Bedürfnisse der Leser, die in deren Alltagsleben unbefriedigt bleiben. Das nutzen gerade auch Autoren der massenhaft verbreiteten „Trivialliteratur“, und ein solcher Bestsellerautor, der den Expressionisten nahe stand, war z. B. Hanns Heinz Ewers (1871–1943), der seit 1901 groteske Romane des Grausigen veröffentlichte (u. a. „Alraune“, Roman, 1911). Starke Wirkung hatte solche Literatur auf den deutschen expressionistischen Film bis in die zwanziger Jahre, beispielhaft im Falle des in Prag spielenden Okkultismus-Romans *„Der Golem“* (1915) von *Gustav Meyrink* (1868–1932).

Mit einer verwickelten Traumhandlung und mit Schauereffekten symbolisiert Meyrink im alten Judenviertel Prags mit seinen kabbalistischen Sagen das Labyrinth der Seele; in Ich-Spaltung und Doppelgängermotiv, in wirren Personenbeziehungen sowie der Austauschbarkeit der Zeiten verwischen sich die Grenzen zwischen äußerer und innerer Wirklichkeit.
Noch im Jahr der Buchpublikation wurde der „Golem“ verfilmt. Vorausgegangen war 1913 ein Film *„Der Student von Prag“*, die Geschichte einer Identitätsspaltung. Der Erfolg dieser Filme löste weitere aus, bis hin zum berühmtesten: *„Das Kabinett des Dr. Caligari“* (1920). Hier verleitet der Direktor einer Irrenanstalt durch Hypnose seine Patienten zu einer Serie von Morden, bis er entlarvt wird und sein Wahnsinn offen ausbricht. Die Angst- und Irrenatmosphäre des Films ist mit einer kubistisch-expressionistischen Ausstattung zum surrealen Traumbild stilisiert.

Weniger Breitenwirkung erzielten expressionistische Erzähler, die mit den Elementen realistischen und phantastischen Erzählens ironisch spielten, um sich damit entweder von den Trivialitäten der Kunst oder den Trivialitäten des Lebens zu distanzieren. *Alfred Lichtenstein* (1889–1914) umgibt in einer Erzählung *„Café Klößchen“* (postum 1919) die tragische Außenseiterexistenz eines Buckligen mit einer Liebesgeschichte, deren Handlung aus stereotypen Romanmotiven – wie Großstadt, bürgerliche Spießigkeit, Bohème, Leidenschaft und Seelenliebe – teils grotesk, teils ironisch zusammengeklittert ist. *Salomo Friedländer* (1871–1946) veröffentlichte 1913 unter dem Pseudonym Mynona eine Sammlung grotesker Erzählungen, deren eine *„Der Schutzmannshelm als Mausefalle“* heißt. Die Handlung ist absurd: Ein Kolibri wird im Neureichenmilieu das Opfer komischer Verwicklungen. Man kann den Jux allerdings auch als verschlüsselte Kritik der Kunst an der Gesellschaft auffassen: Die neureichen Bürger halten sich Kunst (den Kolibri) als Einrichtungsgegenstand, aber können mit ihr nichts Sinnvolles anfangen; die Organe des Staates (Schutzmann) sind tölpelhaft und werden zur „Falle“ der Kunst. Darüber hinaus kennzeichnet die groteske Erzählweise das Missverhältnis zwischen Literatur und Wirklichkeit überhaupt: „... nein, die Literatur ist kein Kolibri; sie ist weit, weit eher eine Verbalinjurie, an der ganzen lieben Welt begangen.“
Im Dadaismus stieß die fantastisch-groteske Erzählung bis zum alogischen Text vor, so in den Unsinn-Märchen von Hans Arp (vgl. S. 128 f.) oder Text-

montagen wie *„Die Zwiebel“* (1919) von *Kurt Schwitters* (1887–1948); hier löst sich das Erzählen im absurden Sprachspiel auf.

6.2.2 Vieldeutigkeit des Erzählten

Die berühmteste expressionistische Groteske ist *„Die Ermordung einer Butterblume“* (1910) von *Alfred Döblin* (1878–1957).

Ein pedantischer Kaufmann, Michael Fischer, „köpft“ gedankenlos auf einem Spaziergang eine Butterblume, empfindet dies aber nachträglich als Mord, beschwichtigt sein Schuldbewusstsein mit Sühnehandlungen, um sich von seinem Opfer zu distanzieren, und sieht sich schließlich durch einen Zufall von seiner fixen Idee befreit, so dass er sein Spießerleben weiterführen und auch weiter Unkraut „köpfen“ kann.

Grotesk wird diese an sich traditionell erzählte Geschichte schon durch ihre komischen Einzelheiten:

„Er lächelte verschämt. Vor die Blumen war er gesprungen und hatte mit dem Spazierstöckchen gemetzelt, ja, mit jenen heftigen, aber wohl gezielten Handbewegungen geschlagen, mit denen er seine Lehrlinge oft zu ohrfeigen gewohnt war, wenn sie nicht gewandt genug die Fliegen im Kontor fingen und nach der Größe sortiert ihm vorzeigten.“

Grotesk ist vor allem das durchgehende Missverhältnis zwischen der pedantischen Spießigkeit Fischers, seinem psychologisch konsequent entfalteten Schuldbewusstsein und dem Mordopfer, einem ordinären Unkraut. Der Widerspruch zwischen absurder Handlung und genauem, realistischem Erzählen lässt die Geschichte zunächst sinnlos erscheinen, bis man merkt, dass sie mehrere Bedeutungsebenen hat und jede von ihnen in sich sinnvoll ist. Autobiografische Elemente aus Döblins Zeit des Medizinstudiums, zu denen auch das zwiespältige Verhältnis des Städters zur Natur gehört, erlauben, sie als verschlüsselte Selbstdarstellung zu lesen. Eine zweite Bedeutungsebene ist die psychopathologische: Fischers Persönlichkeit ist schizoid – sie zerfällt in unbeherrschte Emotionalität und pervertierte Rationalität; sein Handeln wie sein Denken beziehen sich auf eine bloß imaginäre Wirklichkeit. Durch die Verbindung des realistischen Stils mit der Perspektive des Wahns erscheinen sodann Mensch und Wirklichkeit überhaupt verzerrt und desintegriert. Schließlich aber kann man die Geschichte auch als satirische Parabel deuten: auf den Bürger, dessen Lebensinhalt, die Ordnung, durch einen Einbruch der Natur gestört und verwirrt ist, was alle möglichen Mechanismen der Selbstberuhigung auslöst, bis die inhaltsleere Ordnung wiederhergestellt wird. In dieser Parabel finden sich erschreckende Enthüllungen spießbürgerlicher, ja faschistoider Rechtfertigungsmuster:

„Ich erinnere mich dieser Blume nicht, ich bin mir absolut nichts bewusst. [...] Man muss diesem Volk bestimmt entgegentreten. [...] Nach Kanossa gehen wir nicht. [...] Es war sein Recht, Blumen zu töten. [...] Es konnte ihm niemand etwas nachsagen. [...] Er konnte morden, so viel er wollte!"

Die Erzählung demonstriert einen für die Moderne sehr wichtigen Weg, über die Konventionen des realistischen, aber auch des fantastischen Erzählens hinauszugelangen: die vieldeutige Parabolik, in der sich zugleich die Vieldeutigkeit der Erfahrung ausdrückt. Diesen Weg ist Döblin weitergegangen, in anderer Weise aber auch Franz Kafka (vgl. S. 169 ff.).

6.2.3 Reflexion und Denunziation des Erzählens in der Erzählung

Die expressionistischen Grotesken zeigen, dass der Zweifel am realistischen Erzählen die psychologische Einheit der Person, die kohärente Beschreibbarkeit der Realität und die Kausalität der erzählten Handlung in Frage stellt:

„Jede Handlung kann auch anders endigen. [...] Also ist das Kunstwerk eine Sache der Willkür." (Carl Einstein: „Über den Roman", 1912)

Dementsprechend haben moderne Erzähler – wie auch manche Romantiker – die „Willkür" des Erzählens entlarvt. *Ferdinand Hardekopf* (1876–1954) schrieb 1912 eine Erzählung *„Der Gedankenstrich"*, in der der Gedankenstrich zwei alternativ angebotene Schlüsse der Handlung trennt: „Aber hier spaltet sich die Erzählung in zwei Gleise." Der eine Schluss ist tragisch, der andere endet als „Idyll, als freundlichere, deutschere Fassung". Der Erzähler kann sich für keine Version entscheiden, beiden misstraut er; denn die tragische „war vorauszusehen", also ein Klischee der Erzähltradition, die andere, untragische, täuscht eine heile Welt vor, hinter der sich bürgerlicher Egoismus versteckt. Das Spiel mit beiden Schlüssen beruht auf einem doppelten Misstrauen: gegenüber den Klischees der Literatur wie gegenüber den Klischees bürgerlicher Ideologie in der gesellschaftlichen Realität.
Ganz ähnlich hat *Hermann Broch* (1886–1951) das Spiel mit verschiedenen Versionen einer Handlung als Mittel der Zeit- und Literaturkritik verwendet, es aber noch ausdrücklicher kommentiert, und zwar in seinem Erstling *„Methodologische Novelle"* (1918; unter dem Titel „Methodisch konstruiert" Teil des Romans „Die Schuldlosen", 1950). Es ist die Liebesgeschichte eines Gymnasiallehrers als Satire auf bürgerliche Konvention und Ideologie und als Parodie auf triviale Romane, vielleicht auf die erzählerische Stilisierung des Lebens überhaupt:

„[...] kniet der Pensionsfähige auf dem grünlich schimmernden Linoleumboden nieder, den mütterlichen Segen zu empfangen."

In die Erzählung sind Kommentare eingestreut, u. a. über Naturalismus und Expressionismus: Das Erzählen selbst wird in der Erzählung kommentiert. Und so merkt der Erzähler nach dem übertrieben tragischen Schluss an:

„Ja, so war das Geheimnis denkbar, so war es konstruierbar, so ist es rekonstruierbar, doch es hätte auch anders sein können."

Nach allerlei Erwägungen, wie die Geschichte hätte enden können, bietet Broch ein Happy End an. Aber alle denkbaren Schlüsse sind für ihn nur Varianten derselben gesellschaftlichen und ideologischen Voraussetzungen; jede erzählte Handlung ist „nur zufällige Lösung aus der Fülle zur Verfügung stehender Lösungsmöglichkeiten". Statt der Fiktion einer wirklichen Handlung stellt Broch die Erzählung deshalb von Anfang an als „methodisch konstruierte" Versuchsanordnung dar:

„[...] Annehmend, dass Begriffe mittlerer Allgemeinheit eine allseitige Fruchtbarkeit zeigen, sei der Held im Mittelstand einer mittelgroßen Provinzstadt [...] – Zeit 1913 – lokalisiert, sagen wir in der Person eines Gymnasialsupplenten. Es kann ferner vorausgesetzt werden [...]"

Der axiomatischen Einleitung entsprechen die weiteren Kommentare und verschiedenen Schlüsse: Fiktionales Erzählen diente dem Mathematiker, Physiker und Ingenieur Broch, der Einsteins Relativitätstheorie (1916) kannte, als Denkmodell, mit dem die Selbstverständlichkeit auktorialen wie personalen Erzählens in Frage gestellt. Nur indem er die Erzählung als spekulative Konstruktion transparent machte, glaubte Broch etwas Wahres aussagen zu können, nämlich seine Ideologiekritik am Bürgertum und an dessen Literatur.

6.3 Krise der Künstler und Intellektuellen

Gottfried Benn:
Gehirne. Novellen (1916)
Diesterweg. Novelle (1918)
Das moderne Ich. Essays (1919)
Die gesammelten Schriften (1922)
Albert Ehrenstein:
Tubutsch. Erzählung (1911)
Der Selbstmord eines Katers. Erzählung (1912)
Carl Einstein:
Bebuquin oder Die Dilettanten des Wunders. Roman (1912)

Es ist auffällig, welche Unmenge von Essays und Proklamationen Schriftsteller in den ersten Jahrzehnten des 20. Jahrhunderts veröffentlicht haben. Die literarische Produktion schien mehr und mehr der Reflexion und des Kommentars zu bedürfen, und darin schien sich ein Rechtfertigungsbedürfnis ebenso wie eine Verunsicherung zu äußern. Das Erzählen wird in diesem Zusammenhang ein Prozess der Auseinandersetzung des Autors mit sich selbst, mit dem Schreiben oder mit der Problematik seiner Intellektuellen-Existenz.

6.3.1 Carl Einstein: „Der Aberglaube an ein unbedingtes Individuum“

Die problematische Existenz des Intellektuellen war ein immer wieder aufgegriffenes Thema des Kunsthistorikers und Schriftstellers Carl Einstein. In einem Essay „Über den Roman“ schrieb er 1912:

> „Denken ist eine Leidenschaft ersten Ranges, die, von den Philosophen, der Schule, dem Militär, dem Staat, vor allem der Ehe, vergewaltigt, nur mühsam im Religiösen fortbesteht. Wer hätte nicht ein philosophisches System? – Wer aber weiß um die Menschen, die nicht anwandten, die Gedanken erfanden, an ihnen beteten, Tee tranken, rauchten, ja starben.“ (In: „Die Aktion“, 1912)

Das Zitat stellt „Denken“ in einen gesellschaftlichen Gegensatz: Als „angewandtes“ Denken wird es von den gesellschaftlichen Institutionen „vergewaltigt“; Partei ergreift Einstein für das Denken als „Leidenschaft“, also als nicht Verwaltetes und Verwertetes. Dieses Denken ist nicht „System“, sondern geglaubt, erlebt und erlitten, und es ist kreativ. Diejenigen, die so denken, arbeiten nicht für die gesellschaftlichen Institutionen, sondern scheinbar zwecklos – es sind die freischaffenden Künstler und Intellektuellen. Etwa zwanzig Jahre später ging Einstein jedoch mit diesen „Literaten“ streng ins Gericht und kritisierte ihr Tun als „Fabrikation der Fiktionen“ und als Flucht vor „Fakten“. Die Ursachen dafür sah er nach wie vor in der Sonderstellung, die sie in der Gesellschaft einnehmen, von der sie aber abhängen:

> „Die Literaten von heute fühlen sich an kein formiertes Milieu gebunden. Hierdurch erhoffen sie die letzte Individualisierung zu retten. Der frühantike oder primitive Mensch fürchtete die Götter, die Modernen ängstigen sich vor der konkreten Welt und fliehen in die Bezirke der Schatten und Zeichen.“
> („Die Fabrikation der Fiktionen“, postum 1973)

1906 bis 1909 schrieb Einstein einen kleinen „Roman“ über den Intellektuellen: *„Bebuquin oder Die Dilettanten des Wunders“* (veröffentlicht 1912). Es ist eine Folge grotesker Szenen und absurder Gespräche, die man nicht als Handlung nacherzählen kann.

Schauplätze werden zwar skizziert – z. B. Bar, Zirkus, Straßen, Landschaften, ein Kloster, ein Friedhof und immer wieder das Zimmer, in dem Bebuquin haust –, aber eine klare räumliche Orientierung entsteht ebenso wenig wie ein zeitliches Kontinuum. Personen mit seltsamem Aussehen oder Gebaren treten auf, führen Gespräche mit Bebuquin, werden von anderen abgelöst. Fast alles Wirkliche erscheint künstlich verfremdet: Spiegel und künstliches Licht sind wiederkehrende Motive, Zirkusaufführungen oder Kinofilme werden genauso erzählt wie echte Erlebnisse, Personen werden durch Künstliches charakterisiert, z. B. die erotisch-lebensvolle Euphemia durch ihren Schmuck, der Denker Nebukadnezar Böhm, der viel von Logik redet und unfähig ist, Realität zu erfassen, durch sein silbernes Gehirn. Am Ende scheint Bebuquin zu sterben.

In diesem Durcheinander kreisen die Gedanken Bebuquins um ein Problem, das Einstein später in den Satz gefasst hat: „Die Genies suchen den Aberglauben an ein unbedingtes Individuum zu erhalten" („Die Fabrikation der Fiktionen"). Zusammengesetzt ergeben Bebuquins Aphorismen das Bild des beziehungslosen Menschen, der sich nicht verwirklichen kann:

„Ich will nicht eine Kopie, keine Beeinflussung. Ich will mich, aus meiner Seele muss etwas Eigenes kommen, und wenn es Löcher in privater Luft sind ..." – „Beinahe wurden Sie originell, da Sie beinahe wahnsinnig wurden. [...] Ihre Sucht nach Originalität entspringt Ihrer beschämenden Leere; meine auch ..." – „Traurig, welch schlechter Romanheld ich bin, da ich nie etwas tun werde, mich in mir drehe; ich möchte gern über Handeln etwas Geistreiches sagen, wenn ich nur wüsste, was es ist. Sicher ist mir, dass ich noch nie gehandelt oder erlebt habe." – „Herr, lass mich einmal sagen, ich schuf aus mir. Sieh mich an, ich bin am Ende, lass mich eine unabhängige Tat, ein Wunder tun ..."

Der unentwegt ästhetisch wahrnehmende und in Gesprächen philosophierende Mensch ist zum Leben und Handeln, erst recht zur Kreativität unfähig, gelangt aber auch mit seinem Denken nirgendwohin, denn „das Denken bewegt sich in Tautologien". Am Schluss wird die Erzählung unvermittelt realistisch und nüchtern; es ist – vergleichbar dem Schluss des „Werther" – der „Bericht der drei letzten Nächte", nach deren letzter vitale und geistige Existenz aufhören:

„Gegen Morgen wachte er auf, war unfähig zu reden und konnte nicht mehr allein essen. Nur einmal schaute er kühl drein und sagte: Aus."

6.3.2 Albert Ehrenstein: „Die eigene Leere übertönen"

Eine ganz ähnliche Thematik behandelte in anderer Form Ehrenstein in seiner Erzählung *„Tubutsch"* (1911). Anfang und Ende bestehen darin, dass eine Person sich förmlich vorstellt: „Mein Name ist Tubutsch, Karl Tubutsch." Dazwischen plaudert der Ich-Erzähler von seinem Leben, von lauter kleinen Begebenheiten und meist armseligen Leuten. Alles, was er erzählt, umschreibt aber nur „die Leere, die Öde" um ihn herum und „die Leere in mir". In der „ewigen Wiederkehr" des Banalen kann auch Tubutsch nichts werden, und er erschrickt vor der eigenen Unwandelbarkeit:

„Und als ich im Schein des zusammensinkenden Wachsstängels aus der Visitenkarte, die auf der Tür meines Kabinetts mit separiertem Eingang prangt, las, dass ich der Herr Karl Tubutsch war, da sagte ich leise, niedergeschmettert, nichts als: ‚Scho wieder!'"

Das Zitat zeigt Ehrensteins Kunst, die Sinnlosigkeit im präzise beschriebenen Gewöhnlichen erscheinen zu lassen – darin steht er Kafka nahe. Kafka ähnlich sind auch viele Motive: Tubutsch will dauernd etwas unternehmen, tut aber dann doch nichts; er befasst sich mit dem Plan einer absurden Dissertation, mit „Welträtseln", mit Statistik – alles führt zu nichts. Oder er will einen Gastwirt besuchen, trifft ihn nicht an und ärgert sich darüber, dass dieser seinerseits einen Gastwirt besucht. Er hat viele Bekannte, aber keinen echten Gesprächspartner und redet deshalb mit seinem Schuhauszieher; dabei denkt er sich fantastische Lebensrollen aus – „Wandlungen", um nur nicht mehr er selbst zu sein. Da es ihm in Wirklichkeit nicht gelingt, ein anderer zu werden, sehnt er sich nach dem Tod, fürchtet aber zugleich, dass „mich auch noch der Tod mit einer Enttäuschung abspeist".
Das alles lässt sich nicht nur auf den Menschen überhaupt verallgemeinern, sondern auch speziell auf Schriftsteller und Intellektuelle beziehen. Tubutsch ist nirgendwo gesellschaftlich gebunden, und er existiert als Figur nur im Reden und Reflektieren; außerdem sagt er von sich: „Früher habe ich geschrieben", und erklärt, warum er nicht mehr schreibt. Unmittelbar vor seinem letzten Monolog über Leben und Tod redet er darüber, wie wenig das Dichten Realität schaffen oder ein Leben erfüllen kann:

„Und wenn man ein Dichter wäre, man ist noch immer nicht mehr als ein geborener Tierstimmenimitator […] – alle Stimmen lässt du aus dir erschallen, o Tierstimmenimitator, um die eigene Leere zu übertönen, deinen Mangel an eigener Stimme […]."

6.3.3 Gottfried Benn: „Es geschieht alles nur in meinem Gehirn"

In Gottfried Benns Prosa schließlich lassen sich Erzählen und Denken überhaupt nicht mehr unterscheiden. Sein Essaywerk ist umfangreicher als sein Erzählwerk, und seit den späten dreißiger Jahren schrieb er keine Erzählungen mehr. Auffallend ist die Zahl autobiografischer Essays, und das verbindet die Essayistik wiederum mit seinen Erzählungen: Erzählen ist für Benn Selbstreflexion und Auseinandersetzung mit den intellektuellen und emotionalen Erfahrungen seiner Zeit. So verschmelzen Dichtung, Reflexion und Autobiografie in einer neuartigen Denk-Prosa; erzählenswert ist allemal nur der *„Lebensweg eines Intellektualisten"* (1934) oder sein *„Doppelleben"* (1950/55) als Arzt und Dichter. In diesem Doppelleben erkennen wir Carl Einsteins zwei Arten des Denkens wieder: das angewandte Denken im Beruf und in den Institutionen, das leidenschaftliche Denken des unabhängigen Intellektuellen in seiner Einsamkeit. Benns Erfahrung in beiden Bereichen war schon früh, dass ihm als „modernem Ich" sowohl die Wirklichkeit als auch die Einheit des Ichs, vor allem aber die Synthese aus beiden zu zerfallen schienen. Das ist auch das Thema der frühen Erzählungen.

1916 veröffentlichte Benn einige seiner seit 1915 geschriebenen Prosastücke unter dem Titel „Gehirne", denen 1918 und in den zwanziger Jahren noch einige ähnliche folgten. Die handlungsarmen Personenskizzen sind montiert aus Erlebnissen Benns, aus Erinnerungen, Eindrücken, ferner Zitaten aus Notizbüchern, Gesprächen, gelesenen Büchern oder Benns eigenen Werken – ganz ähnlich wie seine autobiografischen Essays. Aus diesen Erfahrungssplittern „entstand" die fiktive Rolle eines Arztes, meistens mit dem Namen Rönne, der aber nur ein Deckname ist, mit Hilfe dessen Benn sich selbst in der dritten Person darstellen konnte. Der Übergang zur Ichform („Weinhaus Wolf", 1937) markiert dann Benns endgültige Wendung vom scheinbar fiktionalen zum offen autobiografischen Schreiben. Die Auflösung traditionellen Erzählens lässt sich deutlich an der Titelerzählung von 1916 beobachten: „Gehirne", in der noch ein Rest an äußerer Handlung besteht.

Der Arzt Rönne vertritt für einige Zeit den Chefarzt einer Privatklinik. Er arbeitet nur lässig, aber sein Blick ruht oft auf den hinfälligen Körpern der Patienten. Auffällig ist seine Gewohnheit, gedankenverloren mit beiden Händen eine Geste zu machen, als halte er etwas darin. Mehr und mehr zieht er sich allein in sein Zimmer zurück. Als der Chefarzt zurückkommt, empfängt ihn Rönne mit einer wirren Rede über seine Hände, die immer Gehirne gehalten und auseinander genommen hätten, und bittet um seine Freiheit.

Die Erzählung beginnt konkret mit der Anreise Rönnes; die Fakten gehen aber bald in den inneren Monolog des Arztes über: „Es geht also durch Weinland, *besprach er sich …*" (Hervorhebung nicht original). Und so lösen sich alle faktischen Ansätze der Erzählung alsbald in Reflexion und innere Bilder auf. Die Handlungsbruchstücke werden nur mit ganz vagen Formulierungen verknüpft: „Oft …, allmählich …, wenn er lag …, auch in der Folgezeit …, eines Abends …" usw. Das zeitliche Nacheinander verwandelt sich so in ein fast simultanes Nebeneinander von wiederholten oder wiederholbaren Erfahrungsfragmenten. Darin verebbt jeder Anlauf konkreten Erzählens. Äußere Wahrnehmungen werden zu Spiegelungen des Ichs, so vor allem die unheilbaren Patienten: „Er sei keinem Ding mehr gegenüber […], äußerte er einmal." Das Leitmotiv der Chirurgenhände, die ein Gehirn auseinander nehmen – ein Tick als einziges markantes Persönlichkeitsmerkmal! –, ist eine ebensolche Projektion des Ichs:

„Sehen Sie, in diesen meinen Händen hielt ich sie, hundert oder auch tausend Stück [...]. Nun halte ich immer mein eigenes in meinen Händen und muss immer danach forschen, was mit mir möglich sei."

Rönne fasst keine Wirklichkeit mehr, weil er auf sich selbst zurückgeworfen ist und auch sich selbst nicht fassen kann. Benn hat das so kommentiert:

„Das Problem, das Rönne diese Qualen bereitet, heißt also: Wie entsteht und was bedeutet eigentlich das Ich? [...] Wir erblicken hier also einen Mann, der eine kontinuierliche Psychologie nicht mehr in sich trägt." („Lebensweg eines Intellektualisten", 1934)

Mit seinem Realitätszweifel und seinem Ich-Verlust gehört Rönne/Benn zur Generation der Expressionisten, aber auch zu den Liquidatoren des realistischen Erzählens. Denn Ich und Realität bestehen für ihn nicht im „Geschehen": „Manchmal eine Stunde, da bist du; der Rest ist das Geschehen" („Die Reise"). Und dieser Zweifel ist notwendigerweise ein Zweifel am Erzählen: „Was sollte man denn zu einem Geschehen sagen? Geschähe es nicht so, geschähe etwas anderes" („Gehirne"). „Erzählen" kann man eigentlich nur von den inneren Erfahrungen, dem Leiden am Denken, das man dennoch nicht lassen kann, wenn man sein Ich sucht. Nur im Rausch der Selbstvergessenheit – „Zerstäubungen der Stirn – Entschweifungen der Schläfe" („Gehirne") – gibt es unzweifelhaftes Sein: „Manchmal eine Stunde, da bist du." Die überwiegenden Erfahrungen aber sind leeres Geschehen und unwirkliches Bewusstsein:

„Bis mich die Seuche der Erkenntnis schlug: es geht nirgends etwas vor; es geschieht alles nur in meinem Gehirn." (Aus Benns Prosaskizze „Heinrich Mann. Ein Untergang", 1913)

6.4 Vorgriffe des modernen Bewusstseins im Rückgriff auf die Tradition

Alfred Döblin: Die drei Sprünge des Wang-Lun (Roman, 1915)
Wadzeks Kampf mit der Dampfturbine (Roman, 1918)
Robert Walser: Fritz Kochers Aufsätze (Erzählungen, 1904)
Geschwister Tanner (Roman, 1906)
Der Gehülfe (Roman, 1907)
Jakob von Gunten (Roman, 1908)
Geschichten (Erzählungen, 1914)
Kleine Dichtungen (1914)
Kleine Prosa (1917)
Der Spaziergang (Novellen, 1917)
Poetenleben (Bericht, 1918)

Das Erzählen im traditionellen Stil hörte trotz aller Krisen nach 1900 nicht auf. Selbst in den Traditionsbrüchen der Avantgarde gingen teilweise modernes Bewusstsein und tradierte Formen neue Verbindungen ein; erst recht so bei Autoren, die gar nicht mit der Tradition brechen wollten, wie z. B. die Brüder Mann, Robert Musil und Arthur Schnitzler – Autoren, die noch lange über den Ersten Weltkrieg hinaus publizierten und die moderne Prosa beeinflussten. Unter ihnen nahm Alfred Döblin (vgl. S. 157 f.) eine wichtige vermittelnde Position zwischen Avantgarde und Erzähltraditionen ein. Andere blieben zu ihrer Zeit Einzelgänger und erzielten nur eine indirekte oder sich erst langsam entfaltende Wirkung wie Robert Walser und vor allem Franz Kafka.

6.4.1 Alfred Döblin: Vieldeutigkeit und Tatsachenfantasie

Anders als viele Zeitgenossen sah der frühe Alfred Döblin (1878–1957) die Widersprüche der Zeit nicht nur als Symptome des Verfalls, sondern auch als Potenzial der Kreativität. Das Erzählen war ihm nicht fragwürdig geworden, auch nicht zur bloßen Selbstbespiegelung, Krisenanalyse oder Antikunst, sondern bedeutete ihm schöpferische Auseinandersetzung mit der Wirklichkeit. In der „Tatsachenfantasie" des Erzählens sah er eine besondere „Art Denken", in der Wirklichkeitsbezug, Bewusstheit und Kreativität sich vereinen („An die Romanautoren und ihre Kritiker", 1913). Diese Tatsachenfantasie entspricht auch der Vielfalt und Vieldeutigkeit der Welt. Dem Futuristen Marinetti hielt Döblin energisch die Frage entgegen: „Sie meinen doch nicht etwa, es gäbe nur eine Wirklichkeit ...?" („Futuristische Wortkunst. Offener Brief an F. T. Marinetti", 1913.) Döblin verwarf jedes Wirklichkeitsbild psychologischer und kausaler Eindeutigkeit in geschlossenen Romanhandlungen mit „klarer Problemstellung". Dagegen setzte er wieder auf die dynamische Tatsachenfantasie – „Im Roman heißt es schichten, häufen, wälzen, schieben" – und auf einen umfassenden, letztlich irrationalen Lebensbezug; denn ein Roman solle in jedem seiner Teile zeigen, „wie jeder Augenblick unseres Lebens eine vollkommene Realität ist" („Bemerkungen zum Roman", 1917). Damit, glaubte Döblin, entspreche der Roman den großen Epen seit frühester Zeit – der Gegensatz zwischen Tradition und Moderne erscheint aufgehoben.

Auch in Döblins Œuvre zeigen sich Auflösung und Weiterwirken der Tradition zugleich. Aufgelöst sind die inhaltlichen und formalen Konventionen, denen jedoch keine ein für alle Mal gültige neue Norm entgegengesetzt wird. So griff Döblin mit fast jedem Roman nach neuen Themen, Stoffen und Gestaltungsmitteln, und er bekannte am Ende: „Jedes Buch endet (für mich) mit einem Fragezeichen" („Epilog", 1948). Die Stoffe und Ideen konnten dabei auch ganz alt sein, sogar alter Formen bediente er sich, freilich mit modernen Ausdrucksmitteln durchsetzt oder umgeformt; dies zeigt gerade auch sein berühmtester und seinerzeit als revolutionär empfundener Roman „Berlin Alexanderplatz“ (1929, vgl. Bd. 5). Die Tradition wird also weder verteidigt noch verworfen; sie ist vielmehr, ebenso wie zeitgenössische Wirklichkeit, Fantasie und Experiment, ein Medium neben anderen, in dem das Ich sich „aufrollt“, das heißt sich der Selbstbefragung öffnet und in der Tatsachenphantasie immer wieder neu entwirft. Das erste und seinerzeit sehr wirksame Beispiel für die so verstandene Epik war der Roman *„Die drei Sprünge des Wang-Lun“* (1915).

Der Roman spielt im China des 18. Jahrhunderts, in einer zugleich historisch verbürgten und doch in der Fantasie aus der Ferne herangeholten Welt. Der (erfundene) Fischersohn Wang-Lun wird aus Empörung gegen soziales Unrecht zum Dieb, Räuber und Mörder, bekehrt sich aber – im ersten „Sprung“ seines Lebens – zur taoistischen Lehre des „Wu-Wei“, des Nichthandelns. Den Widerspruch zwischen dem Prinzip der Gewaltlosigkeit und dem Mitleid mit den Leidenden überwindet Wang-Lun durch die Gründung und Führung der historisch belegten Sekte der „Wahrhaft Schwachen“, die zunächst friedlich durchs Land zieht, aber durch den massenhaften Zulauf von Armen, Krüppeln und anderen Außenseitern zur gewaltigen Demonstration gegen die Herrschenden, die Reichen, den Staat und die Staatsreligion wird. Innere Auseinandersetzungen in der Sekte, von der sich ein anarchistischer Rebellenhaufen abspaltet, und brutale Militäraktionen der Regierung vernichten die Bewegung schließlich. Wang-Luns Leben ist in diese Vorgänge verstrickt und ein Leben der Wandlungen („Sprünge“): vom ohnmächtig Aufbegehrenden zum mächtigen Führer der Ohnmächtigen, dann notgedrungen zum Anführer gewaltsamen Widerstands und zuletzt wieder zum Gewaltlosen.

Historischer Vorgang, fiktiver Lebenslauf und weltanschauliche Legende sind hier ineinander verflochten und zugleich von ganz aktuellen Problemen durchsetzt. Das Individuum mit seinen persönlichen Konflikten ist zugleich verstrickt in die kollektiven Vorgänge der Volksbewegung und der Gegenaktionen des Staates, aus denen andere Individuen zeitweise als Leitfiguren hervortreten. Nie zuvor wurde in einem deutschen Roman das Handeln und Fühlen der Massen so eindrucksvoll dargestellt. Die Fragen des Einzelnen nach dem Sinn des Lebens verknüpfen sich mit sozialen und politischen Problemen, diese wiederum mit religiöser Sehnsucht und Aberglauben, mit Leidenschaft und Triebhaftigkeit der Menschen. Massen, Held und Leser finden keine endgültigen Lösungen, weder der konkreten Probleme noch der Lebensrätsel. Zwar scheint am Ende die Botschaft der Ohnmacht zu siegen, aber das Gleichnis der „drei Sprünge“ besagt nur, dass der Mensch immer wieder von einer Seite des Baches auf die andere springen muss – einen endgültigen Standort gibt es nicht.

Auch formal ist der Roman „vieldeutig“. Eine Fülle von Haupt-, Teil- und Nebenhandlungen, anekdotisch oder breit erzählt, wird entfaltet, „geschichtet" und „gewälzt". Epischer und raffender Bericht, hektische oder ausschweifende Schilderungen, ernster, schwankhafter und lyrisch-mystischer Ton, auktoriale und personale Erzählperspektiven, Gespräch und innerer Monolog breiten den Lebenskosmos aus. Dank seiner Vorstudien verfügt der Autor über sinologische Details in Fülle, er ergänzt sie aber mit seiner Imagination und macht aus dem tatsächlichen China ein sagen- oder legendenhaftes Land Immer und Überall.

6.4.2 Robert Walser: Das Ungeheure im Kleinen

Im Unterschied zu Döblin war Robert Walser (1878–1956) dem Stilgefühl der Jahrhundertwende und des Impressionismus verbunden; sein nicht selten preziöser Stil erinnert sogar an noch ältere Vorbilder wie Goethe, Kleist und die Romantiker. Nach einigen Erzählungen und drei Romanen schrieb Walser fast nur noch kleine Prosastücke, Feuilletons und erzählende, schildernde oder essayistische Skizzen, wie sie von Impressionisten gepflegt wurden (z. B. von Peter Altenberg, 1859–1919), die Kafka sehr beeindruckten und zu einigen seiner Prosastücke anregten.

In den Romanen stellt Walser die Alltagswelt aus der Perspektive junger Männer dar, die eine untergeordnete Position einnehmen – als Schüler, Angestellter oder „Gehülfe" –, die das Treiben der Etablierten mit Ironie betrachten und – wie Eichendorffs Taugenichts – ihr bescheidenes Glück mit wenig Anstrengung suchen. Wie Walser selbst sind sie zwar keine Bohème-Charaktere, bewegen sich aber „an der Peripherie der bürgerlichen Existenzen" und brechen ab und zu ins ungebundene Leben aus. Es sind Diener-Naturen wie Figaro oder die Helden barocker Schelmenromane, vor deren naiv-geistvoller Lebenskunst die enge bürgerliche Welt teils komische, teils verstörte Züge annimmt und als geordnete Unordnung erscheint. Mit skeptischem Humor werden so Herrschaftsansprüche und Normen relativiert, ja in Frage gestellt.

Im Tagebuch-Roman *„Jakob von Gunten"* (1908) geht das ironische Wirklichkeitsbild in ein fast utopisches Modell über. Hier konnte Walser konkrete Erfahrungen verwenden: 1905 hatte er an einem Dienerkurs teilgenommen und anschließend eine Dienerstelle auf einem Schloss in Oberschlesien angetreten.

Der unheroische Held ist Internatsschüler im Institut Benjamenta, einer Dienerschule, in der die Schüler nichts lernen außer den Institutsvorschriften. Hier und im Umgang mit den Schülern wird Jakob zunächst sich selbst zum „Rätsel", die Schule erscheint ihm als „Schwindel", in den er sich gleichwohl einlebt. Sein Tagebuch spiegelt fortlaufend, was Jakob hier eigentlich lernt: das Leben der Menschen miteinander zu begreifen, gerade auch in seinen komischen und ernsten Widersprüchen. Im Institut sollen die „Zöglinge" zu „Dienern" erzogen werden, wie sie der Musterschüler Kraus verkörpert, „der brauchbare Mensch". Die Dialektik der Lebenserfahrung Jakobs zeigt sich nun darin, dass er Kraus liebt, obwohl Jakob das Gegenteil zu ihm verkörpert, den „Schelm". Nach und nach finden alle Schüler Stellen, die Schule verkümmert, die Schwester des Vorstehers und eigentliche Pädagogin stirbt – das Institut löst sich auf. Der entmachtete, verarmte und vereinsamte Vorsteher bricht aber nicht zusammen, sondern fühlt sich befreit von der Gefangenschaft im Institut. Er, der Ältere, fordert den jungen Jakob, der allein mit ihm übrig geblieben ist, auf, als sein „Kamerad" mit ihm ins wahre und freie Leben aufzubrechen. Nachdem Jakob im Traum dieses Leben als Fantasiewelt des Abenteuers gesehen hat, sagt er zu. Die befreiende Selbstprojektion ins Utopische ist freilich von selbstzweiflerischer Melancholie unterlegt: „Und wenn ich zerschelle und verderbe, was bricht und verdirbt dann? Eine Null. Ich einzelner Mensch bin nur eine Null." Walsers Helden verlässt der Lebenswille nicht. Aber sie spüren die Nähe oder gar die Gegenwart überstarker Mächte und machen sich klein, um zu überleben.

Das Besondere dieses Buches besteht darin, dass es in verschlüsselter Form Probleme der Zeit behandelt – vor allem die Paradoxien der Erfahrung, die Entfremdung im Institutionellen, Selbstentwurf und Selbstproblematisierung –, aber im Unterschied zur überwiegenden Literatur der Zeit mit einem Humor, der bald spielerisch, bald resigniert wirkt. Die sehr frei verwendete Tagebuchform nutzt Walser dazu, um sich in unterschiedlichen Spielarten der Prosa zu äußern: erzählend und essayistisch, subjektiv erlebt oder distanzierend stilisiert, naiv und ironisch. Die satirische Kritik an erstarrten Ordnungen wird dabei aufgefangen durch die Zuversicht, dass selbst in ihnen noch Verständigung und Liebe möglich sind; die Hoffnung auf Selbstbefreiung andererseits kann sich von ironischer Skepsis nicht ganz lösen. Der Mensch erfährt sich als Möglichkeit, aber nicht als Gewissheit.
Als es Walser nicht gelang, sich mit den Romanen und überhaupt als freier Schriftsteller in Berlin durchzusetzen, kehrte er 1913 in die Schweiz, seine Heimat, zurück und schrieb künftig fast nur noch Kleinprosa und Feuilletons. 1933 ließ er sich bereitwillig in eine psychiatrische Anstalt einweisen, in der er 1956 starb. So erscheint sein Leben nach einem frühen Aufbruch wie ein schrittweiser Rückzug in eine begrenzte und stille Existenz. Er schreibt bis etwa 1930 viel, aber seine Texte sind nur noch kurz.
In den achtziger und neunziger Jahren entzifferte man unveröffentlichte Manuskripte, die in winzigster Schrift und mit Bleistift auf Zettel geschrieben waren, so genannte Mikrogramme – lauter kleine Prosastücke, Gedichte, Szenen. Auf sie, wie vielleicht auf Walsers ganze Schriftstellerei kann man eine Selbstdarstellung anwenden:

„Meine Prosastücke bilden meiner Meinung nach nichts anderes als Teile einer langen, handlungslosen, realistischen Geschichte. [...] Der Roman, an dem ich weiter und weiter schreibe, bleibt immer dasselbe und dürfte als ein mannigfaltig zerschnittenes oder zertrenntes Ich-Buch bezeichnet werden können." („Eine Art Erzählung", Manuskript ca. 1928)

Schreiben als zwiespältiges Schicksal – das hatte Walser schon früh registriert:

„Ich kam mir überhaupt, je mehr ich vordrang mit Schreiben, wie behütet und wie beschützt vor von einem gütigen Wesen. […] Ich hoffte nie, dass ich je etwas Ernstes, Schönes und Gutes fertig stellen könnte." („Geschwister Tanner", 1906)

Walsers kleine Prosastücke lassen erkennen, wie aus der Preisgabe wohlgebauter epischer Gattungen an die unscheinbare Kleinform eine neue Intensität von Stil und Aussage hervorgehen kann. In der Prosa-Miniatur wird das Einzelbild zum konzentrierten Lebensausschnitt, in dem ebenso die Schönheit des ganzen Lebens (vgl. „Der Tänzer", „Ovation" u. a. m.) aufscheinen kann wie seine innere Unordnung (vgl. „Eine Ohrfeige und sonstiges") oder seine Gefährdung (vgl. „Das Götzenbild"). In diesen Miniaturen reflektiert der Dichter sich auch selbst, sogar in anderen Dichterfiguren. Kunst und Dichtung vermitteln dabei die Wahrnehmung des Abgründigen im Schönen; so z. B. in der Gestalt Kleists, mit dem Walser sich immer wieder beschäftigte und wohl teilweise auch identifizierte:

„Wie ist dir, fragt die Schwester. Kleist zuckt mit dem Mund und will ihr ein wenig zulächeln. Es geht, aber mühsam. Es ist ihm, als habe er vom Mund einen Steinblock wegräumen müssen, um lächeln zu können." („Kleist in Thun". Vgl. auch „Brentano" I und II, „Der Dichter" u. a. m.)

6.5 Kafkas Werk – eine Chiffre des Jahrhunderts?

Tagebücher (geschrieben seit 1909)
Entwürfe vor den ersten Veröffentlichungen:
Beschreibung eines Kampfes (1904/05)
Hochzeitsvorbereitungen auf dem Lande (1907)
Der Verschollene/Amerika (1911/1912–1914)
Veröffentlichungen zu Lebzeiten Kafkas:
Der Heizer (erstes Kapitel des „Verschollenen"; 1913)
Das Urteil (1913)
Die Verwandlung (1915)
Ein Bericht für eine Akademie (1917/18)
Ein Landarzt (1919)
In der Strafkolonie (1919)
Ein Hungerkünstler (von Kafka zum Druck eingereicht 1922; veröffentlicht postum 1924)

Postume Veröffentlichungen (durch Max Brod):
Der Prozeß (1925; geschrieben 1911/1912–1914)
Das Schloß (1926; geschrieben 1922)
Amerika (1927; geschrieben 1914/1915)
Beim Bau der chinesischen Mauer (1931; geschrieben 1917)
Der Bau (1931; geschrieben 1923)
Weitere Schriften aus dem Nachlass (1931–1937)
Erste Gesamtausgaben: in 5 Bänden, New York, 1946; in 11 Bänden, Frankfurt a. M., 1950 ff.

6.5.1 Kafkas Wirkung bis in die Gegenwart

Etwa gleichzeitig mit dem expressionistischen Jahrzehnt, vor und nach dem Ersten Weltkrieg, schrieb ein jüdischer Versicherungsbeamter in Prag Prosa, die keiner bestimmten Stilrichtung folgte, zu seinen Lebzeiten nur in Bruchstücken und wenigen Kennern bekannt wurde und von ihm selbst nur zum kleinen Teil als gelungen eingeschätzt wurde. Erst lange nach seinem Tode ist der Autor Franz Kafka (1883–1924) zu einem modernen Klassiker geworden, durch den die Krise des Erzählens sich als Anfang einer neuen Literatur zu erweisen schien. Ausgaben seiner Werke erreichen Bestsellerzahlen und sind in viele Sprachen übersetzt. Gegenwartsautoren bekennen sich zu der Wirkung, die Kafka auf sie gehabt hat.
Die komplizierte Wirkungsgeschichte Kafkas hängt sicherlich mit ihren Voraussetzungen in der äußeren Geschichte zusammen, aber auch mit der Tatsache, dass kaum ein anderer moderner Autor so unterschiedlich verstanden und interpretiert wurde wie er: biografisch, politisch, sozialgeschichtlich, psychologisch und psychoanalytisch, religiös oder existenzialphilosophisch. Offenbar entzieht sein Werk sich eindeutiger Interpretation. Durch diese Erfahrung wurde es zum Musterbeispiel modernen Literaturverständnisses überhaupt, dass nämlich der Sinn eines Literaturwerks nicht nur und nicht eindeutig vom Text festgelegt wird, sondern sich erst aus der Wechselwirkung zwischen Text und Leser jeweils ergibt. Mit dieser Vieldeutigkeit stünde Kafkas Werk im Zusammenhang mit der Krise des Erzählens, mit dem Expressionismus und der modernen Chiffren-Dichtung. Sein Prosastil dagegen knüpft eher an Traditionen an, nicht an die Experimente der Avantgarde. Diesen Eindruck bestätigt, was man über Kafkas eigene Lektüre weiß: Neben Autobiografien, Biografien und Briefen kannte und schätzte er besonders Goethe und Kleist, Dickens, Flaubert, den Erzähler Strindberg, Hamsun und Dostojewski, von deutschen Zeitgenossen Hofmannsthal, Robert Walser und Wassermann. Die seit dem Zweiten Weltkrieg anhaltende Wirkung Kafkas zeigt andererseits, dass moderne Leser bis heute in Kafkas Texten eige-

ne Erfahrungen und Vorstellungen wiederzuerkennen glauben – seien es die Unsicherheiten des sich reflektierenden Ichs, seien es die Zweifel an Erkenntnis und Glauben, die Irritation durch eine erforschte, aber nicht verstandene Welt, die Ängste gesellschaftlicher oder politischer Unfreiheit oder gar die Katastrophenschocks.

6.5.2 Dialektik von Leben und Schreiben (Tagebücher)

Zu politischen und gesellschaftlichen Fragen der Zeit hat Kafka direkt sich nur gelegentlich geäußert. Viel mehr beschäftigten ihn seine persönlichen Probleme, Wahrnehmungen in der engeren Umgebung und auf Reisen, Literatur und Kunst, das Judentum und ethisch-weltanschauliche Probleme. Der Zusammenhang zwischen Persönlichem, Weltanschaulichem und Zeitgeschichtlichem, den Kafkas Leser empfinden, liegt in seiner Biografie begründet, die Kafka selbst in Tagebüchern und Briefen ausführlich reflektiert hat.

Kafka wuchs im Prager Getto als Sohn eines jüdischen Kaufmanns auf, besuchte ein deutsches Gymnasium und studierte – nach der bald aufgegebenen Germanistik – Rechtswissenschaft, mit Staatsexamen und Promotion als Abschluss. Dann arbeitete er als Sachbearbeiter und im Außendienst für Versicherungsgesellschaften, mit dem Spezialgebiet Arbeitsschutz und Arbeiterunfälle. Der Beruf vermittelte ihm Erfahrungen mit der proletarischen Arbeitswirklichkeit, mit Bürokratie und Unternehmertum; hier sowie in den Geschäften seines Vaters, eines sozialen Aufsteigers, und in der gesellschaftlich problematischen Stellung der Juden lernte Kafka soziale Probleme der Zeit unmittelbar kennen. Beruf und Geschäfte waren ihm aber verhasst, weil sie ihn vom Schreiben abhielten. Mit der Familie verband ihn ein spannungsreiches Verhältnis, und sein ganzes Leben war von der äußeren und inneren Auseinandersetzung mit dem gefürchteten Vater belastet. Ebenso problematisch waren mehrere Frauenbeziehungen, vor allem die wiederholt beschlossene und wieder gelöste Verlobung mit Felice Bauer. Gesundheitlich war Kafka labil (teilweise wohl aus psychischen Gründen), 1917 wurde eine Tuberkulose diagnostiziert. Er musste seine berufliche und literarische Tätigkeit oft unterbrechen, Heilstätten aufsuchen und die letzten Jahre als Todkranker leben. 1924 starb er an Kehlkopftuberkulose.

Kafka empfand sein Leben als Ringen um sich selbst in seiner Umwelt, ja als Auseinandersetzung mit den ständigen Misserfolgen dieses Ringens. Dem Lebensgefühl einer sich immer mehr schließenden Ausweglosigkeit stemmte er sich entgegen, indem er auf jede Weise, aber schon mit dem Zweifel, ob es gelingen könnte, sich seiner selbst zu vergewissern suchte: „Ich werde versuchen, allmählich das Zweifellose in mir zusammenzustellen, später das Glaubwürdige, dann das Mögliche usw." (Tagebuch, 11. 11. 1911). An diesem Satz fällt die scheinbare Entschiedenheit des Beschlusses auf, die aber schon mit dem „allmählich" und der Antiklimax der Aufzählung abgeschwächt erscheint – ein Muster, das auch die Handlung vieler Erzählungen Kafkas kennzeichnet.

Schreiben war für Kafka lebensnotwendig und gleichzeitig lebensfeindlich. Im Schreiben ging es ihm einerseits um die innere Selbstbehauptung gegenüber einem als übermächtig empfundenen Leben:

„Das Tagebuch von heute an festhalten! Regelmäßig schreiben! Sich nicht aufgeben! Wenn auch keine Erlösung kommt, so will ich doch jeden Augenblick ihrer würdig sein" (25.2.1912).

Das Schreiben aber musste andererseits dem bedrängenden Leben erst abgerungen werden:

„Ich will schreiben, mit meinem ständigen Zittern auf der Stirn. Ich sitze in meinem Zimmer im Hauptquartier des Lärms einer ganzen Wohnung." Kafka schildert, wie das Familienleben, vor allem der Vater und die Schwestern, ihn stören, und endet mit einer grotesken Vorstellung: „Schon früher dachte ich daran, [...] ob ich nicht die Türe bis zu einer kleinen Spalte öffnen, schlangengleich ins Nebenzimmer kriechen und so auf dem Boden meine Schwestern und ihr Fräulein um Ruhe bitten sollte" (5.11.1911).

Nimmt man zu diesem Familienbild noch hinzu, dass für Kafka sein Beruf der andere große Widersacher des Schreibens war, so sind die Ähnlichkeiten mit einigen seiner Erzählungen ganz deutlich – sogar „Die Verwandlung" in ein Tier ist als Motiv mit dem Wort „schlangengleich" schon angedeutet. Die Frauenbeziehungen Kafkas scheiterten ebenfalls nicht nur an seiner widersprüchlichen Einstellung zu Sexualität, Junggesellentum und Ehe, sondern auch daran, dass er fürchtete, der Anspruch einer Frau auf sein Leben könne das Schreiben gefährden. Im Schreiben als der anderen Existenz hatte Kafka jedoch mit den gleichen Schwierigkeiten wie im Leben zu kämpfen. Kurze Texte gelangen ihm manchmal auf Anhieb, manche überarbeitete er oft; aber das große Werk, der Roman, wurde trotz pedantischer Arbeit nie fertig. Kafka selbst nannte das die „Schwierigkeit der Beendigung" (29.12.1911), aber auch „das Unglück des fortwährenden Anfangs" (16.10.1921). Von außen wie von innen bedrängt, versuchte er im Schreiben, sich äußerer und innerer Erfahrung zu bemächtigen, stellte aber dabei sich selbst und den Schreibprozess zugleich in Frage; der ihn ständig begleitende Zweifel wurde so auch zum Bestandteil des Geschriebenen: „Meine Zweifel stehen um jedes Wort im Kreis herum, ich sehe sie früher als das Wort" (15.12.1910). Verschärft wurden die Spannungen dadurch, dass es Kafka beim Schreiben immer auch um Selbstreflexion ging. So erwähnt er sein „Verlangen, eine Selbstbiographie zu schreiben" (14.12.1911), dann aber den „Hass gegenüber aktiver Selbstbeobachtung" (9.12.1913).

In den Jahren 1911 bis 1914 schrieb Kafka sich vorwiegend im Tagebuch aus; später ersetzte er dieses Schreiben für sich selbst mehr und mehr durch Briefe, vor allem an die ihm nahe stehenden Frauen, vor denen er seine inneren Konflikte ausbreitete. Erzählungen und literarische Entwürfe gingen ebenfalls oft aus dem Tagebuch hervor oder sind in dasselbe Heft geschrieben. Im Tagebuch beschrieb oder reflektierte Kafka aber nicht nur seine „Zustände", sondern auch Gegenständliches; Faktenwirklichkeit und Innenleben stehen – wie in den Erzählungen – unmittelbar nebeneinander. Es begegnen viele Motive, die man in den Erzählungen oder Romanen wiederfindet, z. B. Familienszenen, Träume, die Gassen und Plätze Prags, Szenen im Büro, im Theater oder auf dem Lande; und oft wird schon die Tagebuchskizze zum symbolischen Bild. Kafkas Erzählen ging also aus einem existenziellen Krisengefühl hervor, vollzog sich selbst in fortwährenden Krisen und stellt auch immer wieder Erfahrungskrisen dar.

6.5.3 „Alltäglicher Vorfall" und „Gleichnis": Kafkas Parabeln und kleine Erzählungen

Den frühen Prosastücken Kafkas merkt man ihre Nähe zum Tagebucheintrag an (vgl. „Betrachtung", 1913), etlichen Erzählungen wie z. B. „Das Urteil" (1913) ihre verschlüsselt autobiografische Bedeutung, selbst wenn so etwas Absurdes erzählt wird wie „Die Verwandlung" (1915) eines Menschen in ein Insekt. Manche Geschichten lesen sich wie traditionelle Novellen, allerdings über hintergründige Begebenheiten (z. B. „In der Strafkolonie", 1919). Fast immer aber entsteht der Eindruck einer nicht ganz aufzulösenden Spannung zwischen Verständlichkeit und Unverständlichkeit; zwischen konkreten Fakten, Personen und Abläufen einerseits, einer Abstraktion, die das Konkrete für irgendetwas Gedachtes transparent macht, andererseits; schließlich aber auch zwischen Präzision und logischer Strenge und Brüchen der Wahrscheinlichkeit, Kausalität und Logik. Kafka scheint wie andere Zeitgenossen dem im vordergründigen Sinne realistischen Erzählen eine neue Art des parabolischen Erzählens entgegenzusetzen, in der aber, im Gegensatz zur alten Parabel, der abstrakte Sinn des Erzählten nicht evident ist. Ein Musterbeispiel für diese Erzählweise ist ein kurzer Text aus dem Nachlass, der unter dem Titel „Eine alltägliche Verwirrung" (1917) veröffentlicht wurde.

Erzählt wird etwas Reales und zunächst Alltägliches: wie eine präzise Verabredung zwischen zwei Geschäftsleuten getroffen wird, der eine den anderen dann aber fortwährend verfehlt. Die einleitende Wendung – „Ein alltäglicher Vorfall: sein Ertragen eine alltägliche Verwirrung" – kündigt einen Gedanken und eine Aussage an; das entspricht alten belehrenden Erzählformen wie Kasus (Beispielgeschichte) und Parabel (Gleichniserzählung), die man versteht, wenn man den erzählten Vorgang auf den Gedanken bezieht. Kafka nennt nun die Personen A und B, einen Ort H; das verstärkt die Abstraktion und erweckt den Eindruck eines konstruierten Kalküls. Was nun A widerfährt, ist das Verwirrende: Er kann sich auf Fakten, Daten und das Verhalten des B nicht verlassen, bis er ihn fast trifft, aber durch einen Unfall endgültig verfehlt.

Die scheinbare Genauigkeit der Erzählung trügt; wichtige Unstimmigkeiten werden nicht erklärt oder aufgelöst. Dementsprechend unterschiedlich kann man die Geschichte deuten: als Modell scheiternder Kommunikationsversuche oder falscher Einschätzungen von Informationen und Erfahrungen; als Einbruch des Irrationalen in die Rationalität; als Beispiel für Fehlleistungen oder auch für die finstere Komik des Pechvogels. Ebenso verwirrend ist die Erzählperspektive. Im Stil eher auktorial, ist die Geschichte doch in der Perspektive A.s eingerichtet – die aber wird ständig widerlegt. Noch verwirrender ist die Sachlage, wenn man erfährt, dass der Titel gar nicht von Kafka stammt, sondern von Brod, der die Einleitung im Manuskript falsch gelesen hat; der Anfang heißt richtig: „Ein alltäglicher Vorfall: sein Ertragen ein alltäglicher Heroismus". Mit diesem Stichwort kann man sich an Kafkas Tagebuch erinnern und die Geschichte als groteske Parabel seines Lebensgefühls deuten.

So scheinen Vieldeutigkeit und Widersprüchlichkeit das Verhältnis zwischen Autor, Text und Leser insgesamt zu bestimmen. Kafkas Erzählmethode besteht sehr oft im dialektischen Wechsel zwischen Hypothesen und Entwürfen einer vorgestellten Wirklichkeit und Problematisierungen dieser Hypothesen und Entwürfe. Deshalb sieht auch der Leser sich durch den Text ständig aufgefordert, einen Sinn zu ermitteln; beim weiteren Lesen aber werden die sinngebenden Akte fortwährend in Frage gestellt. Damit ließe sich auch Kafkas besondere Stellung zwischen Tradition und Moderne erklären. Oft hat er alte Erzählformen nachgeahmt oder umgeschrieben, vor allem Parabeln und Legenden, und unter diesen besonders solche biblisch-jüdischer Tradition. Diese Geschichten veranschaulichen fundamentale Wahrheiten über das Leben und überliefern sie zur Belehrung der Nachkommen. Zur jüdischen Tradition gehörte dabei ebenso die jahrhundertealte Folge von Auslegungen und der Streit um die gültige Deutung. Kafka scheint nun die Dialektik der Suche nach Wahrheit bzw. der Vermittlung von Wahrheit in seinem Denken und Erzählen nachzuvollziehen: Erzählung, Auslegung und Zweifel rufen sich gegenseitig hervor (vgl. „Von den Gleichnissen", 1922/23).

Kafkas Leser sollte nicht versuchen, einen feststehenden „Sinn" hinter den Erzählungen zu finden, sondern die erzählte Geschichte als Vorgang des Erzählens, der Sinnsuche und der Problematisierung mitvollziehen. Dass er dabei sein eigenes Lebensgefühl wiederfinden kann, hat sicherlich mehrere Gründe. Erstens entspricht diese Erzählweise und Verstehenserfahrung den krisenhaften Wirklichkeitserfahrungen der Zeit. Zweitens geben die Erzählungen dem Leser Spielraum für die Projektion eigener Erfahrungen. Schließlich zeichnen sich darin Grundmuster der konkreten Erfahrung ab. In den typischen Situationen des Alltags- und Familienlebens, der Berufstätigkeit, der Beziehungen zur sozialen Umwelt oder ihren Institutionen (wie Firma, Justiz, Regierung usw.) findet der Leser seine Rollenerfahrungen als Individuum und als Sozialwesen wieder, vor allem die, dass das Individuum sich in seiner Umwelt verunsichert oder gefährdet fühlt, dass es in einen Rechtfertigungszwang gerät oder dass die soziale Verständigung nicht gelingt. Darin vor allem hat Kafka offenbar wesentliche soziale Strukturen und Probleme der Gegenwart und die gesellschaftliche Erfahrung der Entfremdung erfasst. Besonders eindrucksvoll sind in dieser Hinsicht die Bilder labyrinthischer Institutionen und vergeblicher Anstrengungen eines Einzelnen (vgl. „Eine kaiserliche Botschaft“, in: „Beim Bau der chinesischen Mauer“, 1917).

6.5.4 Albtraumhafte Vieldeutigkeit: Kafkas größere Erzählungen

Kafkas größere Erzählungen entstanden bis in die zwanziger Jahre und blieben z. T. Fragmente. Auf den ersten Blick entfalten sie eine Welt der Albträume:

So entwickelt „Die Verwandlung“ mit pedantischem Realismus, wie der junge Gregor Samsa, der sich seinem Vater wie seinem Chef gegenüber unterlegen fühlt, eines Morgens sich in ein Ungeziefer verwandelt sieht. Die Familie scheint ihn ebenso zu sehen, hat wie er immer größere Schwierigkeiten, damit zu leben, und sperrt ihn schließlich ein. Er versteht, dass er so nicht weiterleben kann, und haucht sein Leben aus. Die Familie geht erleichtert wieder dem normalen Leben nach. – In einer anderen Erzählung wird beschrieben, wie „in der Strafkolonie“ Staatsgefangene „mittels eines eigentümlichen Apparates“ hingerichtet werden. Oder „Ein Landarzt“ erfährt seine Ohnmacht als Handelnder, als er mit surrealen Pferden vor der Kutsche einen Patienten aufsucht, der an einer nicht zu heilenden Wunde leidet.
Später bediente Kafka sich wiederholt grotesker Tierparabeln. Den „Bericht für eine Akademie“ schreibt ein Affe, der von Menschen gefangen und zum Menschen erzogen worden ist: „Manchmal überkommt mich ein solcher Widerwille vor Menschen, dass ich dem Brechreiz kaum widerstehen kann.“ – In zwei Erzählungen geht es um Bauarbeiten, die an Sisyphus erinnern. „Der Bau“ ist das nie ganz vollendete Werk eines unbestimmten Tieres, dem es nur um eins: seine Sicherheit geht. Die Gewissheit, sicher zu sein, aber erlangt es innerhalb des Baus nie; im Gegenteil, immer mehr verliert es sich in Spekulationen über den großen Feind, den es zischen hört, aber nie zu Gesicht bekommt. Ähnlich ergeht es den Menschen „Beim Bau der chinesischen Mauer“, die trotz enormer Anstrengungen der Erbauer nie fertig wird, ja sich als unzweckmäßig und überflüssig erweist. Die Figur des obersten Bauherrn leitet über in die auch selbstständig publizierte Fabel „Eine kaiserliche Botschaft“, die vom himmelweit entfernten Kaiser handelt, dessen Botschaft nie ankommt.

Traumgeschichten! Und was bedeuten die Träume? Interpreten sahen darin groteske und grausige Bilder für Kafkas Ängste, Zweifel und Schwächegefühle. Ebenso gut kann man sie als Modelle des Scheiterns in der Familie, der Gesellschaft, dem Staat oder als Parabeln für die Grausamkeit wie für die existenzielle Hilflosigkeit der Menschen lesen oder als Allegorien für eine Wirklichkeit, die nur noch als Labyrinth zu erfahren ist. Erzählungen wie

„Der Bau“ scheinen aber auch postmoderne Überlegungen vorwegzunehmen: Ihr Muster ist es, dass sie ein sinnvolles Gebilde, ja Sinn konstruieren und gleich wieder destruieren. Vielleicht ist das die allgemein gültige Grunderfahrung der Zeit.

6.5.5 Die Abhängigkeit vom Unzugänglichen: Kafkas Romane

In seinen Romanprojekten hat Kafka versucht, „die ungeheure Welt, die ich in meinem Kopfe habe“, in all ihren Verästelungen darzustellen. Die Vollendung ist ihm in keinem Falle gelungen, nur drei Fragmente lassen den Grundriss eines Ganzen erkennen. Alle drei haben ein ähnliches Handlungsmuster: Ein Einzelner versucht, sich in einer sozialen Wirklichkeit oder Institution zu orientieren, ja in sie einzudringen, und scheitert dabei, teils wegen deren Unzugänglichkeit, teils wegen verwirrender Verwicklungen, teils wegen seiner eigenen Fehler oder Versäumnisse.

Im frühesten dieser Romanentwürfe, *„Amerika“* (seit 1911/12), erscheint das Grundmuster noch nicht so ausweglos wie später, sondern – wie bei Robert Walser – verbunden mit Humor und Zuversicht. Karl Roßmann muss wegen einer Liebesaffäre auswandern und gerät nacheinander in verschiedene Dienstverhältnisse der Geschäftswelt im kapitalistischen Amerika (als Angestellter, Liftboy, Diener). Ob Kafka sich schließlich für einen tragischen Schluss (Roßmanns Tod) oder eine befreiende Lösung (Roßmann als Künstler im „Naturtheater von Oklahoma“) entschieden hätte, ist nicht auszumachen.

Ein undurchschaubares „System von Abhängigkeiten“ (s. u.) stellt das letzte Romanfragment dar, *„Das Schloß“* (1922). K. kommt in ein Dorf, das unter der Herrschaft eines Schlosses steht, und soll dort angeblich seinen Dienst als Landvermesser aufnehmen. Trotz allen möglichen Versuchen gelangt er nicht ins Schloss und erhält auch keine Gewissheit über seinen Auftrag. Es vergehen einige Tage mit Liebschaften, Begegnungen mit „Sekretären“ und Dorfbewohnern; dabei treten Gerüchte und Komplikationen zu Tage, die alle mit dem undurchsichtigen Herrschaftssystem Schloss – Dorf zusammenhängen. Brod nahm an, dass K. am 7. Tage entkräftet sterben sollte, gerade als die Nachricht kommt, dass er als Landvermesser bestätigt sei und im Dorf bleiben dürfe. Im Unterschied zu „Amerika“ gelangt der Romanheld hier überhaupt nur in den Vorraum und Wartestand des Dienstverhältnisses; die eigentliche Zentrale des Systems bleibt hermetisch abgeschlossen, und in allem, was geschieht, erlebt K. die abwechselnd ermutigende und entmutigende Wirkung von unzuverlässigen Informationen.

Diesem Handlungsmuster ähnelt dasjenige im Fragment *„Der Prozeß“* (1911/12 bis 1914), jedoch handelt es sich hier um Dienstverhältnisse nur nebenbei. Entscheidender Vorgang ist, dass der Romanheld – wiederum K. – von einem Gericht, dessen Identität er nie ganz herausfindet, wegen einer Schuld, die er nicht kennt, zum Angeklagten in einem Prozess gemacht wird, der im Geheimen abzulaufen scheint. K. bemüht sich um Aufklärung, um Fürsprecher, um Beeinflussung der Vorgänge, zwischendurch glaubt er auch, dem Prozess zu entrinnen – alles umsonst. In der vorliegenden Fassung endet das Buch mit K.s Hinrichtung, aber unter Umständen, die sie einer illegalen Liquidation gleichen lassen.

Der Deutung der Romane ist wiederum ein weiter Spielraum gegeben. Die institutionellen, sozialen und kommunikativen Muster des Erzählten legen es nahe, sie als verschlüsselte Auseinandersetzungen mit gesellschaftlichen Erfahrungen zu interpretieren. Vor allem „Der Prozeß" und „Das Schloß" spiegeln Erfahrungen der Abhängigkeit und Entfremdung des Einzelnen in der verwalteten Massengesellschaft oder in totalitären Systemen. Kafka soll sich einmal in diesem sozialkritischen Sinne so geäußert haben:

„Der Kapitalismus ist ein System von Abhängigkeiten, die von innen nach außen, von außen nach innen, von oben nach unten und von unten nach oben gehen. Alles ist abhängig, alles ist gefesselt. Kapitalismus ist ein Zustand der Welt und der Seele." (Gustav Janouch: „Gespräche mit Kafka. Erinnerungen und Aufzeichnungen.",1951)

Falls dieses Zitat authentisch ist, so lässt es eine ganz universale Auffassung vom sozialen „System der Abhängigkeiten" erkennen, die nicht nur auf den Kapitalismus zutrifft, sondern überhaupt auf einen „Zustand der Welt und der Seele". So erinnern die Romane andererseits an Kafkas Auseinandersetzungen mit der „geistigen Oberherrschaft" seines Vaters (vgl. „Brief an den Vater", 1919), ebenso aber an sein Ringen mit den Begriffen des „Gesetzes" oder „Gebotes" im Judentum oder mit den Fragen der Wahrheit und des Lebenssinns überhaupt. Biografisch gesehen, stehen „Der Prozeß" und „Das Schloß" sogar in Beziehung zu Kafkas problematischen Freundschaften mit Frauen. Betrachtet man die Erzählstruktur der Romanfragmente, so stößt man wieder auf das Verwirrspiel von Schlüssigkeit und Inkohärenz der Handlung, von Genauigkeit und Unbestimmtheit im Detail, von changierenden Erzählperspektiven, von Enthüllung und Verrätselung – wie in den Erzählungen. Alles, was berichtet wird, auch die Entscheidungen des Romanhelden, ist eine Frage des Verstehens oder Erkennens. Im „Schloß" und ganz besonders im „Prozeß" hängt davon das Schicksal K.s ab, und deshalb ringt er darum, die Ordnung, die Norm und die Autorität, denen er unterworfen ist, zu erkennen, damit er sich rechtfertigen oder seine Anerkennung erlangen kann. Gerade die Instanz, die Ordnung, Norm und Autorität vertritt und über Sein oder Nichtsein des Helden entscheidet, entzieht sich ihm aber.
Kafka hat den Zusammenhang zwischen Norm, Verstehen und Schicksal an einer Stelle im „Prozeß" besonders deutlich gemacht (9. Kapitel). In einem Gespräch über seinen Prozess wirft dort ein Geistlicher K. vor, dass er sich über den Prozess, das Gericht und selbst das Gesetz grundlegend „täuscht". Die Komplikationen, die aus einer solchen Täuschung erwachsen können, veranschaulicht der Geistliche mit der Parabel „Vor dem Gesetz". Der anschließende Disput über den Sinn der Parabel hebt dialektisch eine Auslegung durch die andere auf; er führt zu keiner Klärung, sondern zu dem Ergebnis: „Richtiges Auffassen einer Sache und Missverstehen der gleichen

Sache schließen einander nicht völlig aus." Als K. es aufgibt, die Parabel, die Auslegungen und die Absicht des Geistlichen zu verstehen, erfährt er, dass dieser, in dem er einen Fürsprecher zu finden hoffte, einer seiner Richter sei. Damit mündet die Erkenntnisfrage wieder in die Handlung, die über Sein und Nichtsein entscheidet. Die Verschachtelung der Erzählebenen – Handlung, Disput, Parabel, Disput, Handlung – bewirkt, dass erzählter Vorgang und Erzählvorgang einander durchdringen und so auch den Verstehensvorgang beim Leser in ihre Verschachtelung hereinziehen. Für K. allerdings hängen sein Nichtwissen und Nichtverstehen mit der Frage seiner Schuld oder Rechtfertigung und dadurch mit seiner Existenz überhaupt zusammen. Goethe lässt im Roman einen Weisen sagen: „Wer sich zum Gesetz macht, [...] das Tun am Denken, das Denken am Tun zu prüfen, der kann nicht irren, und irrt er, so wird er sich bald auf den rechten Weg zurückfinden" („Wilhelm Meisters Wanderjahre", Montan im 9. Kapitel). Kafkas Roman

11 *Franz Kafka (1883–1924): Eigenhändige Skizze aus Kafkas Mitschriften aus Vorlesungen, um 1905. Foto: Archiv für Kunst und Geschichte, Berlin.*

dagegen besagt: Wir irren immer und kennen das Gesetz nicht, deshalb verfehlen wir den rechten Weg.
Es wäre jedoch falsch, in Kafka einen zynischen Nihilisten zu sehen oder in seinem Erzählen nur ein relativistisches Spiel mit der Dialektik. Es gibt zu viele Zeugnisse dafür, dass er unter seinen Erfahrungen gelitten hat und dass er sich – auch beim Schreiben – nach Lösungen und „Erlösung" sehnte. So schrieb er während der Arbeit am Entwurf eines anderen Romans:

„Zeitweilige Befriedigung kann ich von Arbeiten wie ‚Landarzt' noch haben, vorausgesetzt, dass mir etwas Derartiges noch gelingt (sehr unwahrscheinlich). Glück aber nur, falls ich die Welt ins Reine, Wahre, Unveränderliche heben kann." (Tagebuch, 25.9.1917)

Im Rückblick scheinen viele Züge der Krise des Erzählens bei Kafka zu münden: die kritische Auseinandersetzung mit einer Welt der Entfremdung; die Deformation der gewohnten Wirklichkeitserfahrungen sowie der tradierten Muster, sie darzustellen; die Spannung zwischen „Tatsachenphantasie" und Abstraktion; die Selbstreflexion des Intellekts und die Reflexion des Erzählens im Erzählen; die Neigung zum Exemplarischen und Parabolischen, verfremdet durch Vieldeutigkeit. Anders als viele Avantgardisten schöpfte Kafka aus einem Spannungsverhältnis zur Tradition: Tradierte Literatur, von den ältesten Legenden bis zur Klassik und den Prosaisten des 19. Jahrhunderts, faszinierte ihn; gleichzeitig aber war ihm die Tradition selbst ein Gleichnis für etwas, was ihm versagt blieb: Gewissheit. Darin, wie Kafka tradierte Exempel mit persönlichem und zugleich zeittypischem Krisenbewusstsein durchsetzte, erkannten die Zeitgenossen und Nachkommen ihr Wesen und ihre Erfahrung wieder, einschließlich der Dialektik und Vieldeutigkeit dieser Erfahrung. So gesehen, wäre Kafkas Werk eine Chiffre des Jahrhunderts.

Jahr	Daten deutscher Literatur und Philosophie	Allgemeine kulturgeschichtliche und politische Daten
1870/71		Deutsch-Französischer Krieg
1871	É. Zola: Les Rougon-Macquart (Romanzyklus bis 1893) F. Nietzsche: Die Geburt der Tragödie aus dem Geiste der Musik	Gründung des Deutschen Reiches Kulturkampf Gründerjahre
1873	F. Nietzsche: Unzeitgemäße Betrachtungen	
1878		Sozialistengesetz
1880	É. Zola: Le roman expérimental H. Ibsen: Nora (Dr) F. Dostojewski: Die Brüder Karamasow (R)	Gründung der Sozialistischen Partei in Paris
1881	H. Ibsen: Gespenster (Dr)	Neutralitätsvertrag (Deutschland, Russland, Österreich)
1882	Brüder Hart: Kritische Waffengänge (bis 1884)	Dreibund (Deutschland, Österreich, Italien)
1885	Moderne Dichter-Charaktere (Anthologie, hrsg. von W. Arent) Die Gesellschaft (Zs, M. G. Conrad) F. Nietzsche: Also sprach Zarathustra	K. Marx: Das Kapital, 2. Band (postum)
1886	L. Tolstoi: Kreutzersonate (E) K. Bleibtreu: Revolution der Literatur A. Holz: Das Buch der Zeit (G) P. Hille: Die Sozialisten (R) E. Mach: Analyse der Empfindungen F. Nietzsche: Jenseits von Gut und Böse	Bulgarienkrise beendet Drei-Kaiser-Bündnis von 1872 (Russland, Österreich, Deutschland) E. Mach: Beiträge zur Analyse der Empfindungen F. Nietzsche: Jenseits von Gut und Böse
1887	Théâtre Libre in Paris (Antoine) A. Strindberg: Der Vater (Dr) L. Tolstoi: Macht der Finsternis (Dr) W. Bölsche: Die naturwissenschaftlichen Grundlagen der Poesie H. Sudermann: Frau Sorge (R)	Rückversicherungsvertrag mit Russland Reichstag beschließt Ausbau des Heeres (Septennat) Kulturkampf beigelegt Arbeiterschutzgesetz Kraftwagen mit Benzinmotoren (Daimler)
1888	Th. Fontane: Irrungen, Wirrungen (R) Th. Storm: Der Schimmelreiter (N) G. Hauptmann: Bahnwärter Thiel (N) M. Kretzer: Meister Timpe (R)	Wilhelm II. deutscher Kaiser (bis 1918) F. Engels: Ludwig Feuerbach und der Ausgang der deutschen Philosophie

Jahr	Daten deutscher Literatur und Philosophie	Allgemeine kulturgeschichtliche und politische Daten
1888	F. de Jouvenot/H. Micard: Fin de Siècle (Dr) † Th. Storm	F. Nietzsche: Der Wille zur Macht Die Umwertung aller Werte Der Antichrist
1889	A. Strindberg: Fräulein Julie (Dr) Freie Bühne in Berlin (Brahm, Schlenther) G. Hauptmann: Vor Sonnenaufgang (Dr) B. P. Holmsen (= A. Holz, J. Schlaf): Papa Hamlet („Studien") H. Sudermann: Die Ehre (Dr)	Weltausstellung in Paris Gründung der Zweiten Internationale in Paris Berlin: 1 500 000 Einwohner B. v. Suttner: Die Waffen nieder! (R) Antinaturalistische Künstlergruppe „Les Nablis" in Paris (Bonnard, Maillol); Künstlerkolonie Worpswede (Modersohn)
1890	K. Hamsun: Hunger (R) M. Maeterlinck: L'intruse (Dr), Les aveugles (Dr) Th. Fontane: Stine (R) Freie Volksbühne in Berlin G. Hauptmann: Das Friedensfest (Dr) A. Holz/J. Schlaf: Die Familie Selicke (Dr) † G. Keller	Bismarck entlassen Deutsch-Russischer Rückversicherungsvertrag erloschen Sozialistengesetz nicht verlängert Sozialdemokratische Partei Deutschlands (SPD), Erfolge bei Wahlen (35 Reichstagsabgeordnete) Tuberkulin (R. Koch)
1891	O. Wilde: The Picture of Dorian Gray (R) G. Hauptmann: Einsame Menschen (Dr) H. Bahr: Die Überwindung des Naturalismus, Die Décadence F. Wedekind: Frühlings Erwachen (Dr) Moderne Dichtung (Zs, H. Bahr)	Erfurter Programm der SPD Alldeutscher Verband Brotpreise seit 1888 um 60 % erhöht; Arbeitszeitbegrenzung für Arbeiterinnen unter 16 Jahren auf 11 Stunden täglich
1892	Th. Fontane: Frau Jenny Treibel (R) Die Zukunft (Zs, M. Harden) G. Hauptmann: De Waber (Dr) St. George: Algabal (G) H. v. Hofmannsthal: Der Tod des Tizian (fragm. lyr. Dr) L. Andreas-Salomé: Henrik Ibsen in seinen Frauen-Gestalten	1. Kongress der Freien Gewerkschaften E. Haeckel: Der Monismus. Glaubensbekenntnis eines Naturforschers Münchener „Secession" (v. Uhde, Stuck, Corinth, Hölzel u. a. m.)
1893	G. Hauptmann: Die Weber (Dr) Hanneles Himmelfahrt (Dr) Biberpelz (K) H. Sudermann: Heimat (Dr) A. Schnitzler: Anatol (Dialoge)	Reform des Dreiklassenwahlrechts Ausstellung der Münchner Secession (Böcklin, Liebermann, Courbet, Corinth, Slevogt u. a. m.)

Jahr	Daten deutscher Literatur und Philosophie	Allgemeine kulturgeschichtliche und politische Daten
1893	R. Huch: Erinnerungen von Ludolf Ursleu dem Jüngeren (R) Die Frau (Zs, H. Lange, ab 1916 G. Bäumer)	
1894	O. Brahm Leiter des Deutschen Theaters in Berlin: Aufführung der „Weber" von G. Hauptmann H. v. Hofmannsthal: Der Tor und der Tod (lyr. Dr) L. Andreas-Salomé: Friedrich Nietzsche in seinen Werken	Bund deutscher Frauenvereine Reichstagsgebäude in Berlin vollendet
1895	H. Ibsen: Die Wildente (Dr) Th. Fontane: Effi Briest (R) St. George: Die Bücher der Hirten ... (G) H. v. Hofmannsthal: Das Märchen der 672. Nacht (E) W. Raabe: Die Akten des Vogelsangs (R) W. v. Polenz: Der Büttnerbauer (R) A. Schnitzler: Liebelei (Dr) F. Wedekind: Erdgeist (Dr)	Entdeckung der Röntgenstrahlen Erste Filmvorführung in Berlin K. Kollwitz: Ein Weberaufstand (Radierungen, bis 1898) G. Le Bon: Psychologie des foules (Psychologie der Massen, dt. 1922)
1896	A. Jarry: Ubu Roi (Dr, Theaterskandal in Paris) A. Tschechow: Die Möwe (Dr) Simplizissimus (Zs, München) Jugend (Zs, München) H. Böhlau: Der Rangierbahnhof (R)	Krügerdepesche (Südafrikapolitik) Nationalsozialer Verein (F. Naumann) Drahtlose Telegrafie (Marconi) Th. Herzl: Der Judenstaat (Zionismus)
1897	Th. Fontane: Der Stechlin (R) M. Halbe: Mutter Erde (Dr) C. Viebig: Kinder der Eifel (R) St. George: Das Jahr der Seele (G)	Aufstände in Deutsch-Südwestafrika unterdrückt. China verpachtet Kiautschou an das Deutsche Reich
1898	Moskauer Künstlertheater (Stanislawski) G. Hauptmann: Fuhrmann Henschel (Dr) A. Holz: Phantasus (G, weitere Fassungen 1899–1925) Th. Mann: Der kleine Herr Friedemann (En) F. Nietzsche: Gedichte und Sprüche F. Wedekind: Erdgeist (Dr, Urauff.)	Sozialdemokratische Arbeiterpartei Russlands Beginn des Ausbaus der deutschen Kriegsflotte (A. v. Tirpitz) Erste Frau in Halle promoviert Radium (M. u. P. Curie, Frankreich), Kathodenstrahl-Leuchtröhre (Braun) Kalkstickstoff (Frank, Caro) Berliner Sezession (Leistikow, Liebermann, Slevogt u. a. m.)

Jahr	Daten deutscher Literatur und Philosophie	Allgemeine kulturgeschichtliche und politische Daten
1898	† Th. Fontane, † C. F. Meyer L. Andreas-Salomé: Fenitschka (E) Eine Ausschweifung (E)	É. Zola: J'accuse (offener Brief zum Dreyfus-Prozess)
1899	Die Fackel (Zs, K. Kraus, Wien) H. v. Hofmannsthal: Reitergeschichte R. Huch: Blütezeit der Romantik A. Holz: Revolution der Lyrik F. Wedekind: Der Kammersänger (Dr) F. zu Reventlow: Viragines oder Hetären	Haager Landkriegsordnung Burenkriege in Südafrika (bis 1902) E. Haeckel: Die Welträtsel H. St. Chamberlain: Die Grundlagen des 20. Jahrhunderts
1900	A. Strindberg: Nach Damaskus (Dr) Heimat (Zs der Heimatkunstbewegung; F. Lienhard) St. George: Der Teppich des Lebens und die Lieder von Traum und Tod (G) Reigen (Dr) F. Wedekind: Der Marquis von Keith (Dr) † F. Nietzsche	„Boxer"-Aufstand in China Weltausstellung in Paris Quantentheorie (M. Planck) H. Zilles „Miljöh"-Zeichnungen in Berliner Zeitschriften S. Freud: Traumdeutung E. Key: Das Jahrhundert des Kindes P. Gauguin: Noa Noa (1891–1893, Tahiti)
1901	Kabaretts: Überbrettl (Berlin), Schall und Rauch (Berlin), Die elf Scharfrichter (München) Th. Mann: Buddenbrooks (R) A. Schnitzler: Leutnant Gustl (E) G. Bäumer/H. Lange: Handbuch der Frauenbewegung	Deutsch-englische Bündnisverhandlungen scheitern Wandervogel (Jugendbewegung)
1902	A. Strindberg: Ein Traumspiel (Dr) A. Tschechow: Drei Schwestern (Dr) F. Wedekind: König Nicolo (Dr) P. Rosegger: Als ich noch der Waldbauernbub war (En) R. M. Rilke: Das Buch der Bilder (G) H. v. Hofmannsthal: Ein Brief R. Huch: Aus der Triumphgasse (R), Die Romantik F. Mauthner: Beiträge zu einer Kritik der Sprache	Dreibund erneuert (Deutschland, Österreich-Ungarn, Italien) Burschenschaftsdenkmal eingeweiht W. Sombart: Der moderne Kapitalismus F. Mauthner: Beiträge zu einer Kritik der Sprache
1903	M. Gorki: Nachtasyl (Dr, von M. Reinhardt in Berlin inszeniert)	Reichstagswahlen: Zentrum 100 Sitze, SPD 81, Konservative 52, Nationalliberale 50,

Jahr	Daten deutscher Literatur und Philosophie	Allgemeine kulturgeschichtliche und politische Daten
1903	Akademisch-dramatischer Verein (München) nach Aufführung von Schnitzlers „Reigen“ verboten M. Halbe: Der Strom (Dr) G. Hauptmann: Rose Bernd (Dr) H. v. Hofmannsthal: Ausgewählte Gedichte Das kleine Welttheater (Dr) Elektra (Dr) Th. Mann: Tristan (Nn, darunter: Tonio Kröger) F. Nietzsche: Über Wahrheit und Lüge im außermoralischen Sinne	Freisinnige 21, Sonstige 96 Kinderschutzgesetz (betr. Kinderarbeit) Gründung der Firmen Siemens-Schuckert, Telefunken. Zentralverband deutscher Konsumgenossenschaften gegründet Erster Motorflug in Berlin Deutsches Museum, München
1904	A. Holz/O. Jerschke: Traumulus (Dr) H. Hesse: Peter Camenzind (R) F. Wedekind: Die Büchse der Pandora (Dr)	Entente cordiale (England–Frankreich) S. Freud: Zur Psychologie des Alltagslebens
1905	A. Strindberg: Todestanz (Dr) M. Reinhard Leiter des Deutschen Theaters in Berlin H. Mann: Professor Unrat (R) C. Morgenstern: Galgenlieder (G) R. M. Rilke: Das Stundenbuch (G) E. Stadler: Präludien (G) E. Mach: Erkenntnis und Irrtum	215 000 Bergarbeiter streiken im Ruhrgebiet Ausstellung der „Fauves“ in Paris (Matisse, Derain, Vlaminck u. a.) Künstlergemeinschaft „Brücke“ in Dresden (Kirchner, Heckel, Schmidt-Rottluff)
1906	H. Hesse: Unterm Rad (R) H. Mann: Stürmischer Morgen (Nn) R. Musil: Die Verwirrungen des Zöglings Törleß (R) R. Walser: Geschwister Tanner (R) I. Hofmann-Oedenkoven: Monte Verità. Wahrheit ohne Dichtung	Diplomatische Niederlage der deutschen Marokkopolitik (Konferenz von Algeciras) Gesetz der Gleichwertigkeit von Masse und Energie (A. Einstein) Aminosäuren, Polypeptide, Proteine (E. Fischer)
1907	St. George: Der siebente Ring (G) R. Walser: Der Gehülfe (R) O. Kokoschka: Mörder Hoffnung der Frauen (Dr, bis 1913)	Lenin emigriert aus Russland (Schweiz). Tripelentente (England, Frankreich, Russland) Deutschland außenpolitisch zunehmend isoliert H. Bergson: L'évolution créative
1908	R. Walser: Jakob von Gunten (R) J. Wassermann: Caspar Hauser oder Die Trägheit des Herzens (R) R. M. Rilke: Neue Gedichte	Deutschland zweitgrößte Seemacht nach England Frauen zum Studium an der Universität Berlin zugelassen

Jahr	Daten deutscher Literatur und Philosophie	Allgemeine kulturgeschichtliche und politische Daten
1909	F. T. Marinetti: Futuristisches Manifest (Paris) H. Mann: Die kleine Stadt (R) Th. Mann: Königliche Hoheit (R) E. Lasker-Schüler: Die Wupper (Dr) W. Kandinsky: Der gelbe Klang (Bühnenkomposition, bis 1912) A. Popp: Die Jugendgeschichte einer Arbeiterin (Autobiografie)	Konflikte mit Russland wegen österreichischer Annexionen im Balkan (1908) H. Breuer: Zupfgeigenhansl (Volksliederbuch des Wandervogels) Ausstellung der Neuen Künstlervereinigung München (Kandinsky, Jawlensky, Kubin)
1910	Der Sturm (Zs, H. Walden, bis 1932) R. M. Rilke: Die Aufzeichnungen des Malte Laurids Brigge (R) † L. Tolstoi, † W. Raabe	Ausstellung der Kubisten in Paris (Picasso, Braque, Gris) Erstes abstraktes Gemälde von Kandinsky
1911	G. Hauptmann: Die Ratten (Dr) H. v. Hofmannsthal: Jedermann (Dr) C. Sternheim: Die Hose (Dr) Die Aktion (Zs, F. Pfemfert) A. Ehrenstein: Tubutsch (E) G. Heym: Der ewige Tag (G) J. v. Hoddis: Weltende (G) E. Lasker-Schüler: Meine Wunder (G) F. Werfel: Der Weltfreund (G) A. Schnitzler: Das weite Land (Dr)	Konflikte mit nichtdeutschen Minderheiten in Österreich-Ungarn Ausstellung „Der blaue Reiter“, München (Kandinsky, Jawlensky, Marc, Macke, Klee) R. Strauss und H. v. Hofmannsthal: Der Rosenkavalier (Oper) A. Schönberg: Harmonielehre
1912	F. T. Marinetti: Manifesto tecnico della letteratura futurista Die weißen Blätter (Zs, R. Schickele) E. Barlach: Der tote Tag (Dr) G. Benn: Morgue u. a. (G) C. Einstein: Bebuquin (R) G. Heym: Umbra vitae (G; postum) A. Schnitzler: Professor Bernhardi (Dr) E. Lasker-Schüler: Mein Herz. Ein Liebesroman … F. zu Reventlow: Von Paul zu Paul – Amouresken (R) G. Kaiser: Die Bürger von Calais (Dr, Umarbeitungen bis 1923) J. Sorge: Der Bettler (Dr) R. Luxemburg: Frauenwahlrecht und Klassenkampf (Kafka: Der Prozeß [R], bis 1914) † G. Heym	Dreibund erneuert (Deutschland, Österreich, Italien) Neutralitätsabkommen Italien – Frankreich Deutsch-englische Spannungen wegen der Flottenpolitik SPD stärkste Fraktion im Reichstag R. Steiner gründet Anthroposophische Gesellschaft C. G. Jung: Wandlungen und Symbole der Libido

Jahr	Daten deutscher Literatur und Philosophie	Allgemeine kulturgeschichtliche und politische Daten
1913	Th. Mann: Der Tod in Venedig (N) C. Sternheim: Bürger Schippel (Dr) A. Döblin: Die Ermordung einer Butterblume (En) G. Heym: Der Dieb (Nn; postum) F. Kafka: Betrachtung, Der Heizer, Das Urteil (En) Mynona (S. Friedländer): Rosa, die schöne Schutzmannsfrau (En) Gedichte von A. Stramm, G. Trakl	Zweiter Balkankrieg † A. Bebel Vorsitzender der SPD: F. Ebert Hochdruck-Ammoniaksynthese (Haber/Bosch) Fließband (Ford, USA) Freideutsche Jugend (Hoher Meißner) S. Freud: Totem und Tabu E. Husserl: (philos. Phänomenologie)
1914	St. George: Der Stern des Bundes (G) H. Mann: Der Untertan (R, veröffentlicht erst 1918) C. Sternheim: Der Snob (Dr) Busekow (N) R. Walser: Geschichten J. R. Becher: Verfall und Triumph (Prosa und G) W. Hasenclever: Der Sohn (Dr) E. Stadler: Der Aufbruch (G) A. Wolfenstein: Die gottlosen Jahre (G) † E. Stadler, G. Trakl	Deutsch-Englisches Bagdad-Abkommen Ausbruch des Ersten Weltkriegs (Ostpreußen, Belgien, Nordfrankreich, Polen) Erste deutsche Kriegsanleihe: 4460 Mill. Mark Arbeiterschutz weitgehend aufgehoben W. Gropius: Faguswerke in Alfeld (erster Fabrikbau in moderner funktionaler Architektur) M. Chagall: Der grüne Jude (Gemälde) F. Marc: Der Turm der blauen Pferde (Gemälde)
1915	G. Meyrink: Der Golem (R) C. Sternheim: 1913 (Dr) G. Benn: Gehirne (Nn) A. Döblin: Die drei Sprünge des Wang-Lun (R) F. Kafka: Die Verwandlung (E) G. Trakl: Sebastian im Traum (G) A. Popp: Erinnerungen	Italien erklärt Österreich den Krieg, Bulgarien den Alliierten Antikriegs-Zs „Die Internationale" (R. Luxemburg, K. Liebknecht, W. Mehring) beschlagnahmt A. Einstein arbeitet an der allgemeinen Relativitätstheorie
1916	J. R. Becher: An Europa (G) A. Ehrenstein: Der Mensch schreit (G) G. Kaiser: Von morgens bis mitternachts (Dr) F. v. Unruh: Opfergang (E, veröffentlicht 1919) R. Huch: Luthers Glaube Cabaret Voltaire (Dada in Zürich)	† Kaiser Franz Joseph I. (regierte seit 1848), Nachfolger: Karl I. Italien erklärt Deutschland den Krieg Stellungskrieg im Westen; Gelbkreuz-Gas; U-Boot-Krieg; Skagerrak-Schlacht

Jahr	Daten deutscher Literatur und Philosophie	Allgemeine kulturgeschichtliche und politische Daten
1916		Bewegliche Prothesen unter Verwendung von Gliedstumpfmuskeln (Sauerbruch) E. Heckel: Krüppel am Meer, Irrer Soldat (Lithografien)
1917	W. Flex: Der Wanderer zwischen beiden Welten R. Walser: Kleine Prosa R. Goering: Seeschlacht (Dr) G. Kaiser: Die Koralle (Dr)	Kriegserklärung der USA an das Deutsche Reich Revolution in Russland Friedensresolution des Deutschen Reichstags S. Freud: Einführung in die Psychoanalyse C. G. Jung: Das Unbewusste im normalen und kranken Seelenleben
1918	L. Frank: Der Mensch ist gut (En) C. Sternheim: Chronik von des 20. Jahrhunderts Beginn (Nn) G. Benn: Das moderne Ich (Essay) E. Barlach: Der arme Vetter (Dr) G. Kaiser: Gas I (Dr) Club Dada in Berlin (Huelsenbeck, Grosz, Hausmann u. a. m.) Dadaistisches Manifest K. Kraus: Die letzten Tage der Menschheit (Dr, umgearbeitet bis 1922)	Präsident Wilsons 14 Punkte Friede von Brest-Litowsk (Russland) Zerfall der Donaumonarchie November: Waffenstillstand Revolution in Deutschland Opfer: Europa: ca. 10 Mill. Soldaten und Zivilpersonen Deutschland: 1,9 Mill. Soldaten A. Adler: Praxis und Theorie der Individualpsychologie G. Simmel: Der Konflikt der modernen Kultur E. Bloch: Der Geist der Utopie
1919	F. Kafka: Ein Landarzt (En) A. Lichtenstein: Gedichte und Geschichten K. Schwitters: Anna Blume (G) E. Toller: Die Wandlung (Dr) H. v. Hofmannsthal: Die Frau ohne Schatten (Oper)	Friedensverträge von Versailles und Saint-Germain Verfassung der Weimarer Republik R. Luxemburg, W. Liebknecht, K. Eisner ermordet Deutsche Arbeiterpartei (später: NSDAP)
1920	Menschheitsdämmerung (G.-Anthologie, hrsg. v. K. Pinthus) H. Arp: der vogel selbdritt (G) die wolkenpumpe (G) E. Barlach: Die echten Sedemunds (Dr) G. Kaiser: Gas II (Dr) E. Jünger: In Stahlgewittern (R)	Internationaler Gerichtshof (Den Haag) Kapp-Putsch, Kommunistische Unruhen im Ruhrgebiet, Reichswehr, Hitlers 25-Punkte-Programm Jazz-Musik in Deutschland (aus den USA) M. Planck: Quantentheorie

Jahr	Daten deutscher Literatur und Philosophie	Allgemeine kulturgeschichtliche und politische Daten
1921	H. v. Hofmannsthal: Der Schwierige (Dr) E. Toller: Masse-Mensch (Dr) L. Wittgenstein: Tractatus logico-philosophicus	Freikorps-Kämpfe und Abstimmung in Oberschlesien Erstes Auftreten der USA
1922	J. Joyce: Ulysses (R) T. S. Eliot: The Waste Land (G) G. Benn: Die gesammelten Schriften B. Brecht: Baal (Dr) Trommeln in der Nacht (Dr) H. v. Hofmannsthal: Das Salzburger große Welttheater (Dr)	B. Mussolini italienischer Ministerpräsident Vertrag von Rapallo (Deutschland–UdSSR) W. Rathenau ermordet O. Spengler: Der Untergang des Abendlandes
1923	R. M. Rilke: Die Sonette an Orpheus (G) Duineser Elegien (G) E. Toller: Hinkemann (Dr) Das Schwalbenbuch (G) R. Huch: Michael Bakunin und die Anarchie A. Moeller van den Bruck: Das dritte Reich	Besetzung des Ruhrgebiets durch französische Truppen Hitler-Ludendorff-Putsch (München) Höhepunkt der Inflation S. Freud: Das Ich und das Es
1924	F. T. Marinetti: Futurismus und Faschismus F. Kafka: Ein Hungerkünstler (E, postum) A. Schnitzler: Fräulein Else (N) † F. Kafka	† Lenin Kämpfe um die politische Führung in der UdSSR Vorzeitige Entlassung Hitlers aus der Festung Landsberg
1925	A. Breton: Surrealistisches Manifest (Paris) H. v. Hofmannsthal: Der Turm (Dr) F. Kafka: Der Prozess (R, postum)	Vertrag von Locarno † F. Ebert Hindenburg Reichspräsident (bis 1934) Neugründung der NSDAP und SS
1926	A. Schnitzler: Traumnovelle	A. Hitler: Mein Kampf S. Freud: Das Unbehagen in der
1928	St. George: Das neue Reich (G)	Kultur

Dr = Drama, E(n) = Erzählung(en), G = Gedichte, K = Komödie, N(n) = Novelle(n), R = Roman, Zs = Zeitschrift

Literaturhinweise

Von der Reichsgründung bis zum Ersten Weltkrieg

a) Textsammlungen

- Balme, Christopher (Hrsg.): Das Theater von morgen. Texte zur deutschen Theaterreform (1870–1920). Würzburg 1988.
- Hermand, Jost (Hrsg.): Literarisches Leben im Kaiserreich 1871–1918. Stuttgart 1982.
- Ruprecht, Erich und Dieter Bänsch (Hrsg.): Jahrhundertwende. Manifeste und Dokumente zur deutschen Literatur 1890–1910. Stuttgart 1981.
- Schmitz, Walter (Hrsg.): Die Münchner Moderne. Die literarische Szene in der „Kunststadt“ um die Jahrhundertwende. Stuttgart 1997.
- Schneider, Peter Paul u. a. (Bearbeiter): Literatur im Industriezeitalter. Eine Ausstellung des Deutschen Literaturarchivs im Schiller-Nationalmuseum Marbach a. N. Bd. I u. II. Marbach 1987.
- Schutte, Jürgen und Peter Sprengel (Hrsg.): Die Berliner Moderne 1885–1914. Stuttgart 1987.
- Michael Stark (Hrsg.): Deutsche Intellektuelle 1910–1933. Aufrufe, Pamphlete, Betrachtungen. Heidelberg 1984.
- Wunberg, Gotthart und Stephan Dietrich (Hrsg.): Die literarische Moderne. Dokumente zum Selbstverständnis der Literatur um die Jahrhundertwende. Freiburg 2. A. 1998.

b) Gesamtdarstellungen

- Asholt, Wolfgang und Walter Fähnders (Hrsg.): „Die ganze Welt ist eine Manifestation“. Die europäische Avantgarde und ihre Manifeste. Darmstadt 1997.
- Borchmeyer, Dieter und Victor Zmegac (Hrsg.): Moderne Literatur in Grundbegriffen. Tübingen 2. A. 1994.
- Fähnders, Walter: Avantgarde und Moderne 1890–1933. Stuttgart und Weimar 1998.
- Glaser, Hermann: Die Kultur der wilhelminischen Zeit. Topographie einer Epoche (illustriert). Frankfurt a. M. 1984.
- Hepp, Corona: Avantgarde. Moderne Kunst, Kulturkritik und Reformbewegung nach der Jahrhundertwende. München 2. A. 1992.
- Kafitz, Dieter (Hrsg.): Drama und Theater der Jahrhundertwende. Tübingen 1991.
- Kleinschmidt, Erich: Gleitende Sprache. Sprachbewusstsein und Poetik in der literarischen Moderne. München 1992.
- Koopmann, Helmut: Deutsche Literaturtheorien zwischen 1890 und 1920. Eine Einführung. Darmstadt 1997.
- Mennemeier, Franz Norbert (Hrsg.): Drama und Theater der europäischen Avantgarde. Tübingen 1994.
- Mennemeier, Franz Norbert: Literatur der Jahrhundertwende. Europäisch-deutsche Literaturtendenzen 1870–1910. 2 Bde. Bern 1988.

- Midell, Eike: Literatur zweier Kaiserreiche. Deutsche und österreichische Literatur der Jahrhundertwende. Berlin 1993.
- Mix, York-Gothart: Die Schulen der Nation. Bildungskritik in der Literatur der frühen Moderne. Stuttgart und Weimar 1995.
- Mix, York-Gothart: Sozialgeschichte der deutschen Literatur vom 16. Jahrhundert bis zur Gegenwart. Bd. 7: Naturalismus, Fin de Siècle, Expressionismus 1890–1918. München und Wien 2000.
- Münch, Richard: Die Kultur der Moderne. 2 Bde. Frankfurt a. M. 1986.
- Schmidt-Bergmann, Hansgeorg: Die Anfänge der literarischen Avantgarde in Deutschland – Über Anverwandlung und Abwehr des italienischen Futurismus. Ein literarhistorischer Beitrag zum expressionistischen Jahrzehnt. Stuttgart 1991.
- Schönert, Jörg und Harro Segebrecht (Hrsg.): Polyperspektivität in der literarischen Moderne. Studien zur Theorie, Geschichte und Wirkung der Literatur [...]. Frankfurt a. M. 1988.
- Sprengel, Peter: Literatur im Kaiserreich. Studien zur Moderne. Berlin 1993.
- Tebben, Karin (Hrsg.): Deutschsprachige Schriftstellerinnen des Fin de Siècle. Darmstadt 1999.
- Wünsch, Marianne: Die „fantastische Literatur“ der frühen Moderne (1890–1930). Definition. Denkgeschichtlicher Kontext. Strukturen. München 1998.

c) Sozial- und Kulturgeschichte

- Pinkerneil, Beate und Dietrich Pinkerneil und Victor Zmegac (Hrsg.): Literatur und Gesellschaft. Zur Sozialgeschichte der Literatur seit der Jahrhundertwende. Eine Dokumentation. Frankfurt a. M. 1973.
- Ritter, Gerhard A. und Jürgen Kocka (Hrsg.): Deutsche Sozialgeschichte. Dokumente und Skizzen. Bd. 2: 1870–1914. München 1974.
- Scheideler, Britta: Zwischen Beruf und Berufung. Zur Sozialgeschichte der deutschen Schriftsteller von 1880 bis 1933. Frankfurt a. M. 1997.
- Vondung, Klaus (Hrsg.): Das Wilhelminische Bildungsbürgertum. Zur Sozialgeschichte seiner Ideen. Göttingen 1976.

Erster Teil: Naturalismus

a) Textsammlungen

- Brauneck, Manfred und Christine Müller: Naturalismus. Manifeste und Dokumente zur deutschen Literatur 1880–1900. Stuttgart 1986.
- Korfsmeyer, Marlies und Roy C. Cowen (Hrsg.): Dramen des deutschen Naturalismus. Von Gerhart Hauptmann bis Karl Schönherr. 2 Bde. München 1981 und Darmstadt 1981.
- Meyer, Theo (Hrsg.): Theorie des Naturalismus. Stuttgart, erg. Ausg. 1997.
- Rothe, Wolfgang (Hrsg.): Einakter des Naturalismus. Stuttgart 1973.
- Schulz, Gerhard (Hrsg.): Prosa des Naturalismus. Stuttgart 1973.

b) Gesamtdarstellungen

- Hoefert, Sigfrid: Das Drama des Naturalismus. Stuttgart 4. A. 1993.
- Mahal, Günther: Naturalismus. München 3. A. Nachdruck 1996.
- Möbius, Hanno: Der Naturalismus. Epochendarstellung und Werkanalyse. Heidelberg 1982.

Zweiter Teil: Literatur der Jahrhundertwende – Gegenpositionen zum Naturalismus

a) Textsammlungen

- Hermand, Jost (Hrsg.): Lyrik des Jugendstils. Stuttgart 1964.
- Mathes, Jürg (Hrsg.): Prosa des Jugendstils. Stuttgart 1982.
- Winkler, Michael (Hrsg.): Einakter und kleine Dramen des Jugendstils. Stuttgart 1974.
- Wunberg, Gotthart und Stephan Dietrich (Hrsg.): Die literarische Moderne. Dokumente zum Selbstverständnis der Literatur um die Jahrhundertwende. Freiburg 2. A. 1998.

b) Gesamtdarstellungen

- Fischer, Jens Malte: Fin de siécle. Kommentar zu einer Epoche. München 1978.
- Hermand, Jost (Hrsg.): Jugendstil. Darmstadt 1971.
- Hilmes, Carola: Die Femme fatale. Ein Wirklichkeitstypus in der nachromantischen Literatur. Stuttgart 1990.
- Kaufmann, Eva (Hrsg.): Herr im Hause. Prosa von Frauen zwischen Gründerzeit und Erstem Weltkrieg. Berlin 1989.
- Klugsberger, Theresia und Christa Gürtler (Hrsg.): Schwierige Verhältnisse. Liebe und Sexualität in der Frauenliteratur um 1900. Innsbruck 1992.
- Köster, Udo: Die Überwindung des Naturalismus. Theorien und Interpretationen zur deutschen Literatur um 1900. Hollfeld 1979.
- Leroy, Robert und Eckart Pastior (Hrsg.): Deutsche Dichtung um 1890. Beiträge zu einer Literatur im Umbruch. Bern und Frankfurt a. M. 1991.
- Lorenz, Dagmar: Wiener Moderne. Stuttgart 1998.
- Neumeyer, Harald: Der Flaneur: Konzeptionen der Moderne. Würzburg 1999.
- Sprengel, Peter und Gregor Streim: Berliner und Wiener Moderne. Vermittlungen und Abgrenzungen in Literatur, Theater, Publizistik. Wien u. a. 1998.
- Worbs, Michael: Nervenkunst. Literatur und Psychoanalyse im Wien der Jahrhundertwende. Frankfurt 1983.

Dritter Teil: Avantgarde und Expressionismus

a) Textsammlungen

- Anz, Thomas und Michael Stark (Hrsg.): Expressionismus. Manifeste und Dokumente zur deutschen Literatur 1910–1920. Stuttgart 1982.
- Asholt, Wolfgang und Walter Fähnders (Hrsg.): Manifeste und Proklamationen der europäischen Avantgarde. Stuttgart und Weimar 1995.
- Otten, Karl (Hrsg.): Ahnung und Aufbruch. Expressionistische Prosa. Darmstadt 1957.
- Otten, Karl (Hrsg.): Schrei und Bekenntnis. Expressionistisches Theater. Neuwied 2. A. 1959.
- Philipp, Eckhard (Hrsg.): Prosa des Expressionismus. Mit Materialien. Stuttgart 1982.
- Pinthus, Kurt (Hrsg.): Menschheitsdämmerung (1920). Ein Dokument des Expressionismus (neu herausgegeben). Hamburg 1959.
- Meyer, Reymund und Hans Bolliger (Bearbeiter): DADA. Eine internationale Bewegung 1916–1925 (Ausstellungskatalog). München 1993.
- Raabe, Paul (Hrsg.): Expressionismus. Der Kampf um eine literarische Bewegung. Neuausg. Zürich 1987.
- Riha, Karl (Hrsg.): 113 DADA-Gedichte. Berlin 1982.
- Riha, Karl und Hanne Bergius (Hrsg.): Dada Berlin. Texte, Manifeste, Aktionen. Stuttgart 1977.
- Riha, Karl und Jörgen Schäfer (Hrsg.): Dada total. Aktionen, Texte, Bilder. Stuttgart 1994.
- Riha, Karl und Waltraud Wende-Hohenberger (Hrsg.): Dada Zürich. Texte, Manifeste, Dokumente. Stuttgart 1992.
- Rühle, Günter (Hrsg.): Zeit und Theater 1913–1925. 2 Bde. Frankfurt a. M. 1980.
- Vietta, Silvio (Hrsg.): Lyrik des Expressionismus. Tübingen 4. A. 1990.

b) Gesamtdarstellungen

- Anz, Thomas und Michael Stark (Hrsg.): Die Modernität des Expressionismus. Stuttgart und Weimar 1994.
- Berg, Hubert van den: Avantgarde und Anarchismus. Dada in Zürich und Berlin. Heidelberg 1999.
- Demetz, Peter: Worte in Freiheit. Der italienische Futurismus und die deutsche literarische Avantgarde (1912–1943). München und Zürich 1990.
- Durzak, Manfred: Das expressionistische Drama. Ernst Barlach – Ernst Toller – Fritz von Unruh. München 1979.
- Durzak, Manfred: Das expressionistische Drama. Carl Sternheim – Georg Kaiser. München 1978.
- Hüppauf, Bernd (Hrsg.): Expressionismus und Kulturkrise. Heidelberg 1983.
- Kemper, Hans-Georg: Vom Expressionismus zum Dadaismus. Eine Einführung in die dadaistische Literatur. Kronberg/Ts. 1974.

- Knapp, Gerhard P.: Die Literatur des deutschen Expressionismus. Einführung und Bestandsaufnahme, Kritik. München 1979.
- Korte, Hermann: Die Dadaisten. Reinbek b. Hamburg 1994.
- Paulsen, Wolfgang: Deutsche Literatur des Expressionismus. Berlin 2. überarb. A. 1998.
- Philipp, Eckard: Dadaismus. Einführung in den literarischen Dadaismus und die Wortkunst des „Sturm"-Kreises. München 1980.
- Vietta, Silvio und Hans-Georg Kemper: Expressionismus. München 5.A. 1995.

Register der Autoren und Werke

(Die in der Datentafel S. 178–186 genannten Namen sind hier nicht erfasst.)